上图 / 1935年，任新民（右二）在南京中央大学读书时与同学合影

下图 / 20世纪40年代，任新民在美国留学时，在校园留影

上图 / 20世纪50年代，任新民（左一）在哈尔滨军事工程学院

下图 / 1956年12月29日，任新民（前排右二）在苏联援助的P-1导弹实物交接协议上签字

上图 / 1966年12月26日，任新民（前排左一）在酒泉发射基地与聂荣臻（前排左三）、钱学森（前排左二）等领导在第一枚中程导弹发射架前合影

下图 / 1978年，以任新民（前排右一）为团长、马捷（前排左一）为顾问的中国宇航学会代表团赴美访问，受到热烈欢迎

2003年，任新民和当年参加我国载人航天技术方案论证与评审的部分专家在酒泉卫星发射中心合影（左起：崔国良、梁思礼、张履谦、孙家栋、王希季、丁衡高、任新民、谢光选、庄逢甘、屠善澄、王德臣、王大珩、闵桂荣）

1994年8月22日，任新民（右二）与屠守锷（左一）、黄纬禄（右一）、梁守槃（左二）接受求是科技基金会颁发的杰出科学家奖

上图 / 2003年，任新民在酒泉卫星发射中心

下图 / 2003年9月，任新民参观酒泉卫星发射中心展览馆

上图 / 1941年，任新民与夫人虞霜琴订婚合影

下图 / 20世纪60年代，任新民与家人合影

上图 / 1999年8月，任新民与夫人虞霜琴金婚留影

下图 / 2000年夏天，任新民全家福

任新民院士传记

Academician Ren Xinmin's Biography

《中国航天院士传记丛书》总编委会 组织编写

谭邦治 著

中国宇航出版社
·北京·

图书在版编目(CIP)数据

任新民院士传记 / 谭邦治著 ;《中国航天院士传记丛书》总编委会组织编写. --北京 : 中国宇航出版社, 2014.1
(中国航天院士传记丛书)
ISBN 978-7-5159-0587-7

Ⅰ. ①任… Ⅱ. ①谭… ②中… Ⅲ. ①任新民－传记 Ⅳ. ①K826.16

中国版本图书馆 CIP 数据核字(2013)第 296225 号

责任编辑　牟宁宁
责任校对　王　妍　　装帧设计　文道思

出版发行　中国宇航出版社
社　址　北京市阜成路 8 号　邮　编　100830
(010)68768548
网　址　www.caphbook.com
经　销　新华书店
发行部　(010)68371900　(010)88530478(传真)
(010)68768541　(010)68767294(传真)
零售店　读者服务部　北京宇航文苑
(010)68371105　(010)62529336
承　印　三河市君旺印务有限公司

版　次　2014 年 1 月第 1 版
2014 年 1 月第 1 次印刷
规　格　787×960
开　本　1/16
印　张　22　彩　插　8 面
字　数　290 千字
书　号　ISBN 978-7-5159-0587-7
定　价　68.00 元

本书如有印装质量问题，可与发行部联系调换

《中国航天院士传记丛书》
总编委会名单

《任新民院士传记》编审委员会名单

编审委员会

主　任　包为民

副主任　江　帆

委　员　周晓飞　贾　可　陈学钏　邓宁丰　霍明儒
王双军　白燕强

编审委员会办公室

主　任　周晓飞

成　员　张铁钧　杨利伟　戴品华　于　宁　刘　毅
李卫东　徐　睿　丁雅清　李念滨　苏大亮
黄　莘

序　一

Preface I

中国航天事业自1956年创建以来，已经走过50多年的发展历程。在党中央、国务院、中央军委的亲切关怀和英明领导下，中国航天人团结一心、顽强拼搏、勇于创新、无私奉献，不仅取得了以“两弹一星”、载人航天工程和月球探测工程为代表的辉煌成就，孕育形成了航天传统精神、“两弹一星”精神和载人航天精神，也造就了一支技术精湛、作风优良的航天人才队伍。

航天系统的中国科学院院士和中国工程院院士就是这支队伍的杰出代表。中国航天科技集团公司和中国航天科工集团公司先后有50多位科学家和航天工程专家当选为两院院士。其中，有7位院士获得过“两弹一星”功勋奖章，2位院士获得过国家最高科学技术奖。他们不仅是航天成就的主要创造者，也是航天精神的重要孕育者和忠实践行者。

中国航天事业是在新中国成立不久，工业实力、科技实力、综合国力都很薄弱，帝国主义严密封锁，苏联撕毁协定、撤走专家的情况下发展起来的。以航天院士为代表的中国航天人，自力更生，艰苦奋斗，奋发图强，顽强拼搏，在一穷二白的基础上，独立自主地创建起了中国的航天事业。

航天型号研制是复杂的系统工程，涉及很多领域，需要众人参与，必须大力协同、集智攻关才能完成。以航天院士为代表的中国航天人，在航天工程研制实践中，齐心协力，密切配合，实现了一次又一次技术突破，铸造了一项又一项辉煌成就。他们为祖国的航天事业作出了巨大贡献，却淡泊名利，不计得失，将个人利益置之度外。

航天事业属于尖端技术领域，难度大、风险高、技术复杂，在发展历程中碰到过很多难题，经历过各种坎坷，甚至遭受过重大失利。以航天院士为代表的中国航天人，在困难和失败面前不动摇、不退缩，树立百折不挠、锲而不舍、脚踏实地、严谨务实的工作作风，不断攻坚克难、勇攀高峰，取得了一个又一个胜利，树立了一座又一座丰碑。

今天，在由航天大国向航天强国迈进的征程中，航天院士的科学思想、创新意识、坚定信念和爱国情怀是全体航天人宝贵的精神财富。中国航天科技集团公司和中国航天科工集团公司决定出版《中国航天院士传记丛书》，不仅是为了宣传航天院士的科研成就，总结航天院士的成长规律，更是为了传承航天院士的宝贵精神，使之生生不息、薪火相传，为“续航天梦、筑强军梦、圆中国梦”的伟大实践提供精神动力和思想源泉。

许达哲

2014 年 1 月

序 二

Preface Ⅱ

中国航天事业创建半个多世纪以来，培养和塑造了一大批功勋卓著、德高望重的中国科学院院士和中国工程院院士。他们具有坚定的理想信念和强烈的爱国情怀，理论功底深厚，技术水平高超，善于引领科学发展和技术创新，在中国航天事业发展的关键时期发挥了重要作用，为中国航天事业取得辉煌成就、孕育航天精神作出了突出贡献。

为了全面、系统地总结航天院士的成长规律，把航天院士的科学思想和创新方法记录下来、传承下去，为中国航天事业积累精神财富，为航天强国建设提供有益借鉴，中国航天科技集团公司和中国航天科工集团公司研究决定，组织编写一套《中国航天院士传记丛书》（以下简称《丛书》）。

党的十八大描绘了坚持中国特色社会主义道路、全面建成小康社会、实现中华民族伟大复兴的宏伟蓝图，同时也为加强国防和军队现代化建设、推进我国由航天大国向航天强国迈进指明了方向。在中国航天事业“续航天梦、筑强军梦、圆中国梦”的新形势下，出版这套《丛书》，具有重大的现实意义和深远的历史意义。

记载航天历史。航天院士是中国航天事业的宝贵财富，他们的成长历程反映了航天事业的发展轨迹。这套《丛书》不仅是航天院士个人的传记，也从不同侧面记载了中国航天从技术到管理、从思想到精神的真实历史。

弘扬航天文化。宣传航天院士，就是站在科学的高度，向社会各界全面宣传航天事业，弘扬航天文化，使其成为中华民族文化宝库的重要组成部分，增强中华民族的自信心、自豪感和凝聚力，提升国家的软实力。

传承航天精神。航天精神是包括航天院士在内的几代航天人，在中国航天事业发展历程中，不断积累、提炼、传承而逐渐形成的，是民族精神、时代精神与航天实践相结合的产物，是中国航天事业之魂。《丛书》全面反映了航天院士的学术成就、科学作风和思想品格，有助于航天精神薪火相传。

培育航天人才。中国航天事业已经完成了新老交替，一代航天新人正在茁壮成长。《丛书》是泽被后世的人才工程，对于培育航天人才、发展航天事业、铸造新的辉煌将产生积极的促进作用。

总之，《丛书》是一套具有航天特色的爱国主义教材，是不可多得的精神食粮。相信这套《丛书》的出版发行，必将吸引更多的年轻人热爱航天、投身航天、奉献航天，以饱满的热情和昂扬的斗志再攀高峰，使中国航天事业后继有人，蓬勃发展，续写辉煌。

2014 年 1 月

目　录
Contents

引 言

古往今来，在人类社会发展、进步的漫长而悠久的历史长河中，人类为了正义、自由、解放而进行的战争中，不乏驰骋沙场、英勇善战、足智多谋、叱咤风云的英雄豪杰。他们时而身先士卒，奔赴前沿，排兵布阵；时而凝视战场上的烽火，审时度势；时而全神贯注地查看地图和地形，选择突破口和抢占制高点，谋划克敌制胜、决胜千里的战略战术；时而铿锵有力地向下属阐述既定的决心和决策，慷慨激昂地下达命令……这些气势磅礴、波澜壮阔的战争场面造就了无数名垂青史、千古流芳的功臣和战将。他们是在无数次腥风血雨的战斗中锤炼出来的，也是从无数有名和无名的革命先烈的生命与鲜血中挣扎出来的。

在中国人民进行的争取民族独立和解放，夺取无产阶级政权和维护国家安全与统一的伟大革命战争中，在中国共产党的领导下，无数优秀的中华儿女为了祖国抛头颅，洒热血，前赴后继，勇往直前。他们的英名和业绩都将载入中华史册，永垂不朽。

然而，在人类追求生存、发展、文明和进步的征程中，还有一个向科学技术领域进军，战天斗地，追逐科学和真理，创造科技成果和财富的另一个硕大的、永恒的战场。在这一战场上，同样有众多的志士仁人不懈地奋斗、拼搏和奉献。他们为科学技术付出了自己的聪明才智、艰苦卓绝的劳动和全部的心血，甚至是赴汤蹈火，也在所不辞。他们的努力旨在推动人类社会的发展和科学技术的进步，服务于祖国和人民，提升人民生存与生活的质量和社会文明的水平。

这其中也孕育出了科学技术的将帅、英雄和功勋。仅就中国而言，古代的如蔡伦、毕昇、张衡、李时珍等。近现代的如詹天佑、茅以升、严济慈、梁思成、李四光、周培源、华罗庚、侯德榜等。中国人民在中国共产党的领导下，在20世纪开展了伟大的“两弹一星”事业（导弹、核弹和人造卫星），伟大的事业孕育了伟大的精神——“两弹一星”精神（热爱祖国、无私奉献、自力更生、艰苦奋斗、大力协同、勇于登攀）；伟大的事业也造就了伟大的功勋，1999年9月18日，在迎接中华人民共和国成立50周年之际，中共中央、国务院、中央军委决定，对当年为研制“两弹一星”作出突出贡献的23位科技专家予以表彰，并授予于敏、王大珩、王希季、朱光亚、孙家栋、任新民、吴自良、陈芳允、陈能宽、杨嘉墀、周光召、钱学森、屠守锷、黄纬禄、程开甲、彭桓武“两弹一星”功勋奖章，追授王淦昌、邓稼先、赵九章、姚桐斌、钱骥、钱三强、郭永怀“两弹一星”功勋奖章。这23位科技专家是中华人民共和国的功臣，是老一辈科技工作者的杰出代表，是新一代科技工作者的光辉榜样。任新民就是其中的一位。

在向“四个现代化”进军、攀登科学技术高峰的征程中，航天重大科技工程的研制就是其中艰巨的重任。由于其技术复杂，新难高精技术多，工程的研制是多种专业技术与学科最新科技成果的高度综合与运用；涉及面广，全国各地区、各部门、数以百计的各类单位和数以万计的各类人员的大力协同、协作，组织协调的难度大；研制周期长，投入的经费也相对比较多。因此，更需要精通技术、擅长组织的科技将帅，统领和指挥跨部门的成千上万的科技大军，在崎岖而险要的科学技术之路上登攀、拼搏与奋斗，去跨越一道道难关、隘口，突破一个个艰难险阻，攻克一座座明碉暗堡，驾驭航天科技工程的航船，驶达成功的彼岸。任新民就是这一航天将帅群体中的杰出代表之一。

诚然，无论军事方面还是科技方面的将帅，都没有常胜将军，他们也会“走麦城”，也会遭受挫折与失败。可贵的是，一是他们靠运筹帷幄，减少、直至消除挫折与失败；二是他们既能经受成功和胜利的喜悦，不会欣喜若狂，也能经受挫折与失败的考验，善于从成功、胜利和挫折、失败中总结正反两方面的经验教训，胜不骄，败不馁，从挫折、失败走向成功、胜利，并获得连续的成功和胜利。

寻觅任新民航天生涯的足迹，必须追溯和考究中国航天创建、发展、壮大的历程，才能清晰而全面地展示他为中国航天事业所作出的巨大贡献。融于航天的伟大群体之中，才能折射出他那高尚的道德风范、朴实无华的品格和独具慧眼的科学睿智，也才能从他的足迹中显现他朴实、求是、勤奋、认真和对科技事业孜孜以求的精神风貌。任新民的风采是众口皆碑、万众敬仰的。

任新民

任新民院士传记

Academician Ren Xinmin's Biography

第一章

少壮怀志 救国救民

童年的任新民聪颖乖巧，勤奋刻苦，静思寡语。14岁入团，立志救民于水火。革命受挫后，他坚信：黑夜终究要过去，新的朝阳必将升起。

童年的任新民聪颖乖巧，勤奋刻苦，静思寡语。进入中学时，蒋介石实行独裁专治，使处于军阀混战的半封建、半殖民地的中国，更加灾难深重，民不聊生。耳闻目睹，特别又经过进步老师的言传身教，受进步书刊革命思想的影响，他在懵懂中逐步萌生了中国需要革命，只有中国共产党，只有革命才能救中国的进步思想。1929年10月，年仅14岁的他秘密加入了中国共产主义青年团，开始从事革命活动并进一步接受革命思想教育。

1930年12月，受"左"倾盲动主义的影响，任新民所在的安徽宣城暴发了"冒埠暴动"。由于暴动提前，阴差阳错中他没有参加这次行动。暴动失败后，任新民也被清查，险些被学校开除。任新民望着西落的如血残阳，迷惘、困惑、痛苦，但他没有沉沦，逐步抛弃了彷徨，韬光养晦，蓄势深造，走科技救国、强国、富国、富民之路。他坚信黑夜终归要过去，新的一轮红色朝阳必将升起。

1. 血气方刚　14岁入团

任新民，1915年12月5日出生于安徽省宁国县（现为宁国市），祖籍湖北省谷城县任家湾。谷城是明朝末年"双雄会"事件的发生地。据史书记载，农民起义领袖李自成兵败潼关后，曾蜗居商洛山，暗中招兵买马，伺机东山再起。李自成从商洛赶至张献忠盘踞的谷城，面商联合起兵之事。这就是小说和戏剧中津津乐道的“双雄会”。任新民的祖辈就在这块古老的土地上繁衍生息。

任新民的祖父任国霖是一位勤劳节俭、忠厚朴实而不乏机敏的农民。清朝光绪年间，昏庸、愚昧而又专横的慈禧当政，国衰民穷，加之襄阳、谷城一带连年闹灾荒。迫于生计，任国霖孤身一人逃荒到了安徽。几经辗转，落脚于当时地广人稀的宁国县。任国霖身处异地他乡，举目无亲，其生活的艰辛可想而知。他为人忠厚善良，又勤快麻利，经常帮乡亲干些杂活。虽住在临时搭建的草棚子里，却经常有邻居串门聊天，他和邻里相处得很和睦。一年下来，也还有些节余，这位土里刨食的农夫已是心满意足。40多岁时，经好心的邻居说媒提亲，任国霖娶妻成家了。自此，任国霖更加勤俭持家，日子越过越红火，家业渐兴。49岁时，任国霖喜得贵子，取名任海清。任国霖识字不多，但他从自己艰辛磨难的生活中悟出一个道理，那就是必须要读书识字，能写会算，才能不受人欺，才能过上好日子。因此，他对儿子既疼爱又严格要求，叮嘱其好好读书，诚实做人。

任海清不负父望，聪颖好学，勤奋刻苦，以优异的成绩读完了高中。有这样学历的人在当时的宁国县称得上知识分子了。任海清先后在宁国县宁阳小学任教师、校长、县教育局长、县银行行长等职，被人尊称为先生，成为宁国县的社会贤达。任家在宁国县城也建了一座大院，家业日益兴旺。

任海清17岁时就娶了贤惠的妻子刘淑兰。任家家道正旺，1915年12月5日，长孙任新民呱呱坠地，全家人喜笑颜开。任国霖更是百感交集，喜出望外：孙子出生了，任家的香火可以延续下去了。任国霖一有空闲，就将孙子抱在怀里，看着小家伙白嫩的脸蛋，他眉开眼笑，心花怒放。任国霖经常忍不住感慨——一个流浪汉也有了家室和子孙，他心里充满了极大的满足感。

任新民出生之日，正是袁世凯发布文告，计划当“中华帝国”皇帝之时。袁世凯下令将1916年改为“中华帝国”洪宪元年，准备在1916年元旦正式登基加冕。袁世凯的行为引来天怒人怨，全国各地纷纷掀起讨袁护国的高潮，随后就是连年的军阀混战。任新民的童年时期，正值社会动荡，兵荒马乱，天下百姓处于水深火热之中，这些都在他幼小的心灵里留下了深刻的烙印。

任新民自幼聪慧乖巧，静思好学，凡事都喜欢问个为什么。1922年春，刚满6岁的任新民步入宁国县宁阳小学就读。他果然不负祖父与父亲的苦心与厚望，品学兼优，成绩名列前茅。在1927年年底举行的毕业典礼上，任新民得到了学校的嘉奖。

随后，任新民考取了安徽省宣城省立第四中学（现在的安徽省宣城中学）。这是一所历史悠久、闻名遐迩的中学，曾为国家培养了大批的栋梁之才。颇具才气并且人品极佳的任新民，入学后勤奋刻苦，学习成绩优异，深受广大师生喜爱。学校有一位语文老师杨师道，非常赏识任新民，夸他学习踏实，作文立意新颖，逻辑严谨，语句流畅，文字简练。任新民也非常敬重杨老师，步入耄耋之年的任新民仍然经常赞颂杨老师："我的语文知识基本上是初中时打下的基础，特别是杨师道老师对我的帮助很大。"杨老师虽不是中国共产党党员，但他的思想非常进步，倾向于革命。他经常让任新民到自己的办公室或宿舍，畅谈时局与人生。这些谈话对任新民视野的开阔、学业的进步和人生观的树立颇具影响。更难得的是，杨老师向他推荐了一些国内进步作家的作品，包括鲁迅的杂文，柔石、叶紫的小说，殷夫的诗等；还向他推荐了一些中文版的苏联小说，如《母亲》《毁灭》《铁流》等。阅读这些进步书籍，使他增长了知识，提高了写作水平；更主要的是使他思想茅塞顿开，追求真理、勤于思索的信念更加坚定。他开始关心祖国和民族，思考社会和人生的出路。

时值北伐战争，革命军节节胜利，攻占了皖南，任新民等进步青年同广大民众一起欢呼雀跃，迎接革命军的到来。然而，好景不长，1927年4月12日，蒋介石发动了"四一二"大屠杀，实行独裁专治，使处于军阀混战的半封建半殖民地的中国更加灾难深重，民不聊生。残酷的现实和进步书刊的影响，使任新民逐步萌生了中国需要变革，需要革命，要靠革命救中国，救民于水火的信念。

1929年10月，年仅14岁的任新民怀着满腔的热血秘密地加入了中国共产主义青年团。当时规定，未满18岁者只能加入共青团，到18岁时自动转为中国共产党党员。

加入共青团后，在组织的领导下，任新民更加自觉地阅读了一些革命的书刊，如《共产党宣言》《国家与革命》，以及陈独秀创办的《新青年》等。他的革命热情更加高涨，开始逐步树立民主革命的理想。

2.革命受挫　苦苦求索

任新民加入共青团之日，正是国民党右派反动气焰嚣张、白色恐怖猖獗之时。当时的中共地下党团组织为了打击敌人的嚣张气焰，积极地开展革命活动，迎向刀丛，向广大民众大力宣传革命思想，揭露国民党右派的狰狞嘴脸。任新民和他的小战友们更是初生牛犊不怕虎，有时就利用学校的篮球赛和其他公共活动时机，跳上一张桌子或站在高处，进行演讲，宣传革命思想，呼喊“打倒列强，除军阀”“打倒封建”等口号。他们还经常在夜间或清晨到公共场所机敏地撒传单，贴革命标语，等到校方和反动军警察觉，他们化整为零，又跑得无影无踪了。现在看来，任新民他们的有些做法还显得幼稚，但在当时，这些勇敢的行为在打击反革命气焰、宣传和组织群众等方面，确实发挥了积极的作用，这也反映了他们高涨的革命热情和英勇无畏的革命气概。任新民和他的小战友们也都受到了考验和锻炼。

1930年11月，以蒋介石为首的国民党窃取了北伐胜利果实，篡夺了领导权，本着“宁肯错杀三千，也不让一人漏网”的反动原则，更加明目张胆地举起血腥镇压的屠刀，屠杀中国共产党党员、共青团团员和革命群众。全国笼罩在白色恐怖之下，大有黑云压城城欲摧之势。广大的共产党人和革命群众义愤填膺，群情激愤，他们没有被压倒、吓垮，而是抱定“砍头不要紧，只要主义真”的决心，和反动派进行殊死的斗争。

当时，共产党内被“左”倾盲动主义控制，中共芜湖特委派了何冰心等三位特派员到宣城，错误地分析和利用了群众的激愤情绪，以“以牙还牙，硬对硬”的办法，筹划并组织了“冒埠暴动”。中共地下党党员、共青团员、农民协会会员和革命积极分子都积极报名响应，踊跃参加。作为共青团员的任新民更是积极报名参加这一革命的义举。不巧的是，这段时间里任新民得了重感冒，并感染上了肺炎，连续高烧不退，只好返回宁国县家中。后来由于暴动的组织不严密，走漏了消息，有关方面不得不临时决定将暴动的时间提前到1930年12月10日。由于时间仓促，已来不及通知任新民，他没有参加这次行动。

当时，暴动队伍聚集了500多人，尽管枪支弹药很少，大多数暴动人员拿的都是土枪、大刀和长矛，但暴动队员英勇善战，开始时打得敌人措手不及，暴动队员从敌人手里夺得了一些枪支弹药和其他物资，并一度攻占了独山火车站。后来，惊慌失措的敌人调来了特务队等武装力量，进行反扑。暴动队伍本身缺乏强有力的指挥和严明的组织纪律，暴动队伍中的党、团骨干虽进行了浴血奋战，但终因敌我双方力量悬殊，寡不敌众，“冒埠暴动”很快就失败了，暴动队伍都跑散了。

“冒埠暴动”尽管失败了，但也长了革命者的志气，灭了反动派的气焰。最大的损失是过早地暴露了中共地下党员和共青团员，暴动中牺牲了近百人，其中大部分是地下党、团的骨干。

暴动被镇压后，国民党反动当局大肆搜捕、镇压中共地下党员、共青团员和参加暴动的人员。任新民的战友和同学，有的在暴动中牺牲；有的被捕入狱，生死难测；有的被开除学籍；他最崇敬的杨师道老师也被捕了，他的耳边仿佛还回荡着杨老师的谆谆教诲——“要多看、多思、少说”。这一连串的打击与挫折使充满革命理想、血气方刚的任新民欲哭无泪，气愤难平。他真想和反动当局拼了。

还好，他虽被审查和传讯，但因其时正值初中毕业，暴动之时又在家中养病，没有参加行动，且加入共青团的事无从考证，再加上父亲任海清的斡旋，他被认定为年幼无知，误入歧途，所幸免遭学校开除和逮捕。

虽未遭到开除和拘捕，但一颗破碎的心却无法平静，父亲任海清唯恐当局再度纠缠，经其周旋，将任新民送到了宁国县一个偏远的乡村去做小学教师。任新民在迷惘、痛苦、困惑和彷徨中度日如年，他冥思苦想，默默求索，“一个个鲜活而优秀的生命，为什么就这样倏忽间顿然消逝了？”“中国该向何处去？”他百思不得其解，性格内向的他变得更加沉默寡言了。在闭塞的乡间，时近黄昏，鸦声噪晚，这位栖身在穷乡僻壤的热血青年，望着如血的残阳，百感交集，悲伤至极。他常常在乡间的小路上仰天长啸，抒发对战友牺牲的愤懑和国家前途的忧虑。他想起了组织、老师、战友和同学，禁不住怆然涕下。他在漫漫的长夜中备受煎熬，每当他迎来新的朝阳，看到那些天真无邪、贫穷但朴实的农村娃娃向他走来，和他打招呼时，他情不自禁地想起了待他如亲人的杨师道老师，他心中又燃起了希望之火，逐渐振作起来。他抱定“贫穷、落后、蛮荒、战火纷飞的祖国将在我们这一代人的手中改变”的信念，慢慢驱散了心中的失落和懈怠，他发誓要忠于职守，不能误人子弟，要用自己的知识来培养这些天真可爱的娃娃。

任新民没有沉沦，逐步丢弃了彷徨，丢弃了与敌人一拼了之、以卵击石的幼稚想法，从学生身上找到了快乐、希望和责任。他暗下决心要教好书、育好人。同时，利用业余时间复习功课，积蓄知识，寻找机会学习和深造，探求科技救国、强国、富国、富民之路。他每每仰天长叹：黑夜终究要过去，明天升起的将是一轮新的火红的朝阳。

3. 求学南京　蓄势深造

父亲煞费苦心送任新民到偏远山区做一名小学教师，反复地叮嘱他，一定要好好干；并严厉地告诫他，未经允许不得擅自回县城，更不能去宣城。其实，他父亲也很同情和支持进步学生，憎恶时局的黑暗腐败。他将任新民送到乡下，也是大势所趋、无奈之举，想让儿子在乡下避避风头，免遭横祸。任新民深知父亲的良苦用心，在乡下一住就是半年。暑假来临了，父亲牵挂着儿子，来到了他所在的乡村小学，经多方询问，得知任新民尽职尽责，得到了校方和广大师生以及学生家长的好评。父亲原本严肃又带几分怒气的面孔，开始露出了笑意。父亲问任新民今后有什么打算，他战战兢兢、细声细气且又十分坚定地回答："我想继续上学。"父亲听罢，心中暗喜，半是鼓励半是警告地说："上学是好事，但不能再考宣城四中。"停了一会儿，父亲略带怀疑地问："你能考得上吗？""试试呗！"任新民随口答道。"不只是试试，从现在起就要抓紧复习，要考就得争取考上！"父亲用坚定的话语对他提出了要求。其实，任新民还是胸有成竹的。在这半年的时间里，他一直在复习初中的课程。

1931年，任新民参加了南京市秋季高中招生的考试，成绩名列前茅，被当时颇有名气的南京钟英中学高中部录取。从此，他开始了在南京的求学生涯。

痛定思痛，他抱定科技救国的决心，在三年的高中学习生活中，从不浪费一分一秒的时间，全身心地投入到了学习之中，时刻用古训"一寸光阴一寸金，寸金难买寸光阴"来鞭策和激励自己，不遗余力地涉猎着各种知识。1934年夏，他出色地完成了高中三年的学业，并以优异的成绩考取南京中央大学化学工程系，成了任家祖上的第一个大学生。

在大学里，他更加如饥似渴地汲取各类知识，几乎到了痴迷的程度。不仅上课时一丝不苟地认真听讲，课余时间总是一头钻进图书馆，博览群书，阅读包括自然科学和社会科学在内的各种书籍期刊。同学们平时聚会聊天，他总是熟视无睹，从不参与。当同学们谈论时局时，他总是避而远之，偶尔插上一两句若明若暗的话，同学们感到他有些怪异和深不可测。可他待人忠厚，又富有正义感。在学习上、生活上都乐于助人，因此，同学们都喜欢他，乐于与他接近。

在大学学习期间，他的内心世界是复杂、矛盾而沉痛的，昔日的战友、同学和峥嵘岁月时不时地爬上他的记忆。他从报纸杂志上获悉日本帝国主义正进行疯狂的侵略和掠夺，肆无忌惮地进行血腥的屠杀，国民党当局又采取“攘外必先安内”的不抵抗政策，在日本侵略者铁蹄和屠刀下的中国人民正过着颠沛流离、灾难深重的痛苦生活，自己却爱莫能助，真是痛苦至极。他有时捶胸顿足，仰天呼喊，同学们都以为他在发无名火。痛定思痛，他坚定了自己的信念：找不到组织的孤雁只能是韬光养晦，真正学到知识，学到本领，科技救国也是一个选择。这一时期，他就是在矛盾、痛苦和专一中度过的。专心致志地刻苦学习成了他的唯一乐趣。他的学习成绩一直优异。

4. 学造兵器　抗日救国

1937年7月7日，发生了震惊中外的“卢沟桥事变”，中国的抗日战争全面爆发，抗日的烽火燃遍祖国大地。当时的国民政府兵工署为了缓解兵器制造人

1935年，任新民（右二）在南京中央大学读书时与同学合影

才奇缺的状况，决定在重庆的中央兵工学校大学部招收各大学的二、三年级的在校生进行插班学习。任新民得知这一消息后欣喜若狂，感到自己可以直接为打击日本侵略者、为报效民族和国家出力了。他毅然报名并参加了考试，并被录取到中央兵工学校大学部造兵系，学习枪炮设计、制造与使用。这时的中央兵工学校已迁往重庆杨安桥，任新民打点行李赴兵工学校报到。这所学校隶属于军政部兵工署，学员都是军人，教学和训练都是非常严格的。学校注重理论联系实际，特别是兵工署21厂（现在的长安机器厂）就在学校附近，校方经常组织学员到21厂实习。任新民在中央兵工学校的学习非常专注，紧张的学习和浓厚的抗日氛围，使他的迷惘和失落被抛到了九霄云外。任新民学习的动力就是为中国人造枪炮，赶走日本侵略者。

光阴似箭，转瞬间三年的紧张学习结束了，1940年夏，他从中央兵工学校大学部造兵系毕业。在大学前后学了六年，所以，无论是基础理论知识，还是专业基础知识（化工、机械制造），他都烂熟于心，这对他后续的专业技术工作奠定了良好基础。正因为他学习成绩优秀，所以被留校做助教，后提为讲师。在此期间，他还曾在重庆中央工校担任教员，兼任重庆兵工署21厂技术员。那时，太平洋战争已经爆发，日本侵略者封锁了缅甸通往中国云南的道路，中国急需的无烟火药无法运进。任新民和他的同事们经过反复研究试验，用黑火药代替无烟火药装填迫击炮弹，终获成功，解决了抗战的燃眉之急。

任新民在重庆兵工学校大学部做助教、讲师时，现在的中国运载火箭技术专家谢光选院士当时是他的学生。从20世纪70年代末起，任新民担任试验卫星通信工程（代号331工程）的总设计师时，谢光选刚好担任这一工程中长征三号运载火箭系统的总设计师。这一对师生又成了一个战壕里的战友，他们对师生共事倍感亲切。闲暇之时，谢总偶尔滔滔不绝地讲述起读书时的这位助教：“任老总当年当老师时就有一股严肃认真的劲儿，几十年过去了，他一如既往。”任新民和谢光选在工作上配合得十分默契、和谐，但偶尔任老总也会发脾气，对谢光选进行批评，有时甚至很严厉，毫不留情。谢总听完，总是付之一笑，并诚恳地表示接受。在长征三号运载火箭申报国家科技进步奖特等奖确定主要完成人名单时，领导及各方面都一致同意任新民为第一完成人，可任新民毫无商量余地地说："第一完成人报老谢，我只做第二完成人。"后来，谢光选作为第一完成人获得了长征三号运载火箭国家科技进步奖特等奖。回过头来看，一方面是任新民注重提携下属，另一方面也有彰显青出于蓝而胜于蓝之意。谢光选作为第一完成人获得的这一项国家科技进步奖特等奖，对其后来被评选为中国科学院院士起到了一定的作用。

任新民从未对人说起他与谢总这段师生经历。在他对谢光选进行严厉的批评后，他的秘书总要对谢总做做缓和气氛的工作，谢总却郑重其事地说："老师批评学生，再严厉也得接受。"开始大家误认为是在国防部第五研究院成立之初，任新民担任总设计师室主任，谢光选为下面一个工程组组长，这一阶段两人领导与被领导的关系呢！谢总严肃地说："不是指这一段，是指在重庆兵工学校，他是我们的助教，是真正意义的老师。"同事们不大了解详情，称任老总为谢总的学长时，谢总总是及时地更正："那是我的师长，他还给我上过课呢！"

位于浙江湖州的原航天工业部上海航天局7013厂有一位梁炳松副厂长，当年在兵工署21厂做描图员，曾听过任新民讲课，并共过事。在任新民担任七机部副部长和试验卫星通信工程总设计师时，因工作关系他经常去7013厂出差。一个偶然的机会，两位老人彼此认出了对方，倍感亲切，他们对当年的往事如数家珍："任副部长那时是技术员，我们是艺徒，他给我们讲过课，很负责任，课也讲得好，既有理论，又有实例，理论结合实际。"梁副厂长还加重语气说："那时他就非常平易近人，大家有不懂的问题，他总是耐心地反复讲解，和艺徒们打成一片。他还经常讲，大家要团结起来，努力工作，多造枪炮，赶走日本侵略者。"

谢光选、梁炳松的回忆与赞誉，足可见任新民在中央兵工学校和兵工署21厂工作时的敬业之心和爱国之情。

5.异地邂逅　喜结伉俪

任新民在中央兵工学校大学部毕业前夕，学校组织毕业实习，到重庆附近的江津县去试炮，试的是迫击炮，炮弹是用黑火药装填的。试验取得成功，同学们都很高兴，任新民从同学们的闲谈中得知，江津县有所中学的师范分校的校长是安徽宁国人，后得知叫虞焕宗。他喜出望外，虞校长曾与任新民的父亲共过事，他也见过虞校长。在那战火纷飞、兵荒马乱的年代，孑然一身，流落异乡，孤独、寂寞和挥之不去的苦涩的乡愁、伤感，时时困扰着年轻人火热的心。忽然听说有一位同乡、又是比较熟悉的长辈近在咫尺，任新民的激动之情油然而生。于是，他决定前去拜访，以叙衷肠。可是，拜访却给他带来了失望、悲凉和伤痛。原来，此时虞校长已经过世了。

虞焕宗，安徽省宁国县人，早年毕业于南京高等师范学校，曾任赞上县中学校长，宁国县教育局长。安徽沦陷后，虞焕宗带着长女及学生们开始了艰苦而漫长的流亡生活，历尽艰难才落脚于四川省江津县，虞焕宗担任国立九中师范分校的校长。由于长期过着抑郁而凄苦的生活，虞焕宗染上了肺病，虞老先生的心情郁闷到了极点。继1937年7月北平沦陷后，1937年年底，上海、济南、南京等地也相继沦陷，特别是震惊中外的南京大屠杀消息传开后，愤怒和仇恨笼罩着江津城，虞老先生更是悲愤至极。1939年夏天，已经病入膏肓的虞老先生自知时日不多，将正在偷偷流泪的女儿虞霜琴叫到跟前说："霜琴，天下兴亡，匹夫有责，你不必为我哭泣难过。你要忧患我们的国家和民族，努力学习，掌握本领，为国家的强大和富庶而出力。"就在这一天晚上，虞老先生怀着一腔爱国热情和对亲人的依恋，永远地离开了人世。

虞霜琴生于1921年8月，随父亲到江津后，就读于国立九中，此时正读高中，很快就将考大学了。父亲的辞世，犹如晴天霹雳，使她悲痛欲绝。她是一位刚毅、豁达的新女性，在老师、老乡和同学的帮助与鼓励下，她勇敢地挺起胸膛，坚强起来，决定无论如何也要把书读下去。

任新民此次拜访，虽得知虞老先生谢世的噩耗，但也得知其长女在江津读高中。虞霜琴也从父亲那里对任新民早有所耳闻，父亲曾说过："任局长（任新民的父亲任海清接虞焕宗任教育局长）的大公子很聪明，学习成绩一直拔尖，考上了中央大学，后又考入兵工学校。"虞老先生此番话一方面是激励女儿努力学习，做栋梁之才；另一方面也有潜台词，是想为女儿找个门当户对的婆家。虞霜琴虽不在意，却也清楚父亲的良苦用心。

任新民出于乡情和父辈的友情，去看望了虞老先生的女儿虞霜琴，一则是对虞老先生的辞世表示悼念，二则是对同乡的慰问。此次任新民到访时，虞霜琴这位国立九中女篮的队长刚从球场上被换下来休息，见到这位身着军装的男青年不禁有些愕然。相互做了自我介绍后，他们又寒暄了几句。乡音、乡情，加上父辈的同事关系，顿时拉近了两人的距离。这时虞霜琴的脑海里浮现出了父亲对她讲述任大公子的情景。眼前的任新民中等身材，眉清目秀，微带棱角的面颊略显清瘦，透出干练和阳刚之气，举止文雅，谈吐得当。平时爽朗善言的虞霜琴不知不觉间有几分拘束和紧张。反倒是平时沉默寡言的任新民一操起家乡话，话语顿时多了起来。眼前的虞大小姐年方十八九岁，一双靓丽有神的大眼睛闪烁着青春的秀美，白皙略带红润的脸庞在乌黑光洁的秀发映衬下，更显端庄秀丽。在那烽火连天、狼烟四起的战乱岁月，两位同乡在举目无亲的异地他乡相见，乡愁、乡思、乡情一齐涌上心头，同乡间的好感油然而生，两人好像有说不完的家乡话。

当天，虞霜琴还为任新民及他的同学解了燃眉之急，在男生部的宿舍为他们安排了住宿。这对年轻的老乡异地相见，虽不能说是一见钟情，但这次见面成为了一对60多年夫妻相敬如宾、患难与共的序曲。

任新民试炮后回到了兵工学校，他时不时地回味起这次相见。他给虞霜琴写了封信，主要是感激她提供了食宿帮助，同时也抒发了他发自内心的抗日激情。于是，他们开始了鸿雁传书，心灵的沟通越来越多了。可爱情这层窗户纸的捅破，还得归功于虞霜琴的表哥、任新民的同窗好友胡为灿。当时，胡为灿从安徽到重庆出差，临行前，虞霜琴的母亲对胡为灿一再嘱托："男大当娶，女大当嫁，霜琴也该成亲了，她父亲去世了，我们又不在身边，你此次去重庆关照一下霜琴的事。"胡为灿对姑妈叮嘱的事自然不敢怠慢。

其实，良缘离不开机遇的巧合。胡为灿和同窗好友任新民一直保持着联系，这就使胡为灿想起了姑妈托付的事。有胡为灿撮合，再加上任新民、虞霜琴基本上已水到渠成的爱情基础，所以他们的关系发展得非常顺利。胡为灿在重庆办完事后，还要去西安。为了把此事办得圆满，回皖后对姑妈有个满意的交代，他对二人也执意督促。任新民与虞霜琴在表兄胡为灿离渝前正式订了婚，并在《中央日报》的广告版上刊登了二人订婚的消息。

自此，任新民、虞霜琴在渝已不再是各自孤单一人，而是还有另外一颗心无微不至地关心着她（他），有另外一双手扶持着她（他）。此时虞霜琴即将高中毕

1941年，任新民与夫人虞霜琴订婚合影

业，面临着继续考大学，还是找份工作的抉择。她父亲去世后，家里原有的积蓄有限，读大学的学费和生活费去哪里筹措呢？这位倔强而刚毅的姑娘自立观念很强，不想依赖他人，想直接找份工作，等有些积蓄后再读大学。就在她思想矛盾之时，任新民一言九鼎地劝告："不管有什么困难，你也不能有放弃读大学的念头。经济上有困难，我可以帮助。"最后，虞霜琴在任新民的鼓励下决定报考大学。考试的结果不出所料，她先后被上海交通大学（重庆）电机系和中央大学（重庆）数学系录取，几经思考，根据个人的兴趣，她还是去了中央大学（重庆）数学系就读。

人生的道路是曲折而坎坷的，尤其是在那风雨飘摇的战乱年代，人的命运是很难预测和把握的。可机遇和成功往往都赋予奋斗和执著的人。任新民抱定的科技救国、强国、富国的信念，尽管有一定的天真性和局限性，但在那个时代，年青的、进步的知识分子往往都对此信念有很强的追求，作为激励自己奋发向上的动力。1944年，在中央兵工学校和兵工署21厂干得很出色的任新民，被选送到美国辛辛那提磨床铣床厂实习。这对期盼深造的任新民来说真是一个千载难逢的良机和喜讯。人生总是充满矛盾，如果他这一走，如果再读学位，还不知哪年哪月重逢，特别是动荡的时局更有很多变数。任新民思前想后，心里也犯嘀咕。虞霜琴竭力支持任新民的抱负与志向，得知这一消息后，真为他高兴，也全力支持他赴美国。任新民长虞霜琴六岁，已近而立之年，虞霜琴很理解任新民内心的矛盾。此一别天各一方，远隔重洋……这如何是好？她梳理了思绪，断然决定在他赴美前结婚，这样各自都有了归宿，有了一个共同的家，也便于她在国内照顾双方的老人。

两人商量来商量去，最后决定结婚。面对任新民怜爱的眼神，虞霜琴表示，只能顾一头了，有所得必有所失，必要时自己只好做出些舍弃。1944年夏，任新民和虞霜琴在《中央日报》广告版上刊登了一个敬告亲友的简短的结婚启事，并在中央兵工学校的食堂里举行了简朴的婚礼，他们摆了三桌婚宴招待双方的老师、朋友、同学和老乡。从此，一对身居陪都重庆的年轻人开始了新的人生征程。

任新民

任新民院士传记

Academician Ren Xinmin's Biography

第二章

赴美深造
报效祖国

任新民告别妻子和襁褓中的儿子，到大洋彼岸孜孜以求，刻苦攻读。“梁园虽好，不是久恋之家。”他的根在中国，几经辗转，他终于回到了祖国母亲的怀抱。

任新民与虞霜琴结为伉俪后，在刚毅顽强妻子的鼎力支持下，任新民依依不舍地告别了妻子和襁褓中的儿子，赴美国辛辛那提磨床铣床厂公费实习，后又考取了美国密歇根大学研究院机械工程硕士研究生和工程力学博士研究生，并获得硕士和博士学位。之后他被美国布法罗大学机械工程系聘为讲师。

任新民在大洋彼岸孜孜以求，刻苦攻读。妻子虞霜琴在战乱年代的异乡苦苦地支撑着，为了母子二人的生活，她含辛茹苦，承受着人生的酸甜苦辣。

“梁园虽好，不是久恋之家。”任新民的根在中国，在中华人民共和国成立前夕，他毅然决定返回祖国，为国出力，实现他报效祖国的夙愿。几经辗转，他终于在1949年8月回到了阔别多年的故土。

1. 惜别妻儿　远渡重洋

结为连理的任新民与虞霜琴称得上乱世鸳鸯。虽正值战乱时期，但世界反法西斯战争的形势与日俱变，德、日、意法西斯的嚣张气焰每况愈下。他们两人从重庆返回家园指日可待，这更增添了他们新婚的甜蜜。

任新民虽已被确定赴美国辛辛那提磨床铣床厂实习半年，但行期尚未敲定，他一边工作，一边做赴美的准备，特别是强化英语训练，夫妻俩还时不时地来个英语对话，日子过得有滋有味，甜美舒心。可生活的喜忧却交织而至：虞霜琴怀孕了。

沉默善思的任新民更是冥思苦想，最终，他决定面对这个现实："车到山前必有路！"好在赴美的行程迟迟不能确定，他的工作还没有交接，任新民一边继续补习英语，一边照顾怀孕的妻子。顽强刚毅、不服输的虞霜琴决定，任新民照走，自己的大学照上。尽管她身体已经不便，但还是坚持读完了大学三年级上学期的课程。

赴美启程的日期定下来了，是1945年5月24日下午。可就在临行前的5月23日，也许是肚子里的儿子为了给父亲送行，急于来到这个世界，虞霜琴提前临产了。任新民手忙脚乱地将她送到了歌乐山医院。他望着虞霜琴痛苦而憔悴的面容，内心充满了怜爱、无奈和焦急。任新民在医院的走廊里坐立不安、踱来踱去，不敢直面妻子痛苦而疲惫的眼神。他想到了他走后妻儿的艰辛生活；想到了还在安徽的父母和岳母；想到了抗战胜利后，妻儿就可以回安徽老家了……他思绪万千，心乱如麻。有时真想索性不去美国了，安心照顾一家老小。

总算熬过了这一夜。5月24日清晨，产房里传出了婴儿的啼哭声，他欣喜地冲到产房门口，只见护士抱着婴儿祝贺他弄璋之喜。任新民凝视儿子那稚嫩而红润的小脸蛋，情不自禁地露出了幸福的笑意，母子平安，他心满意足。又过了一会儿，他被允许见太太了。见到经过一昼夜的煎熬、已经有气无力的爱妻时，他很心疼，却又不知道说什么好。他经过反复的思想斗争，激动地对爱妻说："我完全听你的，你说我走还是不走？"虞霜琴早已胸有成竹，她当即细声细语但很坚定地说："当然要走，我会把儿子抚养好的。"听了太太的一席话，任新民是又感激、又怜悯，连声说："听你的，听你的。"任新民坚定了赴美的决心。

1945年5月24日，任新民带着对妻儿的爱恋、祝福与信任，带着对满目疮痍的祖国的眷恋，毅然决然地告别了山城重庆，踏上了赴美的征途。下午2点，任新民一行登上了一架军用飞机。他坐在靠舷窗的位置上，内心充满了惆怅和依恋，喜愁交加，感慨万千。喜的是自己当上了父亲，又能出国长见识了；愁的是妻儿生活的艰辛。他是多么想再在妻儿身边多呆一会儿，多么想再看看山城内外的山山水水呀！他忍不住地朝着歌乐山医院的方向凝视着，心里默默地向妻子和刚刚出生的儿子告别。

这些天他实在是太疲劳了，在怅惘和眷恋中他迷迷糊糊地睡着了。等他醒来时，飞机已缓缓地降落在印度的一个机场上了。随后，任新民一行饱尝着背井离乡的滋味，在印度的加尔各答换乘海轮，驶向大洋彼岸。

任新民在浩瀚的大洋上，郁郁寡欢地度过了数十个日日夜夜，终于登上了美国的西海岸，开始了异国他乡的生活。

1948年在美国留学的任新民

2. 潜心攻读　学业有成

任新民一行实习的工厂，是位于美国东部的辛辛那提磨床铣床厂，这个工厂在当时乃至现在在世界机床界都颇有名气。该厂是一位德国人的后裔开办的，前身是一个铁匠铺，经过艰辛扩张，发展成了一个具有相当规模和很高技术水平的机床跨国公司。通过几个月的实习，耳闻目睹，亲自操作，再加上自己的认真和细心，无论是在设计、工艺、生产方面，还是在管理、经营方面，任新民都收获颇丰，深切地感到在

任新民在美国与同学在一起

美国大有东西可学。强烈的求知欲使他逐步产生并坚定了在美国攻读学位、继续深造的念头。完成既定的实习任务外，他利用业余时间继续学习英语。为了筹到攻读学位的学费，他还出去打工赚钱。

实习结束后，他考取了美国密歇根大学研究院机械工程专业的硕士研究生，从此开始了他在美国的研究生生活。密歇根大学坐落在美国的一个美丽而宁静的小城安娜堡，这里绿树成荫，芳草连片，环境幽雅，空气新鲜，一派田园风光，确实是读书和钻研学问的好地方。他无暇更无意去赏花观木，而是一门心思投入到了学业中。当时与他同租住一处宿舍的是李勋和李宓兄弟俩，李勋后来成为我国著名的炼钢技术专家，曾任东北工学院院长，被尊称为中国的"钢铁大王"；李宓后来成为中国的无线电技术专家，曾任职于中国科学院电子所，还曾担任哈尔滨军事工程学院、中国科技大学的教授。回国后直至他们都进入耄耋之年，一提起任新民，都还赞不绝口："任新民在美国时，对学业真是到了痴

20世纪40年代，任新民在美国留学时，在校园留影

迷的程度。除了为维持生计而打工外，他把所有的课余时间几乎都用来学习和钻研功课。”任新民殚精竭虑、专心致志地刻苦攻读，不仅英语水平提高很快，没几个月，他就可以比较流畅地同美国人交谈了，而且他的各门功课基本上都是 A 级。

任新民深知在美国的时间非常宝贵，他以最大的毅力克制自己集中精力，不能分心，但也时不时地挂牵着大洋彼岸的父母妻儿，虞霜琴又何尝不是如此。但彼此只能靠书信往来得到慰藉。特别是虞霜琴知晓不管家中发生什么事，都不能影响和动摇任新民的学业，家中所有的事情她都自己扛着，所以她一直对任新民报喜不报忧，为任新民提供了一个平稳而不受纷扰的学习心情。正因为他的全力以赴和虞霜琴的鼎力支持，前后只用了近四年的时间，他就以优异的成绩相继通过了硕士和博士论文的答辩，获得了机械工程硕士和工程力学博士学位。

在美国，留学生活是紧张而艰苦的。尤其是在开始之时，第二次世界大战刚结束，美国也是物资匮乏，任新民初来乍到，人生地不熟，英语还没有完全过关，学习的课程又异常繁重；打工也只能干一些苦活、累活、粗活，真是身心疲惫呀！伟大的目标产生巨大的动力，他没有畏难，更没有退缩，而是以顽强的毅力和吃苦耐劳的精神，奔波于宿舍、学校和打工处三个点之间。

奋斗总会有收获，也总会苦去甜来。他考取博士研究生后不久，就兼做助教，经济情况大为好转。在他拿到博士学位前夕，又被美国布法罗大学机械工程系聘任为讲师，并承担了研究课题，获得了相应的课题经费。自此，他有了一份稳定的工作，又承担研究课题，工作和生活就比较充实和优裕了。

忙碌和劳累使他无暇东顾，安逸和优裕倒使任新民思乡想家的念头与日俱增。特别是夜深人静的时候，他脑海里盘旋着大洋的彼岸，那里有妻儿、父母、岳母、弟弟和妹妹，有伤痕累累的祖国，有处于水深火热中的同胞和父老乡亲。有时做梦他梦到的也都是这些家乡的事。他恨不得顿时插翅飞回祖国。

3.刚毅女性　含辛茹苦

自从1945年5月24日任新民与虞霜琴在重庆歌乐山医院分别后，虞霜琴就开始独自一人挑起抚育儿子的重任，不能再继续读书了，她只好辍学。为了生计，她必须找份工作。刚好当地有所岳庐小学要聘请教师，由于她是中央大学数学系肄业，又有打篮球等体育特长，所以被顺利地聘任了。学校领导了解了她的家庭情况后，还分给她一间住房，她非常感激，很知足。虽有一份固定的工资收入，但由于战乱时期物价飞涨，仅靠她做小学教师这份微薄的工资收入维持母子二人的生活已入不敷出。由于手头拮据，她只好又在附近的沙坪坝中学谋了份代教初中一年级数学课的差事，以贴补母子二人的生活。沙坪坝中学与岳庐小学之间，相距约有20分钟的路程，每天她奔波于两所学校之间，汗流浃背，煞是辛苦。可一回到家中，看到儿子张开两只小手、急切地盼望着妈妈归来时，一切辛苦、劳累都被抛到了九霄云外，真是乐此不疲呀！

爷爷任海清给孙子取名为光庆。虞霜琴既要到两所学校去上课，又要照顾光庆，忙得不可开交。她去上课时，只好把光庆放在床上，周围围上一些小被儿，将光庆锁在屋里。有一次，她跑回家来给儿子喂奶，老远就听到儿子的啼哭声，顿时一阵心酸。她急忙抱起儿子，儿子止住了抽泣，可她自己却忍不住大哭了一场，积郁已久的劳累、思念和孤独无助一齐涌上心头。她真想给任新民写封长信，以泄自己满腹的委曲。可她静下来一想，远水解不了近渴，告诉任新民只能让他分心，影响学业……想来想去，她还是把苦水往肚子里咽，照例给任新民写了一封平安信。

虞霜琴带着儿子就这样一天天地熬着、忙碌着。日子虽过得很艰苦，但看到儿子一天天长大，越来越活泼可爱；还从丈夫的来信中得知他的学业正与日俱进，虞霜琴很欣慰，她情不自禁地感叹着："有所失必有所得，没有过不去的河。"她苦苦地盼着、熬着、等着，终于迎来了抗日战争胜利的这一天。1945年8月15日，日本侵略者宣布无条件投降，山城重庆沸腾了，整个中国沸腾了！虞霜琴抑制不住兴奋而激动的心情，也带着儿子融入了举国欢庆的热潮中。人们载歌载舞，尽情地唱啊！跳啊！锣鼓声、鞭炮声、口号声响彻云霄。夜深了，她毫无睡意，沉浸在幸福的思绪中，自言自语，也仿佛是在对熟睡的儿子说："我们可以回老家了，那里有你姥姥、爷爷、奶奶和父老乡亲。"她归心似箭，很快打点好行装，带着儿子，在同事们的欢送下，告别了重庆，踏上了回皖的归程。

回到故乡后，虞霜琴母子俩受到了任新民的父母、虞霜琴的母亲、亲友及家乡父老的热烈欢迎。乱世重逢，特别是见到了小光庆，大家分外高兴。虞霜琴疲惫的心得到了极大的抚慰和放松，她似乎回到了安全而温馨的港湾，由衷地感到了家庭的温暖和祥和。

虞霜琴是一位闲不住的职业女性，稍做安顿后就开始重掌教鞭，到宁国中学做数学教师。她要教书，还要操持家务、照顾儿子，日子过得紧张而忙碌。好在她年轻力壮，又有家人的帮衬，特别是婆母相助，日子过得比较舒心，转眼间就到了1947年。

天有不测风云，人有旦夕祸福。1947年对任家来说是个多灾多难之年，而且是祸不单行。这一年的春天，任海清因患肺病去世，年方49岁，可谓英年早逝。夏天，安徽宁国又流行脑膜炎，当时的医疗条件非常有限，无情的病魔又夺走了虞霜琴的精神寄托、她心爱的儿子的性命。这一连串的打击，特别是儿子的夭折，使她的精神到了崩溃的边缘。她哭得死去活来，大病了一场。她真想给任新民写封长信，诉说家中的不幸和自己的悲痛、忧伤。痛定思痛，她想到了母亲和婆母，想到了丈夫的学业，这位刚强而豁达的女性终于挺住了，走出了悲痛的阴影。她用巧妙的办法向任新民隐瞒了家中的遭遇，以防他分心，影响学业。

日复一日，虞霜琴逐渐地振作起来。她觉得呆在家里触景生情，睹物思人，儿子的小小的身影时不时地浮现在她的眼前，思念仍然折磨着她。于是，她同婆婆和母亲商量，准备离开宁国，到南京圆她的大学梦。她打点行装前去南京，到中央大学数学系复学。可最终因为时局动荡等多种原因，特别是她还挂牵着宁国的母亲和婆母，未能如愿。她又回到了宁国，继续在教师的岗位上尽职尽责。她读完大学的梦想最终未能实现，这是她终身的一件憾事，任新民更为此感到歉疚。

4. 舍弃优裕　毅然回国

身居异国他乡的任新民，工作、学习和生活的环境条件逐步好转，且有了稳定的工作和较丰厚的经济收入。他被聘任为美国布法罗大学机械工程系的讲师，还承担了研究课题，得到了相应的研究经费。尽管条件越来越优裕，但思国想家的念头却有增无减，他辗转反侧，思念着家中的父母、岳母、妻儿、弟弟、妹妹和父老乡亲，思念着多灾多难的祖国，思念着宁国这块皖南的故土。

任新民时刻关心着祖国大地的变化，他从报纸和广播中得到的信息是多方面的。他仿佛听到了祖国解放的“隆隆”炮声，仿佛看到了中国人民解放军正势如破竹地向胜利挺进，中国正在发生天翻地覆的变化。他欣喜若狂。

迟早要回到中国，去报效自己的祖国，这个信念是坚定的。但他在美国得到的信息正反两个方面都有，他担心国内的战事还未结束，一些科研项目并未开展，回国后可能无用武之地。他十分珍惜得之不易的工作和研究项目。如有可能，可以把虞霜琴接到美国；国内情况如果安定下来，也可以直接回去工作——思绪万千，难以抉择，只好随遇而安吧！

“梁园虽好，不是久恋之家。”1949年6月21日，任新民乘坐的英国邮轮从美国旧金山出发，经香港驶向上海。此时，上海已经解放，但国民党反动派还在做垂死挣扎，对上海的吴淞口进行狂轰滥炸。邮轮无法靠岸，到达吴淞口外又只好返回香港，他眼巴巴地望着近在咫尺的上海无奈又返回香港了。在香港逗留期间，他真是度日如年，恨不能插翅高飞，立刻踏上解放了的祖国大地。他焦急地等待着，并想方设法尽快返回，他找到了一位在港经商的熟人，得到了一张从香港到天津的韩国走私船的船票。归心似箭的任新民顾不得是什么船，也顾不得在哪儿上岸，只要是能回家乡就行。

几经辗转颠簸，他终于在1949年8月初到达了天津塘沽港。他的脚踏在饱经沧桑的祖国大地上，尽情地呼吸着祖国的新鲜空气。他不顾旅途的劳顿，马不停蹄地赶赴上海。到上海后，由于他行程的改变，阴差阳错，前来上海接他的虞霜琴已返回宁国。

无巧不成书，任新民到上海后，正逢华东军区的军政大学招募科技人员，招聘的告示上赫然落着他仰慕已久的华东军区兼中国人民解放军第三野战军司令员陈毅的大名。他顿生愉悦，旋即报了名，并被接收。之后，在工作人员的带领下，他同已报名的其他人员一起由上海去南京报到。他回国后还没有回家，更没有见到家人，他在南京向工作人员说明情况后，告假返回安徽宁国。在他返回家乡的路上，到处都是载歌载舞的欢乐人群，喜庆的锣鼓震天动地，“没有共产党就没有新中国”，“解放区的天是明朗的天，解放区的人民好喜欢”的嘹亮歌声响彻云霄。好一派如火如荼、激情燃烧的场面。他既兴奋，又激动，自己即将成为中国人民解放军的一员了。接虞霜琴去美国的念头已抛到九霄云外，他欣喜地默默想着：“报效祖国有望了！”

坎坎坷坷，历经艰辛。任新民终于在1949年8月5日回到了阔别十余年的家乡。

与家人的团聚使他兴奋至极，但同时也得知了父亲辞世和儿子夭折的噩耗，真是悲喜交加。他与妻子彻夜长谈，得知家里的遭遇，他十分悲痛，深感愧对妻子和家人。虞霜琴在风雨飘摇中已经受到了锤炼，她宽慰道：“过去的事情就让它过去吧！一切从头儿开始。”任新民很认可妻子的态度，夫妻俩产生了共鸣，彼此似乎都增添了几分喜悦与希望，活着的人都还得好好活下去。

5. 好事多磨　参军履职

任新民已在南京华东军区军政大学报了到，准备在宁国县稍事安顿后即赴南京履职。没想到，就在这一阶段，却发生了一件意料之外的事情。

当时的宁国县刚刚解放，“敌特反”的活动还比较猖獗，所以阶级斗争的弦绷得很紧，民众站岗放哨，儿童团检查“路条”。当县公安局得知大地主任海清的大儿子从美国经香港回来了，无疑会把他与美蒋特务联系在一起。任新民被公安局带走并看管了起来，每天由虞霜琴送饭。她千方百计地买些报纸，还找些书籍送给任新民打发时间。

这一突如其来的变故，如同当头挨了一闷棍，打得他丈二和尚摸不着头脑。公安局审来审去，既找不出他是美蒋特务的蛛丝马迹，也不能证明他不是美蒋特务。后经宁国县城一家杂货店老板的担保，任新民才取保候审，并被严格规定：不能乱说乱动，只能呆在家里，随叫随到。心急如焚的任新民简直就像热锅上的蚂蚁，干着急想不出办法。还是有一股闯劲的虞霜琴自告奋勇：“我去南京找军政大学的领导。”问明情况后，虞霜琴就直奔南京了。到南京后，她找到了华东军区军政大学负责筹建华东军区军事科学研究室的胡翔九（后来担任华东军区军事科学研究室的政委）。胡翔九听了虞霜琴讲述的情况后，非常惊讶，认为宁国县公安局的做法欠妥。随即以军事科学研究室的名义给宁国县公安局发了电报，证明任新民的工作单位和身份。

虞霜琴觉得事情已经办妥，赶紧往宁国县赶。宁国县公安局收到电报后，认为任何人在南京都可以发这样的电报，不足为凭，还是不放人。这下任新民夫妇真是懵了，焦急却无计可施。可天无绝人之路，正在茫然中的任新民，看到《解放日报》上登载了有陈毅司令员落款的华东军区军政大学录用的人员名单，他拿给宁国县公安局的负责人看。宁国县公安局不能不相信《解放日报》，于是解除了对任新民的监管，恢复了他的自由。

再也不能耽搁了。任新民急匆匆地赶赴南京，正式到南京华东军区军政大学履职，经过集训后，被分配到华东军区军事科学研究室，任研究员。这个研究室里汇集了张述祖、沈正功、马明德、岳劼毅、任新民、钟以文、鲍廷钰、周祖同、何乃民、张禄康、赵子立等几十位著名的留德、留法、留美的专家学者。就在中华人民共和国成立前的九月份，任新民穿上了崭新的军装，成为了中国人民解放军的一员，开始了他投身我国国防建设的生涯。

任新民

任新民院士**传记**

Academician Ren Xinmin's Biography

第三章

毅然参军
投身国防

研制第一种固体复合推进剂及发动机、筹建哈军工、与钱老谈火箭……任新民开始了他一生为之奋斗并屡建奇功的国防科技事业。

1949年9月，任新民正式到南京华东军区军事科学研究室报到，任研究员。几十年后，曾任华东军区军政大学校长的陈士榘上将见到任新民时，还自豪地说："你还是我们军大人呢！"这位"军大人"一发不可收，从此开始了他一生为之奋斗并屡建功勋的国防科技事业。在军事科学研究室期间，他同马明德、周祖同、沈正功、钟以文等，共同研制了我国第一种固体复合推进剂及其发动机。

1950年8月，军事科学研究室归入哈尔滨军事工程学院，任新民在陈赓的领导下，成为十人筹备委员会成员之一，参与哈军工的筹建工作。之后任新民担任院科学教育部的教务处副处长、炮兵工程系教育副主任兼火箭武器教授会主任、教授，1955年被授予技术上校军衔。在此期间，他刻苦钻研，挥鞭执教，教书育人。他还接待了回归祖国的著名科学家钱学森，共叙导弹、火箭。这也许就是任新民航天缘分的前奏。

1. 解放舟山　研制火箭

在华东军区司令员陈毅的倡导下，在南京成立了华东军区司令部军事科学研究室。研究室成立后即开始了相应的科学技术研究工作。1949年年底，为解放浙江的舟山群岛，开辟滩头通道，军事科学研究室受命研制一种由无线电遥控的无人驾驶爆破艇（当时戏称为“水鸭子”）。沈正功、钟以文、马明德、任新民、周祖同等参加了这一研制工作，并在长江北岸成功地进行了试验。任新民还主持研制了固体推进剂的新型火箭。在得知上海火柴厂错购了一批过氯酸钾（制作火柴用的是氯酸钾）后，任新民以比较便宜的价格购买了这些过氯酸钾（过氯酸钾可作为氧化剂）。

当时研制、生产、试验的条件都很简陋，但他们的积极性很高，用土法（包括用碾子碾）制成了中国第一种以过氯酸钾为氧化剂，沥青为燃烧剂的固体复合推进剂，以此复合推进剂制成了固体发动机和火箭，并在湖面上进行了发射试验。在今天看来，当初的工作只能算是个雏形，而且安全措施也不够，带有很大的危险性。但就固体复合推进剂和固体火箭发动机技术而言，这确实是一项开创性的技术工作，也称得上是我国第一种固体复合推进剂。

这一固体火箭在解放舟山群岛时没有使用。1952年8月，华东军区军事科学研究室整体划归哈尔滨军事工程学院，剩余的过氯酸钾、制成的固体复合推进剂及发动机等，一并运至哈尔滨，存放或陈列于哈尔滨军事工程学院炮兵工程系火箭武器实验室，供教学使用。

后来，国防部第五研究院成立，还将2吨过氯酸钾支援给国防部五院，制作了第一批用于表演的固体复合推进剂的药柱。应该说，当年华东军区军事科学研究室在我国固体复合推进剂及固体发动机方面所做的工作，对我国固体导弹事业起到了开拓和奠基的作用。

2. 筹建军工　招贤纳才

抗美援朝战争的经验和教训沉痛地告诫我们，战争的胜利固然取决于战争的正义性质，取决于参战者的觉悟和勇敢精神。但是，如果我们拥有先进精良的武器装备，我们许多优秀的、英勇善战的儿女就不至于牺牲在战场上，就能减少不必要的伤亡，战争的胜利也会来得快些。正是基于这种考量，党中央、国务院、中央军委和老一辈无产阶级革命家出于发展我国武器装备的大计，痛下决心，决定组建培养武器装备研制和使用科技人才的哈尔滨军事工程学院（简称“哈军工”）。设立空军工程、炮兵工程、海军工程、装甲兵工程、工程兵工程等系科，并由曾任中国人民志愿军副司令员、对发展先进武器装备倍感急切的副总参谋长陈赓负责筹建。哈军工成立时，陈赓被任命为院长兼政治委员。

1952年9月1日，中央批准成立了以陈赓为主任委员的哈军工筹备委员会，筹备委员会副主任委员为徐立行、张述祖、李懋之等10人，任新民被任命为筹备委员会成员之一。1952年8月，任新民奉命到北京，参加哈军工的筹建工作。筹建工作中很重要、也是最困难的，就是解决师资问题。任新民的任务主要是了解各大学和有关科研机构科技人员的有关情况，为领导选择、确定教师人选提供参考意见；并对领导已确定的调入人员，负责前去联系、落实和协助办理手续。

他们的工作是紧张而忙碌的，而且责任重大，有时还要“得罪人”。正是由于他们认真负责和积极主动地勤奋工作，才使得一位位知名学者、教授、专家和优秀的年轻科技人员云集北国冰城哈尔滨，为哈军工的创建和发展做了一件意义重大、影响深远、极为重要的基础性工作，使哈军工很快组建起了一支以老教授、学者为骨干力量的教师队伍。正是这支队伍，在哈军工的创建和发展中发挥了顶梁柱的作用，进而为我军的各部门、各单位和整个国防科技工业各部门，包括航天、核工业、航空、舰船、兵器、军用无线电电子等领域的创建和发展，输送了极为宝贵的科技人才。

弥足珍贵的是，在这一阶段的工作中，任新民有幸直接或间接地接触到陈赓院长。陈赓认真负责，雷厉风行，工作中高度的原则性和机动、灵活且幽默风趣的工作作风，深深地感染了他。陈赓的工作作风是：要办的事就非办成不可，而且要快干、干好，不达目的誓不罢休。当年从各大学和中国科学院的一些单位调出造诣深的知名教授和专家，谈何容易，没有哪个单位愿意把骨干放走！选调教授难，选调知名教授更难，特别是哈尔滨地处寒带，冬天很冷，所以一直学习、工作、生活在南方的教授们不愿意去哈尔滨。任新民深有感触，京外的单位还好办些，在京单位更难办，找各种理由不放人。如果没有陈赓亲自抓，那是难以完成任务的。陈赓的招数特别多，再难缠的他也能想出办法。在调人的工作上，陈赓知道最重要的是拿到周总理的“令箭”，为此，他绞尽脑汁，软磨硬泡，说服周总理批准自己的请求。周总理日理万机，忙得不可开交，陈赓费尽心思，总能抓住机会向周总理汇报工作，有时竟追到洗手间，请总理签字。周总理多次向陈赓发出警告，这是最后一次，下不为例。陈赓总是能找出再破例的理由，选择机会使总理顺理成章地再次破例。周总理开玩笑地说：“陈赓，我真拿你没办法。”

拿到周总理的批件后，还要做被调人员所在单位及本人的工作，如高教部及其所属大学、中国科学院及其相关单位领导的工作。陈赓从不打无准备之仗，他总是具体分析所调人员的难度，采取相应的、有针对性的办法。好在这些领导人当中多数是陈赓的老部下、老战友、老同事。陈赓采取“软硬兼施，苦口婆心”的工作策略，有的是他亲自打电话沟通，然后指派任新民等有关人员前去联系、办理；有的是他亲自登门拜访；偶尔，他也“动粗”，“恫吓”几句，“某某某，你吃了豹子胆了！总理定的事，你也敢顶着不办，再顶着，老子有你好看的！”可他对具体负责联系、办理的任新民等人反复叮嘱：“我们是求贤若渴，我们是求人家，要心平气和地做工作，切不可以‘尚方宝剑’压人。”他还要求对被调人员一定要做耐心细致的工作，好事要办好。正是由于陈赓忘我而负责的工作，以及机动、灵活、巧妙而恰到好处的工作方法，才使得哈军工创建时适时地调入了一大批教授和教学骨干，打牢了办学中发挥主导作用的教师队伍的坚实基础。

在哈军工筹建过程中，任新民在陈赓的领导与组织指挥下，出色地完成了荐人举才，选调教授、专家及其他教学骨干的任务。更为难得的是，他亲自领教了陈赓认真负责，“做事就做成、做好”的坚韧不拔的精神和品格，更领略了陈赓的睿智和游刃有余的工作方法。“榜样的力量是无穷的”，任新民不仅在哈军工筹建过程中充分学习、践行和发扬陈赓的这种工作作风和工作方法，更在他从事航天事业50多年的历程中，始终坚持“要干的事就一定锲而不舍地干成、干好”的工作作风。他的这一品格和作风的形成，与陈赓这一楷模的影响是密切相关的。

3. 良师益友　陈赓院长

1953年9月1日，哈尔滨军事工程学院正式成立。1953年1月30日，中共中央和中央军委总政治部批准成立中国共产党军事工程学院临时委员会，由陈赓、徐立行、李懋之、张衍、徐介藩、曾焜、张文峰、黄景文、赵唯刚、吴振挺、屈兴栋11人组成，陈赓为书记。在陈赓的领导、组织和指挥下，经过紧张而有序的筹备，到1953年8月，军事工程学院的组织机构、系科设置及各部门的领导已基本确定。院设立了科学教育部，张述祖教授被任命为科学教育部部长，下辖教务处、科学研究处、编辑出版处、图书馆、翻译室以及俄语、合同战术、射击体育3个公共课教授会以及高等数学、普通物理、普通化学、投影几何、电工原理、理论力学、机械原理及机械零件、材料力学、金属工艺、机械工艺等10个基础课教授会。从上海交通大学教务长岗位调入哈军工的曹鹤荪教授被任命为教务处处长，杜鸣珂、任新民被任命为教务处副处长。

1953年8月26日，中央人民政府人民革命军事委员会主席毛泽东给军事工程学院颁发《训词》，全文如下：

军事工程学院陈院长和全体教授、助教、学员、工作人员同志们：

当你们开学的时候，我向你们致以热烈的祝贺。

在此时机，我并向热诚帮助我们计划和创办这个学院的苏联政府、苏联顾问表示衷心的感谢。

中国人民解放军军事工程学院的创办，对于我国的国防事业具有极重大的意义。为了建设现代化的国防，我们的陆军、空军和海军都必须有充分的机械化的装备和设备，这一切都离不开复杂的、专门的技术。今天我们迫切需要的，就是要有大批能够掌握和驾驭技术的人，并使我们的技术能够得到不断的改善和进步。军事工程学院的创办，其目的就是为了解决这个迫切而光荣的任务。

向苏联学习，这是我们建军史上的优良传统，无论任何时候，任何工作部门，都应当如此。这点，对于你们这个学院，有更加重要的意义。我们必须学习苏联的先进科学和技术知识，学习苏联军事工程建设的丰富经验，学习苏联顾问同志的学习态度和工作态度，学习苏联顾问同志高度的爱国主义和国际主义精神。在学习上应该是虚心诚恳的，不要学到一点就自满和骄傲。

保持和发扬中国人民解放军的光荣传统，特别是全心全意为人民服务的精神和自我牺牲的英雄气概，这在你们的学院，是和全军一样，必须充分领会和一刻也不可忘记的。

希望你们团结一致，办好学院，尊重顾问，努力学习，为完成人民革命军事委员会给予你们的光荣任务而奋斗！

主席　毛泽东

一九五三年八月二十六日

毛主席还为军事工程学院办的报纸题写了“工学”二字。

陈赓院长采纳了苏联派驻军事工程学院首席顾问奥列霍夫的建议：9月1日上午按课程表开始上课，下午举行中国人民解放军军事工程学院成立暨第一期开学典礼。中央军委派出了以副总参谋长张宗逊为团长，由军委各总部、各军兵种代表组成的代表团赴哈尔滨参加这一盛典。

周恩来总理、朱德总司令及刘伯承、贺龙、罗荣桓等中央军委领导，给军事工程学院成立题词祝贺。在朝鲜的中国人民志愿军、全国六大军区、各军兵种和兄弟院校等，都发来了贺电，送来贺幛。参加典礼的还有黑龙江省和哈尔滨市的党政领导和苏联驻哈尔滨总领事。

典礼按程序进行。奏国歌后，张宗逊副总长宣读了毛泽东主席给军事工程学院颁发的《训词》；并代表中央军委给军事工程学院授“八一”军旗；张宗逊副总长和总政治部王宗槐秘书长、空军常乾坤副司令员在陈赓院长和总指挥陪同下，自右向左检阅部队；举行分列式；首长和来宾讲话；陈赓院长兼政治委员讲话。

担任军事工程学院筹备委员会委员，后又担任院科学教育部教务处副处长的任新民，参加了老教师（当时指讲师以上的教员）的推荐与选调等筹建工作；参加了学院组织机构、系科专业设置等的讨论和制定工作；参加了教学计划的编制、教材的选择与确定以及课程安排等工作。正因为如此，他有更多的机会直接接触陈赓院长，聆听陈赓推心置腹、坦率诚恳、寓意深刻、富有哲理而又幽默的谈话。他目睹了陈赓大智大勇、机动灵活的组织指挥才能，光明磊落、顾全大局的宽广胸怀，审慎果断、镇定自若的大将风度，开朗豪爽、豁达乐观的英雄气概，深入实际、实事求是的工作作风，任新民从中受益颇多。

任新民是一位不轻易赞颂领导的人，然而由于

20世纪50年代，任新民（左一）在哈尔滨军事工程学院

自己的耳闻目睹和切身体会，他对陈赓院长佩服得五体投地。他从陈赓身上看到了共产党人和老一辈无产阶级革命家的高风亮节和博大胸怀。任新民进入耄耋之年以后直至目前的98岁高龄，一提起陈赓的逸闻趣事，他都记忆犹新，能滔滔不绝地讲述，由此可见陈赓的楷模作用和深远影响。从一定意义上讲，陈赓的品格、风范和精神深深影响了任新民追逐科学与事业、奋斗求是的敬业精神。

陈赓依靠“两老”办院的思想使任新民倍感亲切。“两老”是指军队的老干部和师资队伍中的老教师。依靠“两老”办院就是发挥老干部、老教师的中坚骨干作用，以便把全院人员带动起来，办好学院。1952年12月9日，陈赓在全院党员干部会议上说：“我们的口号是‘两老’办院，就是依靠老干部、老教师，上上下下团结得像一个人，齐心协力，共同完成党交给我们的光荣任务，这就是我们‘团结建院’的指导方针。”12月11日，陈赓又主持召开老教师座谈会，他说：“在我们学院建设中，你们是一根柱子，军队来的老干部也是一根柱子，只有依靠这两根支柱，学院才能办好。”1953年7月1日，纪念中国共产党诞生32周年时，陈赓在老干部、老教师座谈会上提出：“既要承认两万五，也要承认十年寒窗苦。”他还说：“老教师的知识来之不易，在科学技术上奋斗了几十年，也是老资格，要办好军事工程学院，首先要依靠老教师，不能光靠两万五。”作为经历过旧社会、又从美国留学归来的高级知识分子的任新民，陈赓院长的这些话温暖了他的心，信任感、主人翁感和使命感油然而生。在担任军事工程学院筹备委员会委员期间，当他同张述祖、马明德、岳劼毅、沈正功、周祖同、赵子立等研究教师人选提名时，大家都很积极。张述祖为陈赓的一片真诚所感动，经过深思熟虑，一个人就提出了38位知名教授名单；任新民和马明德也凭借他们对科技界、教育界的教授、学者、专家比较熟悉，提名也比较多。任新民在其担任院科学教育部教务处副处长和负责两个助教队的工作中，都是尽职尽责，任劳任怨，圆满完成工作任务。这些都与陈赓院长的感召有直接关系。

陈赓正确而实事求是地贯彻党的“有成分论，不唯成分论，重在政治表现”的政策。20世纪70年代以前，家庭出身和家庭成分是客观存在，所以第一句话“有成分论”很容易掌握，而后两句是定性的概念，不易掌握，尤其是当时以阶级斗争为纲，宁“左”勿“右”的思潮泛滥，“唯成分论”比较盛行。在军事工程学院创建之时，老教师队伍对这个问题看法比较突出。陈赓院长则现身说法，用切身的例子深入浅出地做了导向性的讲话：“就家庭出身讲，我是出身于地主兼资本家家庭，经过革命战争的考验，我成了无产阶级先锋队的一员，成了无产阶级革命者；许克祥原来是我家的长工，是无产阶级出身，而后来在‘马日事变’时，他成了屠杀共产党员和革命者的刽子手。家庭出身不能选择，但走什么路完全取决于自己。”对于像任新民这样出身于非无产阶级的知识分子而言，这一席话使他倍感陈院长的良苦用心。

陈赓还通过具体的案例指导政工干部切实贯彻落实好党的政策。有一次负责审干的保卫部副部长向陈赓汇报工作，讲到有一位叫俞大缜的女教员，她哥哥俞大维在台湾，是国民党的中央委员，社会关系复杂，此人不宜留在军事工程学院。陈赓一听就很生气，严肃地指出：“你们知道俞大维，知不知道黄敬？他是中国共产党的中央委员，也是俞大缜的侄子。她为什么没跟她哥哥去台湾，而是跟她侄子留在了大陆？她是在为共产党服务。你们得全面分析研究问题。”最后俞大缜没有被调离哈军工。这件事传出来后，对任新民等知识分子的震动很大，他们反复琢磨和推敲陈院长的这些话，切实感受到了党和人民对自己的信任，从而激发了他们对哈军工、对教育事业的责任心和使命感。

还有一件事令任新民终生难忘。有一次陈赓同张述祖、任新民等人研究选调教授、专家的事。陈赓谈到，现在调人难，调有真才实学的老教授、老专家更难。这时，张述祖略有所思并带有几分犹豫地说：有一个人叫沈毅，留法归国，法语很好，是搞弹道和兵器制造的。不过现在可能不行了，因为他有贪污行为。经查，沈毅在抗日战争时期曾任国民党第三战区少将专员，解放战争时期在东北起义，曾在我解放军的一个炮兵学校工作过，办过兵工厂，还发明过一种炮兵简易瞄准法，在部队进行了推广应用。中华人民共和国成立后，沈毅在国家民航总局任副局长兼行政处长。“三反五反”中查出他贪污了一个亿旧币（相当于后来的100万元人民币），被判死刑，尚未执行。还得知，沈毅痴迷于搞一个弹道研究所，贪污的钱主要是私自购买了一些搞弹道研究的仪器设备。陈赓感慨地说：“人才易失难得，何不化消极因素为积极因素？”陈赓给当时负责领导“三反五反”运动的薄一波副总理打电话，请他“刀下留人”。薄一波说：“你真惜才如命呀！你敢要，我们就一起打电话给董老（董必武时任国务院政法委员会主任），请求对沈毅从宽处理。”董必武经过与有关方面慎重研究，决定改判沈毅为死缓，监外执行。当沈毅来到哈军工驻京办事处恭俭胡同时，还戴着手铐。按陈赓指示，给沈毅打开手铐后，他哭了，说自己死有余辜。陈赓握着他的手说：“好好干嘛，犯了错误改嘛！”

沈毅到了哈尔滨，由院科学教育部教务处监管，他从事搜集和翻译技术资料的工作。过了一段时间，陈赓指示院政治部保卫部了解沈毅的情况，如表现好，请保卫部提出给沈毅减刑的报告。可保卫部一直未提交报告，陈赓在百忙中还记着此事。一天下午，陈赓找来了保卫部的一位副部长，询问为什么还没提交报告。这位副部长吞吞吐吐地说：“沈毅最近表现不好，老酗酒。”陈赓立即提出：“咱们一起去看看。”陈赓一行来到沈毅的办公室兼宿舍的一间平房内，一进门室内一股寒气扑面，沈毅与陈赓对视了一眼。陈赓见墙边摆着酒瓶子，顿生几分火气，又一看炉子没生，随即问道：“屋里这么冷，怎么不生炉子呀？”沈毅指了指屋里摆放的书籍和资料，漫不经心地回答：“如果失了火，我可是罪上加罪了。”陈赓关切地说：“屋里这么冷，你受得了吗？”沈毅拽了拽披在身上的大衣，指着那些酒瓶子说：“冷了就呷两口。”此时，酗酒的事已真相大白。陈赓提起手中的拐杖，指着保卫部副部长的鼻子说：“什么是官僚主义，你知道吗？你看见了吗？”陈赓当即责令院办公室主任：“从明天开始，政治部的办公室，全搬到没暖气的平房，教授、副教授的办公室都搬进有暖气的楼房，三天搬完。”后来沈毅被改判为有期徒刑。1963年3月30日，国家发布了大赦令，沈毅获得了自由。

任新民悉知事情的全过程，这对他来说，确实是刻骨铭心的。时至今日，他还常常述及此事。缅怀陈赓院长，也是在呼唤实事求是的作风。任新民几十年来一直恪守深入实际、实事求是、一切从实际出发的信条，这一信条成为他领导航天型号研制工作的一个法宝。这与陈赓院长的言传身教密切相关。

任新民常挂在嘴边的还有1957年反“右派”运动中陈赓院长的两件事。一件事是1957年春天大鸣大放开始后，陈赓院长指示刘居英副院长（党委第一副书记）组织教授们赴长春电影制片厂学习、参观。一个礼拜后，教授们都反映参观得差不多了，院里的工作又比较忙，急着返回哈尔滨。刘居英打电话给陈赓，报告教授们的心情，请示是否可以返回。陈赓严厉地告诉刘居英，要沉下心来，好好参观、讨论、学习，也可以看一些电影，要再坚持一个星期。当时大家都还不理解，有的还有些意见。可到反“右派”运动后期，大家都理解了陈院长的良苦用心，旨在让教授们避开大鸣大放的高潮期。

还有一件就是陈赓听取反“右派”运动办公室关于军事工程学院划定的“右派”情况的汇报。在当时的历史背景下，他对反“右派”运动扩大化的问题也是痛心疾首，但无力回天。不过他对老教授、老教师们还是竭尽全力予以保护。当听到张述祖的问题时，他插话说："张述祖老实巴交的，他'右'能'右'到哪儿去。"陈赓的一句话不仅使张述祖免遭戴"右派"帽子之苦，而且有一个横向对比的问题，张述祖未划为"右派"，相比之下，有些人也幸免于难。

这两件事，虽然任新民都是事后知晓的，但对他的触动却很大。他对陈赓的睿智、机敏和原则性与灵活性相统一的工作方法，发自内心的佩服。

任新民担任教务处副处长的工作是艰巨、复杂和繁重的。万事开头难，军事工程学院刚刚成立，在教学组织管理上还没有自己的一套规章制度，既要学习贯彻苏联的教学制度和教学方法，又要结合中国高等学校的具体实际，而且各高等学校都有各自的一套教学管理办法，特别是还要考虑军队院校的特点，这就更增加了工作的难度。在陈赓院长的领导下，在张述祖、曹鹤荪科学教育部及教务处领导的具体组织下，任新民和他的同事们夜以继日地刻苦钻研、埋头苦干，适时地制定了一套学院教学组织管理的规章制度和办法，他们统一安排课程表，统一安排授课教师，统一组织教学活动，统一调度教室和人员，统一安排教学活动的时间、地点，使教学工作协调统一，正常运转，秩序井然。

经过近两个学年的运转，军事工程学院的教学工作及其他各方面的工作都基本步入了正轨。任新民深藏在心底的愿望终于有机会向领导提出，那就是到基层去，从事具体的教学工作。1955年上半年，他终获批准，被任命为炮兵工程系副主任兼火箭武器教授会（教研室）主任、教授。1955年他被授予技术上校军衔，自此，他跨上了研制火箭武器的一个新台阶。

4. 结识钱老　共叙火箭

1955年10月8日，著名科学家钱学森返回祖国，10月28日抵达首都北京，11月23日钱学森一行到达北疆之行的第一站——哈尔滨。原来日程的安排并无参观哈尔滨军事工程学院一项。周总理在北京接见钱学森时，钱学森曾提到他有一个老同学周明鸂在东北一所大学里教书。周总理说："他在哈尔滨军事工程学院，你应该去看一看。"钱教授还提出，他有两个朋友，一个叫庄逢甘，一个叫罗时钧，希望这次能见到他们。罗时钧是钱学森在美国时的学生，庄逢甘也是学生辈，现都在哈尔滨军事工程学院工作。陪同的中国科学院朱兆祥将钱学森的要求报告了中共黑龙江省委。11月24日，钱学森一行参观返回住处时，省委来电话告知，哈尔滨军事工程学院请示了北京，欢迎钱学森访问、参观学院。

11月25日上午8点多钟，钱学森一行来到哈尔滨军事工程学院。出乎钱学森意料的是，前来迎接的竟是时任总参谋部副总参谋长兼哈尔滨军事工程学院院长、政治委员的陈赓大将。尽管陈赓工作繁忙，但是为了欢迎钱学森的到来，特意起了个大早，乘专机从北京赶到哈尔滨，这使钱学森又一次感到党和国家领导人对他的重视和寄予的厚望。这一天上午，陈赓带领刘居英、刘有光、徐立行、周明鸂等陪同钱学森参观了海军、装甲兵、工程兵三个系和新落成的体育馆。钱学森站在大操场环顾四周，惊叹道："太气派了，这样大的校园，在美国也不多见。"钱学森的老同学周明鸂说："空军工程系和炮兵工程系的教学大楼更大。"后来在参观空军工程系教学大楼时，钱学森兴奋地说："太漂亮，太壮观了！"

在参观炮兵工程系室外的一个小火箭试验台前，钱学森停下了脚步。这是一个固体推进剂火箭试验装置，在这里，钱学森第一次见到了炮兵工程系教育副主任兼火箭武器教授会主任任新民教授，钱学森很有兴趣地和任新民讨论了起来。钱学森提醒任新民，要注意第二次世界大战中德军V-2导弹袭击英伦三岛时，火箭落点散布服从泊松分布规律的现象。在观看固体火箭试车时，钱学森十分兴奋，称赞道："不容易，你们的研究已有相当深度，尽管条件有限，毕竟已经干起来了嘛！能迈出这一步，实在出乎我的意料。"陈赓见时机已到，便插话问道："钱先生，您看我们能不能自己造出火箭、导弹来？"钱学森在美国憋了一肚子气，所以他脱口而答："有什么不能的，外国人能造出来的，我们中国人同样能造得出来，难道中国人比外国人矮一截不成？！"陈赓听到钱学森这一席话，开始十分惊异，继而十分高兴，他握住钱学森的手说："好，钱先生，我就要您这句话。"多年以后，钱学森才知道，陈赓是带着周总理和国防部长彭德怀的指示，专程赶赴哈尔滨，就此问题专门听取钱学森意见的。任新民在一旁默默地倾听两人的对话。过了一会儿，任新民教授伺机拿出一份美国空军的训练教材，就固体推进剂的配方问题，与钱学森进行探讨。钱学森对军事工程学院的徐立行教育长说："任教授是你们的火箭专家，我今天有幸认识了他。"徐立行说："任教授前几天刚向国防部提出研制火箭的建议，他在南京华东军区军事科学研究室时就开始搞火箭的研究工作。"离开时，钱学森紧紧握住任新民的手说："我们一见如故，希望我们不久再见面，深入探讨一些问题。"真是知音者相见恨晚。

11月25日晚，陈赓专门为钱学森举办了一个秘密而隆重的晚宴。因为晚宴所涉及的内容在当时都是高度机密事宜，所以没有请省市的负责同志。除钱学森和朱兆祥之外，都是军事工程学院的主要领导和教授，任新民主陪。晚宴的主题是导弹。钱学森向陈赓较详细地分析了中国研制导弹的具体操作问题，钱学森指出，中国研制导弹的关键问题是自动控制技术和发动机技术，射程为300千米到500千米的近程导弹，弹体和推进剂两年时间可以解决，80%的工作量在于自动控制和动力系统。陈赓当即表示：“钱先生的话让我心里有底了，我们一定要搞自己的导弹。”

经过振奋人心的探讨，这次晚宴成为了中国研制导弹的序曲。钱学森和任新民彼此较系统地交换了对导弹与火箭技术的见解，越说越投机，相互间都留下了深刻的印象。这也许就是任新民航天缘分的前奏。

任新民

任新民院士传记

Academician Ren Xinmin's Biography

第四章

开拓奠基 创建航天

首提发展火箭与导弹，参加国家规划制定，筹建五院，作为中方代表接收P-1导弹……任新民为我国的航天事业殚精竭虑。

任新民是我国航天事业的开拓者之一，是我国航天技术的重要开拓者之一。早在1955年，任新民同金家骏、周曼殊合作完成了《对我国研制火箭武器和发展火箭技术的建议》，经哈尔滨军事工程学院转报中央军委。1956年春，他参加了《1956—1967年科学技术发展远景规划纲要（修正草案）》的研究、论证和编制工作，在钱学森的主持下，他同沈元、王弼等合作编制了规划纲要的第37项《喷气与火箭技术的建立》。1956年8月，他奉调赴京，参加国防部第五研究院的筹建工作，10月8日，参加了国防部五院的成立大会，随后被任命为国防部五院六室（总设计师室，即总体技术研究室）主任。1956年12月，他带队到满洲里接收苏联援助的两发P-1液体近程弹道导弹，后在北京作为中方代表在交接协议上签字。在仿制P-2液体中近程弹道导弹中，他作为设计委员会的副主任委员兼发动机的总设计师，组织和参加了液体火箭发动机的仿制，并领导和参加了发射飞行试验。在我国中近程液体弹道导弹的改型研制中，他仍为设计委员会副主任委员兼发动机总设计师。1962年3月21日，他在发射现场经历了我国改型研制的第一发东风二号导弹的发射失败，1964年6月29日，他又经历了东风二号的首次发射成功。

1. 未雨绸缪　提出建议

1955年，时任哈尔滨军事工程学院炮兵工程系教育副主任兼火箭武器教授会主任的任新民，全力以赴地从事着教学工作。其一，他要负责组织管理全系的教学工作；其二，他要给助教队的教员们授课；其三，组织全系专业教研室编写专业课的教材，并予以审定；其四，亲自编写《火箭武器》的讲义。工作紧张而有序。他搜集并研究国外关于火箭与导弹武器的资料，特别是第二次世界大战中，德国法西斯袭击英伦三岛时使用的V-2导弹的资料，调查研究了未来战争的态势和武器装备的发展动态与趋势，特别是美国、苏联在第二次世界大战后加速发展火箭与导弹武器装备的有关报道。任新民同金家骏、周曼殊三人，紧密结合中国的实际，就我国发展导弹与火箭武器的必要性、可行性及实现的途径等，进行了较详细的论证，并对如何发展提出了具体的建议。1955年上半年，任新民等三人完成了《对我国研制火箭武器和发展火箭技术的建议》的上报稿，提请有关系院领导与专家教授提出补充修改的建议与意见。该报告几经修改、补充和完善，于1955年11月由哈尔滨军事工程学院转报中央军委。当时主持中央军委日常工作的彭德怀元帅和总参谋长黄克诚大将看过这个报告后，请总参谋部装备计划部部长万毅中将和刚刚回国的钱学森研究，详细分析我国研制火箭与导弹武器的有利条件及需要解决的问题。万毅、钱学森会同有关人员研究了任新民等三人提出的建议，并进行了有关的调查研究，提出了《关于研究与制造火箭武器的报告》。1956年1月20日，彭德怀元帅主持召开了中央军委扩大会议，专题研究讨论万毅中将提出的报告，彭德怀在会上说："我们要解决火箭防空、海上发射火箭等问题，目前即使苏联不帮助，我们也要自己研究。苏联帮助，我们就去学习。"这是我国国家和军队领导人首次讨论关于研制火箭与导弹武器的问题。

当九旬高龄的任新民看到《当代中国的国防科技事业》一书中记载的这一段历史时，往事的回忆慢慢浮现：当时这一想法主要是基于对中华民族百年来的屈辱和忧患的切身体会，也来源于陈赓对我军武器装备落后的切肤之痛。陈赓不止一次地讲，在抗美援朝前线，敌军的士气、指挥艺术等远不及我们志愿军，唯独武器装备比我们先进，面对敌人的狂轰滥炸，我军不得不构筑工事，凭借阵地坑道化，才能杀伤敌人，保全自己。落后就要挨打，就会牺牲更多的中华优秀儿女。我们炮兵工程系无疑应该有这个使命感和责任感。任新民一到炮兵工程系，就同金家骏、周曼殊等人讨论这件事，最后形成了这个发展火箭武器的建议。

现在看来，任新民等三人在当时提出的研制和发展火箭与导弹武器的建议，无疑具有极强的前瞻性，为国家决定发展火箭与导弹事业起到了一定的舆论作用，这一建议在我国导弹与航天事业创建与发展中的开拓意义也是不言而喻的。

2. 辅佐钱老　制定规划

1956年是我国科学技术事业充满生机的一年，是我国科学技术事业发展的第一个春天，也是我国航天科技工业诞生之年。这一年的1月14日，中共中央召开了关于知识分子问题的会议。周恩来总理代表中共中央做了《关于知识分子问题的报告》，党中央号召全党努力学习科学技术知识，为在最重要、最急需的领域迅速赶上或接近世界先进科学技术水平而奋斗。周总理在报告中指出，我们必须急起直追，向现代科学技术进军。周总理在报告中提议组织力量，制定1956至1967年科学技术发展的远景规划。

1956年1月25日，毛泽东主席在最高国务会议上指出：“我国人民应该有一个远大的规划，要在几十年内，努力改变我国在经济和科学文化上的落后状况，迅速达到世界先进水平。”1月31日，周恩来总理又在全国政协会议上向全国人民发出了“向现代科学技术大进军”的伟大号召，我国的科技事业呈现一派欣欣向荣的气象。

国务院按照周恩来总理的提议，根据世界科学技术发展的状况，积极着手制定我国中长期科学技术发展的远景规划，以推进各项建设事业的发展。1956年3月，国务院成立了周恩来总理为主任委员，陈毅、李富春、聂荣臻副总理为副主任委员的科学规划委员会，组织全国600多位科学技术专家，并邀请近百名苏联专家，历时数月的研究、论证、讨论，编制出《1956—1967年科学技术发展远景规划纲要（草案）》，在“重点发展，迎头赶上”和“以任务带学科”方针的指导下，确立了13个领域、57项国家重点科学技术任务，并确立12个带有关键意义的重点项目或课题：原子能的和平利用；无线电电子学中的新技术；火箭与喷气技术；生产过程自动化和精密仪器；石油及其他特别缺乏的资源的勘探，矿物原料基地的探寻和确定；结合我国资源情况建立冶金系统并寻求新的冶金过程；综合利用燃料，发展有机合成；新型动力机械和大型机械；黄河、长江综合开发的科学技术问题；农业的化学化、机械化、电气化的重大科技问题；危害我国人民健康最大的几种主要疾病的防治和消灭；自然科学中若干重要的基本理论问题。其中特别强调发展原子能技术、火箭与喷气技术、电子计算机技术、半导体技术、无线电电子学技术、自动化技术等。还对某些特别重要而在我国却比较薄弱的环节，制定了1956年的四项紧急措施：发展计算机技术、半导体技术、无线电电子学技术、自动化技术和远距离操纵技术；开展同位素应用工作；建立科学技术情报工作；建立国家计量基准，开展计量科学研究。这一科学技术远景规划纲要成为当时全国人民向现代科学技术进军的行动纲领。

任新民应邀参加了这一规划纲要的研究、论证、讨论和制定工作。其中第37项《喷气和火箭技术的建立》就是在著名科学家钱学森的主持下，由任新民与王弼、沈元等合作制定的。这一项目规划将火箭、导弹和喷气技术纳入了国家中长期科学技术规划，勾画了这些技术的发展蓝图，对推动我国国防科技事业的发展起到了重要的奠基作用。

这一项目规划中明确地指出："喷气和火箭技术是现代国防事业的两个主要方面：一方面是喷气式飞机；一方面是导弹。没有这两种技术，就没有现代的航空，就没有现代的国防。建立了喷气和导弹技术，民用航空方面的科学技术问题就不难解决了。"

该项目规划提出了发展的目标，即"本项目的预期目标是建立并发展喷气与火箭技术，以便在12年内使我国的喷气与火箭技术走上独立发展的道路并接近世界上先进的科学技术水平，以满足我国国防的需要"。这一项目规划中还制定了完成预期目标的途径与措施，其中有一条："必须尽量先建立包括研究、设计和试制的综合性的导弹研究机构，并逐步建立飞机方面的各个研究机构。""国防部成立航空委员会，在航空委员会下成立导弹研究院，该院自1956年开始建设，1960年建成。"这一项目规划中还明确了完成预期目标的大体进度："1963年至1967年，依靠中国自己的技术力量，独立设计并制造国防上需要并达到当时先进性能指标的导弹。"

实践证明，中国导弹与航天事业的创建及早期型号立项、研制，基本上执行了这一项目规划所述及的内容，尤其是1965年确立的"八年四弹"规划也是这一项目建议书的延伸和发展。中国航天取得了举世瞩目的辉煌成就，这一项目规划发挥了开创性的举足轻重的作用。

任新民不仅亲自参加制定了《喷气与火箭技术的建立》这一项目建议书，他还参加了整个《12年科学技术规划纲要》有关的研究与讨论工作，聆听了各位领导、科技专家、学者的意见，丰富了他的专业知识，使其受益匪浅，为他后来主持各类航天型号工程的研制积累了经验。

在后来述及人民科学家钱学森对航天事业的卓越贡献时，任新民坦诚而激动地说："钱学森的贡献，首要的是，由于他的工作和卓有成就的宣讲，使中国建立了独立的导弹与航天研究机构——国防部第五研究院，在20世纪50年代，在我国的科技工业界，有相当数量的既是老革命又是懂专业技术的大学生，一说搞导弹，他们意见很明确，在航空系统搞；一说搞导弹的控制系统，那应由十局来搞。钱学森凭借他的资历、经历和学识才说服了这些领导与党和国家的领导人，才诞生了国防部五院。"任新民颇有感触地说："当时对于重点发展导弹还是飞机争论也是很大的，这在当时也只有钱学森站出来讲才有力。钱学森在发言中认为：飞机的重要性自不待言，而导弹是一种新的具有巨大威胁力的武器，其作用和杀伤力在第二次世界大战后期已见端倪，德国就使用了V-1、V-2导弹。飞机与导弹各有优点，在战争中是相辅相成的，可以说是缺一不可。飞机的机动性好，但导弹的优点是速度快、杀伤力大、作用距离远，无论是从攻击或防御的角度看，都是一个重要的战术技术性能。钱学森还从技术上指出，导弹虽然是一种新型武器，但攻克导弹与火箭技术并

德国研制的V-2导弹

不见得比飞机更难，因为导弹是无人驾驶的一次性武器，而飞机则是有人驾驶的，而且要求多次重复使用，这在发动机、结构、材料和飞行安全等方面都有许多特殊的要求。钱学森用深入浅出的语言和生动形象的比喻，说明导弹的制导技术、发动机技术等，在短期内是能够突破的。最后确定了优先重点发展导弹。”任新民加重语气说：“建立国防部五院，优先重点发展导弹这两件事是中国导弹与航天事业得以快速创建发展的前提和基础。钱学森对此发挥了不可替代的关键作用。”

3. 筹建五院　选调专家

1956年，我国的科技事业充满了生机活力，也正是在这一年孕育并诞生了我国的导弹与航天事业。1955年12月，主持中央军委日常工作的国防部部长彭德怀元帅看过任新民等三人提出的《对我国研制火箭武器和发展火箭技术的建议》，并听取了陈赓关于钱学森参观哈尔滨军事工程学院有关情况的汇报后，对发展我国导弹事业更为急切。12月下旬，彭德怀虽患病住院，仍然接见了从东北返回北京的钱学森，并请陈赓陪同。彭总首先表示支持搞导弹，并询问钱学森："我们能不能先搞出一种短程导弹，比如射程为500千米的导弹，这需要多长时间，需要什么样的人力、物力和设备条件？"钱学森作了回答，并表示用五年的时间可以搞出射程为500千米的近程导弹。彭总听后非常高兴。陈赓得知彭总非常支持搞导弹，他的底气就更足了。陈赓工作雷厉风行，他回去后便穿针引线、四处游说，为促成我国发展导弹事业而奔忙。1956年2月4日是周末，这一天下午，陈赓随同钱学森夫妇参加了时任国防委员会副主席叶剑英元帅的家宴，谈话的主题是导弹。这次钱学森向叶帅更加具体地做了说明，包括研制导弹的人力、物力、财力的估算，机构、人员的设置，等等，较详细地谈了他的初步设想。谈话气氛十分融洽，叶剑英、陈赓聚精会神地听着，三人对研制火箭的兴致越谈越浓，心情也愈加迫切。席间，叶剑英起身说："今天是周末，总理他们可能在'三座门'（军委办公地）跳舞，我们现在就去找他。"随即叶剑英、陈赓、钱学森等人驱车来到"三座门"。一曲结束，叶剑英、陈赓快步走向周总理，周总理认真听取了叶帅的汇报，频频点头，显得十分高兴，表示赞同他们的想法。周总理走到钱学森面前，寒暄几句后，周总理亲切地拉着他到沙发上坐下，郑重其事地说："学森同志，刚才叶帅向我谈了你的想法，我完全赞成。现在交给你一个任务，请你尽快将你的设想写成一个书面意见，包括如何组建机构、调配人员、需要什么条件等，以便提交中央讨论。好吗？"钱学森激动而愉快地答应了。

1956年2月17日，钱学森将其撰写的《建立我国国防航空工业意见书》呈送给周总理。当时为了保密，用"国防航空工业"代替火箭导弹事业。这一意见书提出了我国火箭与导弹事业的组织机构草案、发展计划、实施步骤和一些具体措施。意见书还列出了一些可以调来从事火箭与导弹事业的高级专家名单，其中包括任新民、梁守槃、庄逢甘、罗时钧、林同骥、胡海昌等。后来，这一《意见书》的大部分内容被收入了国家《1956—1967年科学技术发展远景规划纲要（草案）》的第37项《喷气和火箭技术的建立》的项目规划之中。

1956年2月22日，周总理指示，将钱学森提出的《意见书》印发中央军委各位委员。3月14日，周总理在中南海西花厅主持中央军委会议，研究决定由周恩来、聂荣臻等筹备组建我国导弹与航空科学研究的领导机构——航空工业委员会（简称航委）。4月13日，航空工业委员会成立，聂荣臻副总理任主任，黄克诚、赵尔陆任副主任，委员有王士光、王诤、安东、刘亚楼、李强、钱志道、钱学森，安东兼任秘书长。航委统一领导我国的航空与导弹事业。在国务院副总理、中央军委副主席聂荣臻元帅的领导与主持下，航委的工作紧锣密鼓地开展着，5月10日，聂荣臻代表航委向中央军委提出了《关于开展我国导弹研究工作的初步意见》。5月26日，周总理主持中央军委会议，研究讨论聂帅提出的初步意见，会议同意聂帅的初步意见，责成航委负责组建导弹管理局（国防部五局）和导弹研究机构（国防部五院），并指定钟夫翔、钱学森为负责人。

就在国防部五局和国防部五院筹建工作紧张进行时，任新民于1956年8月奉命从哈尔滨调到北京，参加国防部五院的筹建工作。当时，中央军委批准将总参谋部北京106疗养院、124疗养院和北京军区空军466医院腾给国防部五局和五院做办公用房。任新民报到时，航委秘书长安东少将亲自接待了他，并再三请他住招待所。可这位憨厚朴实、满腔热情、一心追求事业的任教授，执意在自己的办公室里安张床就可以。他的理由很充分，现在天气不冷也不热，在办公室里方便工作和学习。这样，他就在北京阜成门外马神庙106疗养院一间改修的办公室兼宿舍的房间里安顿了下来，开始了他迄今50多年的航天生涯。

他是只身一人到北京的，在冰城哈尔滨的家中还有年过花甲的母亲、岳母、妻子和四个未成年的子女，老四才刚过满月。夜深人静的时候，他望着天幕上闪烁的繁星，暗想：天气越来越凉了，他们老少七口可别感冒了。他很愧疚，觉得自己不是合格的儿子、丈夫和父亲，没有尽到责任。于是提笔写封家书，以表思念和问候。写着写着，又想起了那神秘与陌生的导弹火箭技术，叹一口气，搁下笔，又去考虑工作上的事了。

万事开头难，筹建工作中最大的难题是选调科技人员。任新民在筹建哈军工时，做过相关的工作，所以他又被委派参加国防部五院选调科技专家的工作。虽然往位于祖国首都北京的国防部五院选调科技人员，要比往位于北国的哈尔滨军事工程学院选调科技人员，在某些方面有有利条件，但也有很多困难和矛盾，需要做艰苦细致的工作：如被调人员所在单位是否同意调出，专业是否对口，本人是否同意调入，政治条件，等等。任新民坚持公心，实事求是地向领导和干部部门提出参谋意见。

在科技人才寥若晨星的20世纪50年代，国内正在执行国民经济建设的第一个五年计划，各部门、各单位都是求贤若渴，有名气的科技专家和教授更是单位的宝贵财富，调人难，难于上青天。任新民当时就遇到了一件左右为难的事。在他离哈赴京报到时，哈军工主持工作的刘居英副院长举行了欢送宴会，为任新民饯行，刘副院长半开玩笑地对任新民说："老任啊，组织调你走，我们没办法留。哈军工的人员你都很了解，可要嘴下留人，别把哈军工的教学骨干都给挖走了。"任新民知道这个玩笑的分量，只是微笑着点头。任新民按照领导的要求，开展着高效而务实的工作，不遗余力地做有关单位和被调人员本人的工作。他们的工作取得了丰硕的成果，很快就从全国各地区、各部门和高等院校选调了30多名科技专家，还从应届大学毕业生中挑选了156名各有关专业的优秀毕业生。这些人就是中国航天事业的拓荒者，他们开始了中国航天创建发展的光辉历程。

经过紧张、忙碌而有序的筹备，中国的导弹与航天事业迎来了喜庆的日子。1956年10月8日，国防部第五研究院在北京西郊空军466医院举行成立大会，大会开得简朴而隆重，国务院副总理、中央军委副主席、航委主任聂荣臻元帅到会祝贺并作重要讲话。聂荣臻宣布："同志们，中国第一个火箭与导弹研究院——国防部第五研究院今天正式成立。"聂荣臻还作了热情洋溢、激人奋进的讲话，勉励大家以自力更生、奋发图强的精神学习研究，毕生致力于我国的导弹事业。

10月8日是我国导弹、航天事业奠基的历史性纪念日。任新民怀着兴奋而激动的心情参加了成立大会，全神贯注地聆听聂帅慷慨激昂且刚劲坚毅的讲话，备受鼓舞。他意识到党和国家下决心干这件事，作为科技人员大有用武之地。

任新民早从一些历史资料和书籍中对聂帅早有所知：早年旅欧勤工俭学，在黄埔军校担任教官，参加南昌起义和二万五千里长征，在取得平型关大捷的115师担任政委，开辟了晋察冀模范根据地，曾任北京市第一任市长和总参谋部代总长……如今，他又要率领科技人员进行新长征，开辟通天路，架设宇宙桥，探索、征服、开发深邃莫测的太空，研制保卫国家的导弹武器，实现国防现代化。想到这里，任新民感到十分欣慰和荣幸。昔日，曾在可亲可敬的陈毅元帅、陈赓大将的麾下履职，现在又在视知识分子为无价之宝，视事业为生命并具有远见卓识的聂帅领导下工作，真是三生有幸。他暗下决心，决不辜负领导的信任，竭尽全力为这一崭新而伟大的事业作贡献。

4.肩负重托　接收"P-1"

1956年10月15日，聂荣臻在向中央呈送的报告中提出：我国的导弹研究，采取"自力更生为主，力争外援和利用资本主义国家已有的科学成果"的方针，10月17日，毛泽东主席、周恩来总理批准了这个方针。这就是国防部五院的建院方针。自此，任新民同广大的科技人员、干部、工人就在这一方针的指引下，迈出了攻关创新、拼搏攀登的步伐，走出了一条适合中国国情的发展道路。

1956年11月23日，聂荣臻批准国防部五院下设10个研究室：六室（总设计师室），主任为任新民；七室（空气动力研究室），副主任为庄逢甘；八室（结构强度研究室），主任为屠守锷；九室（发动机研究室），主任为梁守槃；十室（推进剂研究室），主任为李乃暨；十一室（控制系统研究室），副主任为梁思礼；十二室（控制元件研究室），副主任为朱敬仁；十三室（无线电研究室），副主任为冯世璋；十四室（计算技术研究室），副主任为朱正；十五室（技术物理研究室），副主任为吴德雨。当时为了保密，一至五是空号。

为了使年轻的中国导弹科技队伍能尽早地初步了解导弹技术知识，经国防部五院院长钱学森提议，开办了导弹技术知识训练班，采用能者为师，互教互学，边讲课边讨论的办法。这些中国导弹与航天事业的创业者们，开始如饥似渴地学习有关导弹的专业技术知识。在1956年10月10日，即国防部五院成立的第三天，训练班就开课了。由钱学森院长带头，先后讲授了“导弹概论”“导弹制导原理”“电子计算机”等课程。任新民、梁守槃、庄逢甘、朱正等从哈尔滨军事工程学院调来的教授、副教授们也都披挂上阵，讲授各自擅长和熟悉的、与导弹技术有关的专业技术知识。任新民讲授“火箭武器”，他以严肃认真的态度查找资料，认真备课，写出教案，受到了听课者的一致好评。他不仅备课认真，授课严谨，更值得称颂的是他听课时全神贯注，总是像学生一样认真记笔记。时至今日，航天先行者们对这段历史仍然记忆犹新，盛赞当年任教授课讲得好，夸赞他听课用心，笔记记录详细，有些缺课的同事都找他补笔记。这已成为他工作和治学的一大特点。几十年来，包括他担任七机部副部长和型号工程总设计师时，无论是航天型号工程的调度协调会，技术方案的讨论会，还是听取汇报和情况介绍，他总是一丝不苟地做笔记。他反对在软沙发的会议室开会，因为不好记笔记，人也容易犯困。别人说过的事如果想事后赖账，他拍板决定的事谁漫不经心不放在心上，都是不行的，因为任新民会拿出详细的记录同他理论。

国防部五院创建时期的工作是紧张而忙碌的。1956年11月30日，苏军总部通知聂荣臻、陈赓，两发P-1导弹及其配套设备即将运往中国，同时有13名专家抵达。1956年12月，任新民接受了一项紧急任务，由其带队乘专列前往满洲里接收苏联援助的两发P-1液体近程弹道导弹（苏联仿制德国的V-2导弹）及其辅助装备。

时值北国的隆冬季节，他与参加接收的全体人员住在满洲里军分区的招待所里。当他走出房间仰望长空，浩瀚的蓝天悬挂着硕大的太阳，虽有些暖意，但回过头来一看，挂在招待所门口的温度计，却是零下30多度，入夜则达到零下40多度。任新民虽已在哈尔滨经受过严寒的考验，但哈尔滨的寒冷要比满洲里逊色得多。但是，他的使命在身、责任在肩，来不得半点马虎。任新民冒着严寒，一次次到车站查看现场，研究警戒工作，为迎接“宝贝弹”做好各项准备工作。尤其是他这位离不开近视眼镜的人，更是遇到了困难，从外面一跨进楼里，或从楼里走到外面，镜片上便结上了一层薄霜，什么都看不见了，每次总是要花费时间进行一番处理。

等啊，盼啊，苏联载有两发P-1导弹及其配件、备件的专列终于驶达位于中苏边境的满洲里火车站。由于苏方为宽轨，中方是窄轨，P-1导弹进入我国后，需要调换车皮，进行卸装。为了保密，调换、卸装任务只能在晚上进行。带队的任新民不仅亲临现场进行组织指挥，提醒吊装、搬运中注意安全，检查有无泄密问题，他还毫不犹豫地加入卸装导弹的行列，当起了搬运工。当时他虽然只有40多岁，可毕竟不是20岁的小伙子，又是在零下40多度严寒的深夜，戴着近视眼镜，深一脚浅一脚地干着。他一看到那绿油油的导弹，想到离京时领导和同志们的嘱托，心里就热乎乎的，全身有使不完的劲。正是由于任新民和工

1956年12月29日，任新民（前排右二）在苏联援助的P-1导弹实物交接协议上签字

作组的同志们以及苏军官兵们夜以继日的工作，两发P-1导弹及其配件、备件等如期顺利地运到北京，他们圆满地完成了任务。

1956年12月29日，中苏双方在北京举行了两发P-1导弹交接验收及签字仪式，任新民作为中方代表在交接协议上签了字。

至此，中国有了两发P-1导弹。P-1导弹是苏联仿照德国V-2导弹制造的第一种液体推进剂的地地弹道导弹。其中一发是供教学用的解剖弹，另一发是完整的，可供拆装，可以加注推进剂进行点火发射的导弹。当时的国防部五院六室承担了拆装、测绘和有关的反设计练兵工作。任新民作为研究室主任，组织有关科技人员开展了导弹的拆装、测绘和材料鉴定等工作。导弹拆卸工作由徐兰如、谢光选带领六室结构组的科技人员进行，并从空军请了两位机械师帮助。他同结构组的同志共同研究制定了拆卸的工艺程序，明确先拆哪个部件，后卸哪个部件，拆下的部件、组件放在什么地方。他们为大部段做好了存放的支架；为小零件准备了包装纸袋，装进后写明件数、编号。螺钉、螺帽、垫圈卸下后再成套拧在一起，然后装入纸袋。

拆卸时，重要的部位由机械师先试拆，简单的部分由结构组人员轮流干。他们小心谨慎，有条不紊地把一发完整的P-1导弹拆卸成部段、部组件和零件，一共用了10天时间。

紧接着由各专业组分别对有关组件进行测绘、测试。结构组在拆卸场对大部段测绘，并绘制草图；控制系统组将仪器、仪表、器件和电缆网拿回办公室进行测试、绘图；全套发动机交给发动机组进一步拆卸，按组件指定专人负责，将大大小小的活门、减压器等逐个拆开，然后拿回办公室测绘。

经过半年紧张有序的测绘，任新民他们出色地完成了测绘任务，然后进行了重新装配，零组件一个不缺，除一根约2米长的细空气导管因调整形状断裂外，其他零组件都没有损伤。任新民他们最后用吸尘器将导弹内部打扫得干干净净，又用细布将外表面擦拭一遍，一个完完整整、干干净净、油光锃亮的P-1导弹又雄踞在库房中。

按测绘要求，除绘制部组件、零配件的机械图，注明尺寸公差外，还需标明所使用的材料及组分。为此，任新民请来了当时二机部第四研究所（后为航空部材料研究所）的领导荣科、吴世泽等参观P-1导弹，介绍有关情况，请四所帮助鉴定材料的化学成分。国防部五院正式提出了请四所协助鉴定材料组分的零部件清单。四所的科技人员加班加点，仅用一个多月的时间就完成了这些零部组件材料的化验分析工作，到1958年年初，四所陆续给国防部五院送来了分析化验的结果。后因仿制P-2导弹的工作已经开始，决定不仿制P-1导弹，P-1导弹的有关工作告一段落。

这两发P-1导弹在我国导弹事业创建史上发挥了特殊的、开创性的启蒙作用。年轻的中国导弹科技队伍开始从感性上认识导弹，并学习了有关的导弹基础知识，这对中国导弹科技队伍的成长起到了奠基的作用。这两发P-1导弹在国防部五院完成历史使命后，又派上了新用场，解剖弹于1958年春运往哈尔滨军事工程学院；另一发经过拆装的P-1导弹于1958年夏运到北京航空学院，继续为我国培养新一代导弹与航天科技人才发挥作用。

正当拆装、测绘P-1导弹的工作紧张进行时，任新民又接受了赴苏联等国参观考察的任务。1957年年初，哈尔滨军事工程学院向中央军委提出组团赴苏联、波兰、捷克等国军事院校参观、考察的请示。装甲兵司令部也提出了同样的请示。中央军委第106次会议审议了请示，并批准装甲兵与军事工程学院人员同往。会议责成陈赓副总参谋长处理此次出国参观的具体问题。

5月18日，陈赓将此次组团赴苏联等国参观考察的事书面报告给周恩来总理，周总理于5月19日亲笔批示："同意。人数如能核减至十四五人更好。"最终组成了以哈军工副院长刘居英为团长，装甲兵副司令员张文舟为副团长的中国人民解放军院校参观团。成员有：徐立行、唐铎、徐介藩、曹鹤荪、任新民、沈正功、罗时钧、慈云桂、唐本庆、高步昆、柳克俊等。任新民此时已调入国防部第五研究院工作，陈赓让他仍以军事工程学院炮兵工程系教育副主任的名义参加参观团。

1957年5月31日，参观团到达莫斯科。在莫斯科先后参观了茹科夫斯基空军工程学院、捷尔仁斯基炮兵工程学院、斯大林坦克工程学院、古比雪夫红旗工程兵学院、伏龙芝军事学院（相当于当时的南京军事学院），在基辅参观了莫亚依斯基空军工程学院和空军雷达学校，在列宁格勒参观了克雷洛夫海军工程学院（研究生院）、捷尔仁斯基海军学院、伏罗希洛夫海军学院（海军指挥学院）。在波兰参观了顿布罗夫斯基军事工程学院（综合性）和雷达学校。在捷克参观了安托宁·萨布罗斯基军事工程学院（综合性）。参观团8月10日回到北京，历时70多天。

当时的社会主义阵营各国之间的关系还是很友好的，所以尽管各国的保密工作都很严格，但参观团还是开阔了眼界，看到和学到了很多东西，增加了许多感性知识。任新民对苏P-1导弹有比较深入的了解，所以他在参观考察中更能有的放矢，并搜集了一些与导弹相关的资料。他还有意接触和了解了中国的留苏、留捷学生，这为他后来选调科技人员提供了帮助。这70多天的参观，使他受益匪浅，收获颇丰，对他后来从事导弹与航天科技工作及组织领导工作都大有益处。

值得一提的是，任新民这次出访还为他免除了一个大“麻烦”。他的弟弟任新知，毕业于重庆兵工学校大学部，后在国民党兵工署工作，新中国成立后去了四川成都，就职于西南工业部，后调入北京商业部，成为五金科的副科长。任新知的性格与其兄迥然不同，心直口快，敢于直言。任新知工作很努力，正积极争取入党。在1957年这个不平凡的春天里，他响应号召，积极鸣放，写了个意见书，阐述了自己对单位领导及工作方面的一些意见。于是，任新知成了猖狂向社会主义进攻的“右派”分子。商业部“反右”办公室知道任新知的哥哥任新民也在北京，还是个留美的博士，有人怀疑任新知的“右派”言论与其兄有关联。商业部发函并派人到国防部五院外调。当时，任新民正在国外参观访问，不在国内，这就使任新民脱离了干系，否则，可能有口难辩，惹来麻烦。任新知被定为“右派”，到北大荒去劳动改造。

5. 主抓动力　仿制“P-2”

1957年10月15日，中苏双方签订了《中华人民共和国政府和苏维埃社会主义共和国联盟政府关于生产新式武器和军事技术装备以及在中国建立综合性原子能工业的协定》（简称《新技术协定》）。协定中明确，在1957年至1961年年底，苏联向中国提供几种导弹样品和有关技术资料以及导弹研制与发射基地建设的工程设计资料，派遣专家帮助中国仿制导弹，增加中国派赴苏联的火箭与导弹专业留学生的名额等。

《新技术协定》的签订使我国导弹事业的创建发展获得了新的契机。1957年11月21日，经聂荣臻元帅批准，国防部五院成立了一分院和二分院。以国防部五院10个研究室中的六、七、八、九、十室为基础，组成一分院，负责各类导弹总体设计和弹体、发动机的研制；以十一、十二、十三、十四、十五室和总参通信兵部军事电子科学研究院为基础，组成二分院，负责各类导弹控制系统的研制；以国防部五院机关为基础组成总院。

组织上考虑了任新民个人的意愿，任命他为一分院四室（发动机研究室）主任。1958年4月，一分院四室改组为一分院第三设计部（液体火箭发动机设计部），他担任该设计部主任。他确实是忙碌极了：一方面是紧张地筹建设计部，制订设计部的组织机构方案，确定专业技术方向，选调科技人员；另一方面又要开展业务工作，特别是苏联的液体近程弹道导弹的仿制工作。那时他43岁，年富力强，精力充沛，似乎有使不完的劲。

根据中苏签订的《新技术协定》，1957年12月24日，两发P-2导弹（苏联在P-1导弹基础上改型研制的液体近程弹道导弹）及一套地面设备经由满洲里运抵北京云岗驻地，苏军一个缩编的P-2导弹营102人也同时到达。1958年1月13日，由国防部五院和军委炮兵筹建的炮兵教导大队正式开始第一期的训练。孙式性为大队长，宋杲为政治委员，郭升允、葛林为副大队长，黄迪菲、梁思礼为技术副大队长，魏梦笔为参谋长，高雁翎、李苏为副参谋长。学员共683人，包括国防部五院、总参作战部、总后军械部、空军和哈尔滨军事工程学院等单位的人员，由苏军导弹营官兵讲课，操作示范。

1958年5月29日，聂荣臻向国防部五院部署P-2导弹的仿制工作。这枚导弹在4月28日被命名为“1059”，计划于1959年9月完成总装出厂，争取国庆节试射。自此，P-2导弹的仿制工作全面展开。

1959年3月31日，国防部五院任命任新民为“1059”的发动机总设计师。1959年1月，苏联指导和帮助中国仿制P-2导弹的专家陆续到达国防部五院，派到液体火箭发动机设计部的苏联专家共有5人，组长是施涅金。这位50多岁的老专家，有真才实学，又热衷于中苏友好，愿意来华帮助中国发展导弹事业。任新民与分管专家工作的液体火箭发动机设计部的副政委吴之真同施涅金三人工作配合很默契，彼此间产生了较深厚的感情。任新民认真地按照聂帅和国防部五院的要求，带领科技人员虚心地向苏联专家学习，决心把苏联专家的技术知识全面系统地学到手。他带领技术骨干跟班向苏联专家对口学习，并要求及时整理学习笔记。施涅金是一位性格豪爽、热情耿直的技术专家，虽然仅在华工作了一年半的时间，但对中国仿制导弹工作和科技队伍培养都起到了积极作用，作出了应有的贡献。

P-2导弹的动力装置为5D52液体火箭发动机，这是我国第一个自己制造的液体火箭发动机。当时1059导弹的仿制工作以国防部五院为主，全国有1400多个单位参加。就发动机而言，410厂承制发动机，111厂承制涡轮泵。发动机上的各种活门原先安排在西安某厂生产，该厂是生产飞机发动机活门的专业厂，设备较先进。可当时正值“大跃进”年代，工厂里很多人被一些狂热的口号冲昏了头脑，一些合理的规章制度被破坏了，不按工艺规程生产，盲目地追求数量和进度。1958年8月，任新民、吴之真陪同苏联专家到该厂了解检查活门仿制生产情况，看了生产出来的产品，苏联专家愤怒了：“对产品质量如此不负责任，简直就是对国家的犯罪。”根据苏联专家的建议，国防部五院取消了该厂生产活门的生产任务，转交给211厂。

对于承制发动机和涡轮泵的410厂和111厂，任新民、吴之真等多次陪同苏联专家前去检查。要求工厂对每一个零部件的生产、每一道工序，都要一丝不苟地按设计要求和工艺规程严格执行与检查，任何超过设计允许公差范围的产品都要做报废处理。正是由于这种极其严格的质量要求，以及任新民等发动机设计人员深入实际、认真负责的工作态度，才保证了“1059”液体火箭发动机的仿制成功。

液体火箭发动机是导弹的心脏，仿制中不仅需要弄懂设计中的一些难题，还要攻克诸多涉及材料与工艺方面的技术关键，仿制并非易事。特别是受到我国当时工业技术基础与材料技术水平的限制，更需要突破一系列的新难技术。如燃烧室的焊接裂纹问题、涡轮泵轴承密封问题、各种自动器特别是高压减压器的装配与调试问题，等等。任新民要求我们的科技人员不仅要以主人的身份热情接待和关照苏联专家，而且要虚心地向他们请教，弄清楚设计图纸和技术资料中的各种技术问题，并与苏联专家一起下车间，具体了解和解决各种技术问题。他身体力行，处处起表率作用。他同液体火箭发动机设计部以及承制单位的科技人员精诚团结，通力合作，充分发扬技术民主，与广大的科技人员共同讨论和研究有关技术问题，硬是凭着蚂蚁啃骨头的精神，潜心研究，反复试验，终于解决了一个个技术难题。他充分发挥技术指挥员的作用，履行技术决策者的职责，适时地就有关的技术问题做出判断和决策，保证了仿制工作的顺利进行。

在发动机仿制中，最突出的是材料问题。如果一味地依赖进口外国材料，不仅在时间和价格上要受制于人，而且永远也走不出中国人自己的路。聂帅为此专门做了批示："我意，外料未到，应用国料试制，不要专赖外援。在试验过程中可能遇到失败，决不可怕。只有在不断试验中才能取得经验，材料也可能在试验中找到出路。"任新民从心底里赞同聂帅的意见，就使用国产材料和材料的国产比问题做了大量艰苦细致的工作。1959年11月，国防部五院一分院根据1059导弹，特别是液体火箭发动机仿制的需要，先后由任新民、姚桐斌等与冶金部101厂、鞍钢、抚顺钢厂、大连钢厂、沈阳苏家屯有色金属加工厂、钢铁研究院等单位签订了试制155项金属材料的协议，还与石油部、化工部、建工部、轻工部所属的20多个单位签订了试制87项非金属材料的协议。这些协作单位的研制成果不仅保证了导弹仿制工作的顺利进行，还为后续的导弹事业的发展奠定了基础。例如，5D52发动机使用的酒精、液氧、过氧化氢，用于发动机燃烧室结构材料的合金钢板和多种非金属材料等。

1960年4月，已经到了5D52发动机仿制的后期，发动机总装完成后的试车以及装弹后发射必须解决的推进剂问题已经提到议事日程。当时苏联专家组总组长潘克拉托夫提出：液氧必须从苏联进口。液氧是超低温、高挥发性，且易

1959年秋天，任新民与苏联专家在香山公园（左一为梁守槃）

燃易爆的流体，靠铁路或公路槽车从苏联运来几乎是解决不了的技术难题。当时，我国兰州的化学实业公司生产液氧。任新民等提出，只有用我国自己生产的液氧，才是解决问题的唯一出路。他们将国产液氧的化验资料与设计技术要求相对照，认为国产液氧完全符合设计技术要求，可以使用。他们又将兰州化学实业公司生产的液氧分析化验资料送交发动机专家组组长施涅金，请其定夺。施涅金以科学的态度，反复验证了样品和试验数据，反复对照发动机的设计技术要求，勇敢而明确地表示："中国生产的液氧性能符合设计要求，可以使用。"这个结论举足轻重，也更加坚定了任新民等使用国产液氧的决心。1960年9月10日，经过拆装练兵的P-2导弹在酒泉基地进行发射飞行试验，使用的液氧、酒精、过氧化氢，分别是由兰州化学实业公司、北京酿酒总厂、天津东方化工总厂试制生产的，飞行试验获得圆满成功。这就进一步验证了任新民、施涅金等的分析和判断。

还有一个事例。高压减压器是发动机的精密机件，技术要求很高，其密封及传力器件使用的特种橡胶膜片很难制造。苏联的自动器技术专家谢苗诺夫和工艺技术专家马蒙诺夫一致断言中国制造不出这种膜片和高压减压器，必须从苏联进口。任新民坚决贯彻聂帅和国防部五院关于研制生产导弹武器的原材料立足国内的原则，不盲目相信苏联专家的断言，不盲目照搬、照抄，他同有关的科技人员认真调查研究国内的有关情况，反复讨论，反复研究，反复试制，反复试验，终于研制成功了合格的特种橡胶膜片和高压减压器等。

这些材料和产品的自制成功，不仅保证了1059导弹的仿制成功，增强了中国人的自信心，还为我国导弹事业走上独立自主的发展道路奠定了初步基础。

要完成发动机的仿制必须进行发动机的地面试车和各种地面试验，必须建设试车台。1958年8月，当结束P-2导弹设计图纸、技术资料等的翻译和复制工作时，有关科技人员愕然地发现：竟然没有关键的发动机试车台及试车规程等资料。问及苏联专家，得到的回答是："等你们的发动机搞成了，到我们苏联去试车。"任新民听后，又气又恼。他清醒地认识到，这是一个卡脖子的致命的问题。如果我们的发动机都运到苏联去试车，那中国的导弹事业永远无法独立，永无出头之日。他和他的同行都憋着一股气，开始研究和摸索发动机试车台的设计与施工建设问题。液体火箭发动机设计部成立了试车台任务书编写组，任新民亲自担任组长，王桁、朱凯、陈福根等也加入其中。1958年冬季和1959年初春，天气异常寒冷，可他们却是激情燃烧，心急如焚。沉甸甸的责任感和发愤图强、勇于登攀的精神融在一起，使他们产生了巨大的创造力。他们下定决心，要在一年多的时间里建成我国第一座液体火箭发动机试车台，以解决5D52发动机试车的急需。

任新民等从学习、消化P-2导弹，特别是5D52发动机有关的技术文件、资料入手，查阅和参考为数不多的国外有关试车台的技术资料，并千方百计地从苏联专家那里获取有益的指导。发动机专家组组长施涅金很支持中国建造自己的试车台，对试车台的土建、管路、电路等，都提出了很多宝贵的意见。苏联方面多次警告施涅金不要管中国试车台的事，其意图很明显，中国没有试车台，就只能去苏联试车，就得永远依靠苏联。但施涅金没有听这一套，继续对中国试车台的建设出谋划策，对试车台的设计任务书提出修改意见。

任新民带领同志们废寝忘食、夜以继日地工作，经过两个多月的分析、计算和研究、讨论，并反复地同工程设计人员进行沟通和协调，终于完成了试车台设计任务书的编写工作，对试车台提出了详细的、具体技术要求，包括液、气系统的原理图，控制系统电路原理图以及测量系统的原理图等。这就为试车台的工程设计和施工奠定了基础，提供了前提条件。今天看来，这些技术要求提得过于具体了，但在当时确实是很有必要的，可以保证这一全新的试车台的设计工作迅速开展，少走弯路。

由于试车台建设的进度紧张，为加快工程进度，有关方面采用了试车台设计与施工交叉作业和分系统包干的办法。1959年夏天，当时称为三号台（1961年5月，经国防部五院批准改称二号台）的施工全面展开。任新民带领发动机的设计人员深入工程设计与施工现场，同工程设计人员、设备安装与调试人员、施工工人一起协调、处理有关的技术问题。广大干部、科技人员、工人心往一处想，劲往一处使，好一派热火朝天的会战场面，目的就是按期保质建成试车台，不耽误5D52发动机的试车。当时是三班倒，日夜奋战。

参加会战的单位多，人员多，任新民深知保证施工质量的重要性和难度，经他提议，召开了由有关单位和人员参加的协调会，强调统一指挥与协调；强调工程是百年大计，在保证质量的前提下抓进度，还指派液体火箭发动机设计部有关人员深入现场，做好质量监管工作。这次会议对试车台建设的进度和质量都有很大的促进作用。

我国自行设计建造的第一座液体火箭发动机试车台

1959年年底，土建和设备安装、调试全部按期完成。随即，成立了以任新民为组长的试车台验收组。当时既没有专用的技术资料和技术标准，更没有发动机试车的实践经验，他带领验收组人员同试验站的科技人员、操作人员、工人以及土建的技术人员一起摸索、讨论和实践，从设备及其安装的质量、技术安全保证、系统调试、操作规程的制订与完善，直至试车的方案制订与组织实施等，逐项进行了反复研究，并适时进行了补建和修改。1960年3月，3号试车台经过试车后终于通过了验收。中国的太地上终于诞生了我们自己设计建造的大型液体火箭发动机试车台。

这一试车台为P-2导弹的仿制和后续的液体弹道导弹的研制立下了汗马功劳，同时，还为后续的试车台建设及验收提供了借鉴和参考。20多年后，外国航天界的同行参观我国的液体火箭发动机试车台时，异口同声地称赞：“中国人搞的有特色，走出了自己的路子。”任新民回应道：“在航天方面，美、欧、日是相通的，可以互相借鉴。中国过去没有这个条件，只能靠自己摸索，路是靠人走出来的。”任新民看着中国人自己的试车台，内心非常激动。这是中国人自力更生和群策群力结出的硕果。

在广大科技人员、工人和干部的共同努力下，1059导弹的仿制工作艰难前行。按照要求，决定导弹是否出厂的关键之一是发动机的典型试车是否成功。1960年10月17日，是进行仿制的5D52发动机的90秒典型试车的日子，这是中国航天人第一次经历的惊心动魄的大型地面试验场面。聂荣臻元帅、陈赓大将、张爱萍上将、安东少将和国防部五院的领导，都亲临现场，指导和观看了这一试车。试车取得圆满成功！在一片热烈的欢呼声中，聂帅等领导亲切地接见了任新民等参试人员，同他们一一握手，表示祝贺并预祝取得更大的成功。昔日的良师益友陈赓大将还特地走到任新民面前，向老部下致以慰问和鼓励。

10月19日，国防科委和国防部五院的领导听取了仿制的1059导弹的出厂汇报，经过研究和审查，批准出厂。同时还颁布了《导弹试射的规定》。10月23日，装载着总装与测试合格的两发导弹的专列从

任新民与张爱萍（左二）、张敏（右一）在西昌发射基地

北京出发，运往发射基地。

根据国防科委的指示，中央军委批准成立了由张爱萍上将为主任委员的“1059”试射委员会。一分院第三设计部的参试人员由任新民带队，随行的有李伯勇、夏云辉、章本立等九人。

1059导弹在发射基地的测试工作按计划进行着。然而，攀登科学技术高峰之路不总是一帆风顺的。11月1日，在北京进行了仿制的第二台发动机的典型试车，发动机工作至55秒时，氧化剂泵发生爆炸，泵盖上的18个螺栓全部被拉断，泵盖飞出了30多米。11月3日深夜23时30分，正在发射基地的任新民得知北京试车爆炸的消息后，心急如焚，随即召开了第三设计部在发射基地全体人员会议，通报了第二台发动机典型试车的情况，并组织大家进行了认真而严肃的讨论，会议一直进行到11月4日凌晨1点多。

此时此刻发生这样的故障非同小可，它直接关系到1059导弹能否按原计划发射。这不仅是一个重

准备发射1059导弹

大的技术问题，更是一个严肃的政治问题。身为液体火箭发动机设计部主任和发动机技术负责人的任新民，其压力之大是可想而知的。他认真听取了各方面的意见，进行了反复的思考分析，认为现在装弹的发动机不存在第二台发动机发生故障的情况。他提出了第二台发动机典型试车故障分析报告，并明确地表示，造成故障的原因已在装弹的发动机上进行了修改，并建议第一发1059导弹按原计划实施发射。试验队临时党委批准了这一建议。

此时，发射基地传来了苏联在1960年10月24日发生惨烈的火箭爆炸的消息，苏联战略火箭部队司令以及160名苏联航天科技工作者全部遇难。中国导弹事业的开拓者们并没有被苏联的爆炸悲剧所吓倒，而是挺起胸膛走自己的路。导弹由技术阵地转往发射阵地，测试工作均按原计划紧张而有序地进行。

1960年11月4日，聂荣臻元帅、张爱萍上将、陈士榘上将等飞抵酒泉发射基地。11月5日，就在苏联撤走最后一批专家后不到3个月，中国人仿制的第一发液体近程弹道导弹一举发射成功，震耳欲聋的导弹起飞声和落地爆炸的滚滚浓烟回敬了轻蔑自大的赫鲁晓夫集团。11月5日晚上，聂荣臻元帅在发射基地举办的庆祝宴会上发表了热情洋溢的讲话："在祖国的地平线上，飞起了我国自己制造的第一枚导弹。这是毛泽东思想的胜利，是工人、技术人员、干部以及解放军指战员辛勤劳动的结果，也是我军装备史上一个重要的转折点！"

中国导弹事业创业者们一鼓作气，乘胜前进。于同年12月6日和16日又进行了两发1059导弹的发射试验，均获成功。1963年10月25日和11月3日分别进行了两发1059遥测弹的试射，又获成功。至此，中国仿制P-2导弹的工作圆满完成。1964年3月12日，1059导弹改名为"东风一号"。

仿制的成功不仅使中国有了自己制造的导弹，更重要的是通过仿制逐步掌握了自行设计的本领，增强了中国人自行研制导弹的信心，并为我国导弹事业的发展奠定了初步基础。

6.动力总师　研制"东二"

1960年年初，在"1059"仿制工作取得可喜进展之时，聂荣臻副总理适时指示国防部五院：要突破从仿制到独立设计这一关，并迅速地发展提高，建立我国自己的高技术水平的导弹技术体系，用我们的双手设计和制造出自己的导弹。与此同时，聂荣臻副总理还根据导弹武器系统工程性强的特点，提出了"三步棋"的原则，即在同一时间内，至少要看三步棋，有三个层次的型号，一种是在探索研究的，一种是正在设计和试制的，一种是定型后小批量生产的。根据中央军委和聂荣臻副总理的指示，在仿制1059导弹的后期，就开始将研制工作的重点转到了自行设计。从仿制走向自行设计，这是我国导弹技术发展中一个质的飞跃。

自行设计的第一步怎么走？设计一个什么样的型号？最初有两种意见：一

种主张跨大步，直接搞中程的；一种主张第一步迈小一点，搞一个中近程的，同时搞好新型号的技术储备工作。1959年12月，国防部五院一分院第一总体设计部（弹道导弹总体设计部）提出：在仿制P-2近程导弹的基础上设计一个射程增加近一倍的中近程弹道导弹。1960年2月，国防部五院一分院将这一改型工作列入了1960年的工作计划，要求在完成1059导弹批产后，改进设计，减轻结构重量，增加推进剂，加大推力，增大射程。

发动机是导弹的心脏，在液体弹道导弹研制中必须动力先行。

1960年年初，在任新民的直接领导下，抽调了十几名技术骨干，组成研制攻关组。经过一个多月的紧张工作，提出了初步设计方案，此方案以1059导弹的5D52液体火箭发动机为基础，对一些重要部件作了重大改进，使发动机增大了推力，延长了工作时间，以保证完成增大射程的技术指标。这个初步设计方案，虽然经过了反复的分析、研究、计算和论证，但毕竟是第一次搞自行设计，任新民、吴之真等希望得到苏联专家的指点与帮助。当他们向施涅金提出这一想法后，施涅金听完沉默了一会儿说："对此我是没有这个任务的，但出于友谊，我可以看看你们的方案，听听你们的意见。"于是，任新民将这一初步设计方案交给施涅金。施涅金非常认真地审阅后，认为整个方案是可行的，但也有几个需要进一步考虑改进的地方。施涅金还提出改进的部分一定要进行反复的试验，确定其性能是否可靠。任新民等人听后既深受鼓舞，又得到启发。

任新民在这一系列的科技工作中，非常谦虚地对待苏联专家，展示了他注重发扬技术民主、集思广益的工作作风。也正因如此，他受益颇多。

1960年3月25日至26日，国防部五院召开党委扩大会，明确今后研制工作的重点由仿制转入自行设计。7月，“1059”改进型（东风二号导弹）完成了方案设计。8月1日，国防部五院召开东风二号导弹方案论证会，批准了设计方案，明确最大射程为1200千米。8月14日，国防部五院常务副院长王秉璋、副院长王诤前往北戴河向聂荣臻副总理汇报苏联专家撤走后国防部五院的工作情况及今后工作的意见时，聂荣臻谈到：“1059”不要忙着在“十一”试射，应该在一切准备妥当之后再试射，仿制练兵过程是不可缺的；在“1059”基础上改进的东风二号中近程导弹可以定为一个型号。改进的总比完全自行设计的来得快，要一关一关地过。先过“东风二号”的关，再过自行设计的中程导弹的关；…… 要充分发挥中国专家的积极性和各自的特长；要保证技术干部研究设计的工作时间。自此东风二号中近程液体弹道导弹的研制工作全面开展起来了。

正当我国1059导弹仿制工作进入最后关键阶段，苏联赫鲁晓夫集团撕毁协定，撤走专家，停止援助，单方面废除了双方合作的257个科研项目，这给国防部五院的工作造成了极大的困难。1960年8月12日，苏联撤走了未到期的最后一批专家。此时，国家正处于经济困难时期，关于国防尖端项目是“上马”还是“下马”，争论相当激烈。有人认为搞国防尖端项目现在困难太多、太大，应该放慢速度；有人甚至认为搞国防尖端项目影响了国民经济其他部门的发展，主张“下马”。在这种情况下，毛泽东主席明确指示：要下决心搞尖端技术，不能放松或“下马”。毛主席铿锵有力地说：“赫鲁晓夫不给我们尖端技术，极好！如果给了，这个账是很难还的。”这一席话，表达了中国人民和国防科技工业战线上全体科技人员、干部和工人战胜困难的决心和意志。国务院副总理陈毅元帅坚定地表示，当了裤子，也要把我国的尖端武器搞出来。他还很风趣地说：“我这个外交部长的腰杆子现在还不太硬，你们把导弹、原子弹搞出来了，我的腰杆子就硬了。”国务院副总理、国防工委主任贺龙元帅提出了“卧薪尝胆、发愤图强，打掉一切依赖思想，下最大决心，依靠自己的力量，突破国防尖端技术”的要求。国务院副总理、国防科委主任聂荣臻元帅指出：中国人民是聪明的，并不比别的民族笨，要依靠自己的专家和工人搞出自己的导弹、原子弹。在毛主席等老一辈无产阶级革命家关于自力更生发展我国国防尖端技术思想的指引与鼓舞下，国防部五院的广大科技人员、干部、工人信心倍增，干劲更足。

1960年9月13日，中央军委在北京召开了扩大会议，提出了“发愤图强，自力更生，突破尖端，两弹为主，导弹第一，积极发展喷气技术及无线电电子科学，建立现代化的独立完整的国防工业体系”的方针。

经过这场争论，党中央、国务院、中央军委对我国发展导弹、原子弹等国防尖端技术适时地做出了一系列的决策和指示，这对我国导弹事业的发展起到了“充电”和“加油”的作用。1960年9月，国防部五院批准成立了“东风一号”和“东风二号”型号设计委员会，林爽任这两个型号设计委员会的主任委员，任新民任副主任委员。这样，这两个型号的研制任务，特别是两个型号液体火箭发动机的研制重担，进一步明确地落在了任新民的肩上。

从设计方案中可以清楚地看到，从“1059”到“东风二号”，改进最大最多的是液体火箭发动机。1059导弹的发动机为5D52，东风二号中近程弹道导弹的发动机命名为5D60（后改为YF-60）。5D52发动机共有组合件168件，5D60发动机沿用5D52发动机的组合件仅为62件，其余106件组合件均需重新设计或改进设计。可见5D60发动机的研制难度和技术跨度都相当大。任新民在会上会下、人前人后沉默寡言，从不叫苦喊难，可他心里十分清楚自己肩上的担子有多重，但只能拼尽全力完成任务。

素以深入实际、从实际出发而著称的任新民，同主任设计师刘传儒，副主任设计师于龙淮、王桁等，还有有关的设计人员、试验人员、工人等进行反复的研究与讨论，并认真考虑了苏联专家施涅金提出的意见，确定了几项重大的改进设计：采用压力调节器调整推力，将涡轮工质过氧化氢输送系统改为泵压式，燃烧室喷管尾段改成半管结构，燃烧剂主导管采用钢丝橡胶软管等。他们的工作紧张、有序且很艰难地进行着。

时值国家三年经济困难时期，任新民家中上有年近古稀的母亲和岳母，下有5至11岁的四个子女，他弟弟被定为“右派”在北大荒改造，留下了一个侄子在任新民家中，全家共九口人，这种为填饱肚子而绞尽脑汁的日子实在难熬。当任新民看到和他一起工作的科技人员和工人都饥肠辘辘，有的还患上了浮肿，却仍在坚持加班加点时，他由衷地感谢这些可亲可敬的同事们，也激励自己和他们一起刻苦攻关。

像任新民这样在聂荣臻麾下的高级知识分子应该说是比较幸运的。聂帅当时了解到，广大科技人员正以忘我的热情进行技术攻关，但由于经济困难时期物资匮乏，生活清苦，体质普遍下降，70%的人员因营养不良出现浮肿。聂帅亲自向海军及北京、广州、济南、沈阳等大军区“化缘”，请他们支援国防科研单位一批肉、鱼、黄豆等副食品，并规定只分配给科技人员。这就是后来“文革”中拿出来批判的所谓“科技肉”“科技鱼”和“科技豆”。当时，聂帅还专门指派陈赓大将检查落实分配情况。党政干部自觉性很高，都以身作则，按规定办事。这件事对航天战线的知识分子在当时乃至以后都产生了深远的影响。

任新民家住海淀区阜成路8号院，而他上班在南苑东高地。他平时不回家，吃食堂，周六才回家。按就餐人员分配给食堂的食品，他只好自己享用了。而按人头分配的食品，如苹果、白糖、黄豆等，他想

20世纪60年代，任新民与家人合影

到家中上有老下有小，还有既要上班又要操持家务、且已患浮肿病的妻子，他把发的东西都如数带回家中。他同时也充分理解国家的困难，组织上为照顾专家而发的补贴粮票，他都悉数上交。他原来吸烟，在国家经济困难时期，国家给吸烟的人发烟票，香烟成了紧俏的商品，任新民凭借其超凡的毅力，硬是把烟戒掉了，他从未领过烟票。

20世纪60年代初，任新民在工作上、生活上困难重重，他的工作责任和压力与日俱增。1960年11月，任新民光荣地加入了中国共产党。1961年9月15日，国务院总理周恩来任命任新民、屠守锷为国防部五院一分院副院长，蔡金涛、吴朔平为二分院副院长，张乃川、梁守槃为三分院副院长，庄逢甘为三分院副院长兼空气动力研究所所长……任新民肩负的责任更加重大，他思索着，作为一名老领导、新党员、年长一些的科技人员，他一定不能辜负组织的重托和同事们的期望，眼下最重要的是把5D60发动机搞出来。可在登攀科技高峰的道路上绝无坦途，披荆斩棘，攻克艰难险阻才是必由之路。

在一段时间里，5D60发动机的研制陷入困境，发动机试车连续出现不稳定燃烧故障，分解后发现发动机的部组件损坏得十分厉害，分析、查找故障的原因并采取改进措施后仍不奏效。任新民感到压力很大，真是焦头烂额，食不甘味。攻关工作处于最艰难之时，大有久攻不下之势。就在任新民绞尽脑汁、苦思冥想的一个深夜，急促的电话铃声打断了他的思绪，原来是国防部五院常务副院长王秉璋中将给他打来电话："新民同志，聂帅很清楚也很关心发动机的研制情况，他让我转告你一句话，最困难的时候也就是快成功之时。希望你注意身体！"一向内向寡言但思维敏捷的任新民，此时有些语塞了，只是连声说："谢谢您，谢谢聂帅。"挂了电话后，他自言自语："聂帅真是把知识分子的心思摸透了。"虞霜琴听了他的喃喃自语，松了一口气，按照他们夫妻间"工作上的事不打听"的约定又去睡觉了。可任新民却毫无睡意，坐在沙发上品味着聂帅的这句话。他想了许多许多，从国防部五院成立大会，到仿制的5D52发动机典型试车，到1059导弹发射成功，直至今夜，聂帅历次铿锵有力的讲话和今夜寓意深刻又富有哲理的宽慰，一遍遍地在他耳边回荡。他恨不得立即天亮，把聂帅亲切的、鼓励的话语告诉同事们。

理解与支持比什么都重要。在当时处境下的任新民，听到领导这么一段贴心窝的话语，其激动的心情可想而知。理解、关怀和支持转换成了巨大的动力，他带领有关的科技人员和工人，经过反复的研究、讨论，终于找出了发动机不稳定燃烧故障的根源，并采取了相应的改进措施。

辩证法的力量是无穷的，果不出聂帅所料，时隔不久，1961年11月28日，5D60发动机改装软管后通过了主机工作125秒的试车，额定推力、比冲等参数均符合设计要求，取得了自行研制液体火箭发动机的一个关键性胜利，从而保

我国自行设计的东风二号中近程导弹

证了东风二号中近程导弹研制工作的顺利进行。任新民将聂帅这句“最困难的时候也就是快成功之时”铭刻在心，在他几十年领导和组织航天型号工程研制和飞行试验中，每当遇到困难和挫折，他都用聂帅这句话激励自己和同事去战胜困难，攻克险阻。这已经成了他主持航天型号工程研制的一件法宝。

中近程导弹东风二号的研制工作有条不紊地进行着。1962年2月20日，第一发“东风二号”总装测试完毕。2月22日，国防部五院颁发了《关于“东风二号”首批试射的若干规定》，明确试射工作由发射基地首长会同“东风二号”总设计师根据试射大纲组织实施。3月4日，第一发“东风二号”出厂启运，国防部五院试验队由王诤副院长带队，一分院参加这次试验的领导小组组长是一分院副院长、“东风二号”总设计师林爽。任新民作为领导小组成员、发动机总负责人参加了飞行试验工作。

攀登科学高峰的路途是坎坷曲折的，攀登者只能在崎岖和险峻中拼搏。1962年3月21日，这是中国航天人刻骨铭心的一天，我国改型研制的第一发东风二号导弹进行了首次飞行试验，起飞几秒钟后，导弹即出现较大的摆动和滚动，并较明显地偏离射面。18秒时发动机起火，随即发动机关机。69秒时，导弹在距离发射台不远处坠毁，飞行试验失败。身在现场的任新民同所有的参试人员一样，心情十分沉重，感到万分痛惜。总设计师林爽绕着直径约30米的弹坑转圈，眼眶湿润了，他喃喃自语：“这个坑是我的，我准备埋在这里了。”林爽、任新民等参试人员尽管悲痛，扛着沉甸甸的压力，但他们在失败面前并没有气馁，更没有退却。3月21日和22日，钟赤兵、王秉璋、钱学森先后传达了聂荣臻元帅的亲切慰问与鼓励：“既然是试验，就有失败的可能，吃一堑长一智，通过总结经验教训，以利再战。”并明确指示：“不要追查责任，要认真总结经验教训。”4月9日，聂荣臻在国防科委办公会上又强调：“‘东风二号’试射未达到目的，不要泄气。作为试验工作，这是正常现象。”任新民和他的同事们一起学习了聂帅的这些讲话精神，并一起重温了聂帅不久前的教诲——“最困难的时候也就是快成功之时”。他们细细地咀嚼和品味着聂帅的这些指示，深受鼓舞，大家都憋足了劲，准备迎接新的战斗。任新民的信念更加坚定，他坚信中国人能行，能搞出自己的液体火箭发动机，搞出自己研制的导弹。他在会上自责地说：“不要追查责任是聂帅等领导对我们年轻的导弹队伍的关心和爱护，但不等于我们没有责任。我作为液体火箭发动机设计部的主任，负责5D60发动机的研制，我应负责。”接着，他又十分惋惜地说：“既然是试验，就有失败的可能，但也有成功的可能。我们没有争取到成功的可能，发生了失败的可能。说明我们的工作没做到家。”

国防部五院成立了“东风二号”故障分析领导小组，任新民为领导小组成员。故障分析领导小组先后召开了4次分析会和5次专题技术报告会。认为第一发“东风二号”的飞行试验虽然失败了，但也不是没有收获，主要收获是：对导弹系统工程的研制走了一个过程，对系统工程的特点有了初步的实际了解，按研制程序建立起了一些必要的管理制度，如图样管理制度、工艺审查制度、试验件加工制度、总体对分系统下达设计任务书制度、设计与研究之间的研究任务书制度、设计与试验之间的试验大纲制度、设计与使用部门的勤务指南制度，等等。他们都参照苏联的做法实际地走了一遍，大有收获。经过分析、讨论，认为这次飞行试验失败的主要原因：一是在总体方案设计中，没有考虑导弹减轻结构质量和加大长度后，使弹体的刚度降低而成为弹性体，在导弹飞行中，弹体的弹性振动与姿态控制系统发生相互耦合，导致导弹飞行失稳；二是由于发动机提高了推力，结构强度下降，导致导管破裂而起火。

在分析故障原因和总结经验教训的基础上，他们提出了改进措施：修改设计方案，弹体要有足够的强度和刚度，控制系统要保证导弹稳定飞行，动力装置提高强度和可靠性，同时增加了安全自毁装置并保证可靠工作，还采取了防止火烧尾部等措施；加强技术责任制，将设计委员会改为设计师系统，设立总设计师、主任设计师和主管设计师，分别对型号总体、分系统和仪器设备、元器件等负责，进一步明确总体设计部是总设计师的办事机构，提高总体设计部的龙头地位，加强总体设计部在型号研制中的协调作用；严格按研制程序办事；加强地面试验；加强质量管理和严格检验的责任制；完善系统工程管理，加强计划调度系统的工作。

任新民带领有关的科技人员重整旗鼓，又步调一致地开始了紧张的工作。按照国防部五院提出的"严格按程序办事，一丝不苟，风雨无阻和马不停蹄"的要求，和聂帅提出的"搞好基础，稳步前进"的指示精神，他们针对发动机的问题，重新审查、修改设计方案，并举一反三，不放过任何疑点、难点和薄弱环节，将修改设计的重点放在了解决可靠性问题上，采取了多项有针对性和综合治理性的措施，并创建了大型试验设施，包括全弹试车台、全弹振动试验塔等。采取改进措施后的导弹及其控制系统、发动机等，在飞行试验前进行了4类17项地面试验，主要是结构静力试验、稳定系统模拟等系统鉴定性或验收性的试验7项；综合测试等系统与系统间协调性的综合试验5项；发动机热试车和全弹试车试验2项，弹体横向振动特性的测定等振动试验3项。仅发动机就采取了27项改进措施，主要是燃烧室辅助冷却系统采用了气动活门方案。对燃烧室焊缝结构采取了多处局部加强措施，并将发动机额定推力由45.5吨降到40.5吨，这样就消除了薄弱环节和隐患，从根本上解决了发动机的结构强度和可靠性问题。

任新民领导第三设计部还将这一故障分析、采取的改进措施和进行必要试验的实践感知上升到理性认识，牢固地树立起了"一切通过科学实验""地面试验要做充分""不带疑点和隐患上天"等观念。他们总结出了发动机试验、试车的规律：发动机的各组合件没经过各种试验（包括水力试验、热试验、介质试验、强度试验、振动试验、绝缘试验、高低温试验等），就不能参加发动机的各种试车（包括冷试车、点火试车、研究性试车、工艺试车、典型试车、可靠性试车、全弹试车等）；发动机试车和全弹试车不通过就不能参加飞行试验。这一条规律不仅指导了5D60发动机的研制，还一直指导着后续的液体火箭发动机的研制和试验。时至今日，我国常规推进剂的大型液体火箭发动机参加飞行试验和发射卫星，一直保持百分之百的成功率，这与当年任新民领导第三设计部培养和形成的严格、严密、严肃的工作作风，以及所建立的规章制度密切相关。

功夫不负有心人，奋斗终于迎来了成功的曙光。自1962年3月21日飞行试验失败后，东风二号中近程导弹研制战线的广大科技人员、工人和干部以百折不挠、坚韧不拔的精神进行了修改设计和大量的研究试验工作。1964年6月17日，任新民组织了东风二号补充性全弹全程大推力试车，获得成功。至此，“东风二号”全程的推力检验性试车全部结束。试验表明，动力、控制、遥测系统在模拟全程大推力剧烈振动条件下均能可靠工作。这就为飞行试验奠定了基础。

1964年5月25日，修改设计后的东风二号导弹出厂，运往发射基地。1964年6月29日，东风二号导弹在发射基地进行了飞行试验，导弹按预定的程序飞行，首次取得圆满成功。7月9日、11日又发射了两发“东风二号”，亦获成功。9月至10月间，广大参试人员乘胜前进，又成功发射了5发东风二号导弹。通过这8发导弹的成功发射，证明改进后的设计方案是正确的，生产质量和发射操作是优良的。这正如聂荣臻副总理所说的：“1962年试射未成功，的确不是坏事，这个插曲很有意义。研究设计工作正反两方面的经验都很重要。”从此，年轻的中国导弹研制队伍初步掌握了自行设计改型导弹的技能，为后续的独立设计、独立研制奠定了坚实的基础。

万事开头难。中国有了液体弹道导弹这个“长子”，后续的液体弹道导弹、运载火箭等的研制工作就有章可循了。液体中近程导弹东风二号研制过程中正反两方面的经验教训，对整个研制队伍的锤炼和提高具有重要意义。在后续的液体弹道导弹和运载火箭的研制中，再也没有出现过总体技术方案上的失误。

任新民

任新民院士传记

Academician Ren Xinmin's Biography

第五章

拼搏奋斗 研制导弹

任新民是我国成功研制各种液体弹道导弹和完成早期航天工程任务的功勋之一，荣获了“两弹一星”功勋奖章。

1963年3月14日，中共中央就国防科技工业建设问题做出指示，将“两弹为主，导弹第一，努力发展电子技术”作为研制导弹、原子弹及其配套产品的长远方针。根据这一方针，国防部五院开始组织力量，研究、制定我国地地、地空、海防导弹的技术途径和发展规划。1963年4月2日，国防部五院第一届科学技术委员会成立并举行了首届年会。任新民被聘为首届科技委委员，参加了成立大会。会议讨论了我国地地、地空和海防导弹发展的技术途径和步骤，并提出了一些急需开展的研究项目。会后，科技委组织有关科技人员对我国地地、地空、海防导弹技术的发展途径进行了细化研究，提出了《关于地地、地空、海防导弹技术发展途径的意见》，上报国防部五院党委。1963年11月11日，国防部五院党委讨论并通过了国防部五院科技委提出的《意见》。这一《意见》的地地导弹部分就是“八年四弹”规划的雏形。

在“八年四弹”规划的研究制定中，国防部五院和一分院（1965年后的七机部和七机部一院）两级党委，广泛地听取了有关科技专家、干部和工人的意见，充分地发扬技术民主。1965年2月至3月间，周恩来总理指派国防工办副主任赵尔陆带队到七机部，广泛而深入地听取了2400多人次的科技人员、干部、工人的意见，历时一个多月，并将意见进行了汇总，同七机部交换了意见。在此基础上，七机部编制了《1965—1972年地地导弹发展规划》（“八年四弹”规划）。内容是在1965年至1972年的八年时间里，研制成功增程的中近程、中程、中远程、远程（后增程为洲际）四种液体地地弹道导弹。1965年3月20日，周恩来总理主持召开中央专委第11次会议，听取了七机部部长王秉璋关于《地地导弹发展规划》的汇报，刘有光、刘秉彦副部长列席了会议。会议原则批准了七机部提出的《地地导弹发展规划》和计划进度安排。

任新民作为一分院的副院长领导并参加了规划制定中的有关工作，特别是亲自主持了对规划起支撑作用的液体火箭发动机的发展规划及其可行性的研究论证工作。他作为技术负责人自始至终领导和参加了“四弹”的研制工作，是名副其实的“四弹”研制工作的技术带头人。他还组织领导了从中远程导弹衍生出的长征一号运载火箭的全部研制工作，参加领导了从远程导弹衍生出的长征二号运载火箭的部分研制工作。作为“长征一号”的技术总负责人，参加领导了用“长征一号”发射我国第一颗人造地球卫星东方红一号的工作；作为七机部副部长领导和指挥了用“长征二号”首次成功发射返回式遥感卫星的工作。他是我国成功研制各种液体弹道导弹和完成早期航天工程任务的功勋之一。正因如此，1999年9月18日，他荣获了中共中央、国务院、中央军委颁发的“两弹一星”功勋奖章。

“八年四弹”规划的实施与完成，是我国导弹与航天事业取得的举世瞩目的伟大成就，也为我国导弹与航天事业的发展奠定了坚实的基础，其中包括科技成果的储备，基础设施设备与技术手段等研制保障条件的建设，科研生产队伍的培养和锻炼，科研生产组织管理经验的积累，等等。“八年四弹”的研制功不可没。

1.“两弹结合” 动力先行

1964年8月，国防部五院开始了对中近程导弹（“东风二号”）进行改进的研制工作。主要工作有：提高发动机的推力及比冲的研究试验工作，配合特种装药的弹头研制工作，研制液氧自动补加装置，简化垂直测试工作的研究等。1965年2月3日至4日，周总理主持召开由15人组成的中央专门委员会（简称“中央专委”）第10次会议，确定第一次“两弹结合”试验用增程的“东风二号”（“东风二号甲”）；同年3月20日，中央专委召开第11次会议，要求二、七机部要抓紧“两弹结合”试验的准备工作；5月4日，中央专委第12次会议要求东风二号甲导弹和弹头按照计划在年底准备好，力争提前进行“两弹结合”冷试验，会议还提出“东风二号”的无线电横偏校正系统不能在山地使用，要组织力量深入发射场地，抓紧研究试验，迅速落实改进方案；8月9日至10日，周总理主持召开中央专委第13次会议，批准东风二号导弹由无线电横偏校正制导改为惯性制导，即“东风二号甲”的控制系统采用纵向双补偿。横向采用坐标转换及“六分”陀螺仪方案（简称全搬方案）。

“东风二号甲”的研制工作紧锣密鼓地进行着。任新民带领液体火箭发动机设计部的科技人员，在中近程导弹东风二号 YF-60发动机的基础上，进行改进设计，研制“东风二号甲”的 YF-60A 发动机，推力从397千牛提高到446千牛，比冲从2148米/秒提高到2190米/秒，并采用液氧自动补加系统，以适应东风二号甲导弹的研制需要。

毕竟是有了研制 YF-60（原5D60）液体火箭发动机的实践，研制工作进展得比较顺利。他们工作抓得很紧，在1964年10月9日至11月11日一个月的时间里，任新民和他的同事们吃住在试验站，连续进行了八次 YF-60A 发动机的热试车，推力和工作时间都达到了设计要求。与此同时，在10月14日至11月10日，在试验站的另一试车台进行了两次液氧自动补加试验，第二次获得成功，解决了东风二号改型方案设计中的一大技术关键。

他们发扬连续作战的作风，于1965年4月27日至29日，YF-60A发动机进行了3次验收试车，推力和工作时间等均达到设计要求。

他们乘胜前进，同年6月17日、6月25日、7月22日，先后进行了全弹高温、低温和大推力试车，产品状态基本与东风二号甲遥测弹一致。6月17日进行了“东风二号甲”全弹高温试车（产品加温到50℃，加注酒精的温度为47.5℃）；6月25日又进行了低温试车（产品温度降到－40℃，加注酒精的温度降到－50℃）；7月22日又进行了大推力试车，实测推力达466千牛。这三次全弹试车，证明产品满足设计要求，在高、低温极限条件下都能够正常工作，发动机推力稳定，气氧增压系统和液氧自动补加系统工作可靠，性能良好。这表明“东风二号甲”可以进行飞行试验。

1965年9月11日至10月19日，“东风二号甲”合练弹在发射基地进行了合练。9月23日，YF-60A发动机又成功地进行了试车。至此，“东风二号甲”研究性试验基本结束。

1965年11月13日，“东风二号甲”首次飞行试验获得圆满成功。在发射前，周恩来总理指示：发射工作要“认真、实干、周到、细致”。自此至1966

年1月6日，又进行了七发东风二号甲导弹的飞行试验。除1965年12月12日发射的第6发“东风二号甲”飞行试验失败外，其余均取得圆满成功。YF-60A发动机表现优异，这是对任新民和他的液体火箭发动机研究所付出努力的最好褒奖。

飞行试验证明，“东风二号甲”的设计方案是正确的，新的全惯性制导系统是成功的，射程和精度等均达到了设计要求。测量了被动段参数，为“两弹结合”飞行试验提供了所需要的数据。但发现在可靠性方面还存在着隐患和薄弱环节。例如，1965年12月12日进行的“东风二号甲”第6次飞行试验中，起飞后36.6秒由于电源电池单体之间的连接片固定螺帽松动而造成断电，发动机关机，导弹落地爆炸。这属于质量与可靠性方面的问题。

周恩来总理十分关心“东风二号甲”运载核弹头的“两弹结合”的飞行试验，特别是安全问题。1966年3月11日，周总理主持召开了中央专委第15次会议，原则同意“两弹结合”按先“冷试”（不装核燃料），后“热试”（装核燃料进行爆炸）的试验计划做好准备工作。七机部准备好7发东风二号甲导弹，各项试验准备工作8月底前完成。周总理在会上再次强调“两弹结合”飞行试验的安全问题，要求保证不出乱子，做到绝对可靠，万无一失。任新民和他的同事们坚决贯彻周总理的指示，认真地查找和梳理前8发导弹飞行试验中暴露出的问题、疑点和隐患，特别是可靠性方面的问题。然后，系统而深入地查找原因，制定措施，进行修改设计和试验验证，对所暴露的问题、疑点和隐患都采取了有针对性的和综合治理性的措施，尤其是提高了发动机结构的抗振强度。

“东风二号甲”8发导弹飞行试验后，各系统又都进行了改进。1966年8月至9月，“东风二号甲”进行了5发鉴定性飞行试验，均获圆满成功。至此，“东风二号甲”研制成功，转入小批量生产。

为更直接和进一步为“两弹结合”飞行试验做准备，1966年10月7日，“东风二号甲”在发射基地又进行了一次发射飞行试验，导弹按地面发出的无线电指令信号自毁，考验了导弹弹头和弹体自毁系统工作的正确性的可靠性；10月13日至16日，“东风二号甲”进行两次发射飞行试验（“冷试”），均获成功，两发导弹均在目标上空的预定高度实现了化学爆炸。1966年10月19日，周恩来总理、叶剑英元帅听取了“两弹结合”飞行试验准备情况的汇报。周总理提出了“严肃认真、周到细致、稳妥可靠、万无一失”的要求，这一要求是对航天科技工业质量工作的高度综合与概括，不仅有力地指导了“两弹结合”的飞行试验，而且是航天科技工业质量工作的指导原则，并已家喻户晓，深入人心。

1966年10月27日，我国成功进行了东风二号甲导弹和核弹头的“两弹结合”飞行试验，导弹飞行正常，核弹头在预定距离精确命中目标，实现核爆炸。这是我国国防科技工业的又一伟大壮举！从此，我国有了可用于实战的核导弹武器，真是壮国威、振军威、聚民心。

1966年12月4日，地地导弹定型委员会决定“东风二号”和“东风二号甲”产品定型，统称“东风二号”，定型后进行小批量生产。YF-60和YF-60A液体火箭发动机也随之定型，结束了研制工作。任新民的工作重心又步入了新的征程。

导弹核武器在预定区域成功爆炸

2.“东风三号” 取得佳绩

液体中程弹道导弹(“东风三号”)是我国第一个完全独立研制的新型地地导弹。“东风三号”在1964年以前称“东风一号”。早在1957年4月，在苏联对我国导弹事业的援助还没有眉目之时，成立不久的国防部五院就拟定了中程液体地地弹道导弹研制任务书。1958年1月10日，国防部五院制定了《喷气与火箭技术十年(1958—1967年)发展规划纲要》，其中提出了在地地导弹方面试制战略中程地地导弹，据此，时任一分院液体火箭发动机设计部(三部，1958年4月前称液体火箭发动机研究室)主任的任新民不失时机地安排留苏回国的马作新、王之任等开展这一导弹发动机的预先研究工作，在预研阶段设计了试验发动机，单机代号为5D10，后改进为5D11。

1960年3月3日，国防部五院任命任新民为“东风一号”副总设计师兼发动机总设计师，中程导弹各分系统的预研工作全面展开。1960年9月，国防部五院设立了“东风一号”型号设计委员会，林爽为主任委员，任新民等为副主任委员；1961年1月，国防部五院决定将“东风一号”“东风二号”型号设计委员会合并，设立东风型号设计委员会，林爽任主任委员，任新民等为副主任委员。此时独立研制的“东风一号”预研工作和改型研制的“东风二号”的工作并行和穿插进行。当时“东风一号”存在着十大技术关键：命中精度问题、燃气舵烧蚀、方位瞄准、火烧尾部、头部防热、全弹振动、尾翼面积、安全装置、液压系统及末助推等问题。东风型号设计委员会提出暂停“东风一号”试制、生产，立即解决十大技术关键并进行设计质量复查和修改初步设计的工作。1962年5月，鉴于东风二号导弹第一发飞行试验失败等情况，国防部五院党委常委会决定：地地型号要集中力量研制“东风二号”，“东风一号”只组织少数人进行5D10发动机及控制系统的惯性器件等单项预研工作。

5D10液体火箭发动机的研制工作进入紧张的阶段。“东风一号”有22项配套的预先研究项目，发动机系统占了大部分。包括5D10发动机，推进剂选择，推进剂利用系统，氮气加压增温系统，推进剂贮箱液体晃动问题，密封件研制，以及5D10发动机试车台建设问题等。

在预研阶段，他们设计和试制了试验发动机5D10，后改型研制了5D11发动机，作为“东风一号”的发动机单机，四机并联称为5D12。后按照标准化的要求，5D11发动机的代号改为YF-1，四台YF-1并联后称为YF-2。1964年3月12日，总参谋部和国防科委颁发经中央军委批准的各种导弹、火箭名称和代号的编排方法，原“东风一号”改称“东风三号”（代号为DF-3）。

“东风三号”的YF-2液体火箭发动机的研制经过了艰难曲折的历程，与5D52、5D60发动机相比较，YF-2采用了多项新技术，有的属于新难技术关键。因此，在研制中攻关的任务比较重，难度也比较大。首先面临的是推进剂的选择问题，5D52、5D60发动机的推进剂为液氧、酒精和过氧化氢（涡轮工质）。5D10试验发动机研制中使用的推进剂是可贮存、能自燃的硝酸和混胺。后为提高发动机的比冲决定使用可贮存的推进剂硝酸和偏二甲肼。这一选择和决策并非易事，当时外国的液体火箭发动机及推进剂技术专家曾断言：使用偏二甲肼等于抱着老虎睡觉。使用偏二甲肼作燃烧剂是可以提高发动机的比冲，但有剧毒。在这一难题面前，任新民和他的同行们没有畏缩，他同当时的发动机过程研究所、军事医学科学院等单位的有关专家一起进行反复的分析、研究和试验，终于得出了有价值的结论：偏二甲肼有毒，但不是积累性的，人体可以通过自身的新陈代谢将毒素排出，并找到了解毒的特效药。后来在发动机试车等研制工作中，凡接触偏二甲肼的人员事先都服一片这种解毒的特效药。他们还进行了偏二甲肼理化性能的分析、测试，制定了使用时的操作规范。

1963年3月6日，任新民担任组长的国防部五院科学技术委员会液体火箭发动机分组决定：中程导弹采用可贮存的偏二甲肼作燃烧剂。决定中指出，经过毒性和燃烧等研究性试验证明，偏二甲肼的毒性可防护，比冲高，能贮存，便于作战使用，符合作战武器的要求。最后，获国防部五院和国防科委批准，终于圆满地解决了我国液体火箭发动机采用偏二甲肼作燃烧剂的问题。

偏二甲肼在我国液体弹道导弹和运载火箭的发展中贡献卓著。时至今日，我国在役的液体地地弹道导弹和运载火箭（包括发射载人飞船和天空一号空间实验室的“长征二号F”及发射嫦娥探月卫星的“长征三号A”的一、二级等运载火箭），还都在使用偏二甲肼作燃烧剂。足可见当初决定使用偏二甲肼举足轻重的历史作用。

四机并联技术亦是YF-2液体火箭发动机乃至整个“东风三号”研制中的重大技术关键。四机并联是解决导弹动力装置推力所必需的，它要求四台YF-1发动机同步进行工作，否则，就可能使导弹飞行不稳定，同时要求四台发动机之间推力值偏差不能太大，不然会产生干扰力过大而影响控制系统的正常工作。时任液体火箭发动机研究所所长的任新民（随着国防部五院改组为七机部，液体火箭发动机设计部改称为七机部一院液体火箭发动机研究所，任新民任七机部一院副院长兼液体火箭发动机研究所所长），带领马作新、孙敬良、张贵田、颜子初、胡平信等科技人员，绞尽脑汁，进行了反复的分析、计算、研究、讨论和试验，采取Ⅰ、Ⅲ象限和Ⅱ、Ⅳ象限两对发动机成对同时启动，并严格控制各分机性能参数量偏差等办法，成功地解决了四机并联问题。1965年7月13日和7月27日，先后进行了东风三号导弹四机并联发动机YF-2的50秒、100秒热试车，均获成功。四机并联技术的解决不仅保证了东风三号中程导弹的研制，而且为我国液体地地弹道导弹和液体运载火箭的发展奠定了一大重要的技术基础。

燃烧室的高频不稳定燃烧问题是YF-2发动机研制过程中最大的技术难题。1965年3月19日，YF-2的单机YF-1首次使用硝酸和偏二甲肼作推进剂进行热试车，试验失败。任新民带领马作新、孙敬良、张贵田等科技人员查找故障原因，最后确定试车失败是发动机的燃烧室发生了高频不稳定燃烧所致，即燃烧室的固有频率与燃气生成频率相耦合产生了共振，在一瞬间燃烧室压力骤然升高，随即使燃烧室发生机械破坏或熔化烧毁。他们对这一故障的机理经过了一个艰难的认识过程，通过对试车数据进行反复的分析研究，查看燃烧室压力的变化，观察燃烧室破坏的情况，又查阅了有关的国外技术资料，了解了高频不稳定燃烧这一技术概念，并进行了大量的分析、研究、计算和试验，最终搞清了试车故障的机理，认定高频不稳定燃烧是造成这次试车失败的原因。

尽管故障原因找到了，但要确定有效而可行的改进措施也不是一件轻而易举的事。任新民组织科技人员提出了多种解决方案，然后进行多个方案的分析、比较，找出各方案的利弊，并通过近百次的试车验证，最终在燃烧室头部采用了再生冷却隔板和液相分区等措施，才圆满地解决了发动机燃烧室的高频不稳定燃烧问题。

这一重大关键技术的突破，极大地加快了东风三号导弹的研制进度，更为重要的是为后续的新型液体火箭发动机的研制提供了宝贵的经验。

YF-2液体火箭发动机是一个全新型号的发动

机，在研制过程中所遇到的技术难题还不止前面所述及的几项，其他的技术难题还有很多。例如，并联发动机在高空工作时，严重烧蚀导弹底部结构的问题；推进剂贮箱液体晃动问题；燃烧室波纹板成型和真空钎焊问题；采用高速离心泵前置诱导轮解决涡轮泵提高抗汽融能力的问题；采用电爆式活门的问题；大型箱体的结构设计、材料选用、耐腐蚀性能、成型、焊接工艺等问题；密封问题等。在解决这些技术难题中，任新民始终坚持深入实际，深入设计、试制现场，坚持设计人员、试验人员、工艺人员、生产工人相结合，一起分析、计算，一起研究、讨论，一起出主意、想办法，就这样，一个个难题都如期解决了。特别是在解决并联发动机高空工作的难题中，群策群力，反复试验，最终使问题得到解决。四个 YF-1发动机在高空工作时，四个发动机喷口之间形成一个低压区，回流的高温燃气严重烧蚀导弹底部结构。任新民亲自参加并组织各专业的科技人员进行严密的理论分析和大量的计算，并通过风洞试验验证，搞清了烧蚀的机理。然后同设计人员、工艺人员和生产工人一起制定了采用特殊保护层的措施，使这一难题得以解决。1965年11月13日，YF-1发动机采用偏二甲肼、硝酸为推进剂进行了大推力、全程热试车，获得成功，推力和工作时间达到了设计要求，燃烧稳定，工作正常，达到了性能稳定的要求。1966年4月23日，四机并联的 YF-2发动机连续通过了长程大推力验收试车，进入交付阶段。

与此同时，任新民作为国防部五院一分院（后为七机部一院）副院长、东风三号导弹副总设计师，亲自组织和领导了发动机试车台的改扩建和新建工作，包括发动机试验站三号台二工位的建设，以及全弹试车台的改扩建等。在改扩建和新建过程中，同发动机试验站、液体火箭发动机设计单位及施工单位的有关人员，一起协调问题、解决问题。尤其深得现场人员，特别是施工单位技术人员称颂的是，他能广泛而认真地听取各方面的意见，从不摆领导和专家的架子，从实际出发，实事求是地分析判断问题，适时地解决和决策问题，有力地保证了试车台改扩建和新建任务按计划保质保量地完成。这些试车台的建成不仅为YF-2发动机的研制和“东风三号”的研制提供了必不可少的物质条件，还为后续液体火箭发动机和后续液体弹道导弹、运载火箭的研制创造了试车条件。

YF-2这个全新型号发动机的研制成功，是广大设计人员、工艺人员、试验人员、工人和干部集智攻关、团结奋斗的结果，凝聚着各类人员的心血和汗水，是集体智慧的结晶。任新民作为“东风三号”和YF-2发动机研制工作的领导者与组织者，不仅为之付出了更多的艰辛劳动，而且贡献了自己的聪明才智，对多项重大技术关键的解决提出中肯而有益的意见，并适时而果断地做出了各项技术决策，称得上贡献卓著，功不可没。

1964年4月22日，国防部五院再次任命林爽为“东风三号”总设计师，屠守锷、任新民、黄纬禄、吴德雨为副总设计师。1965年后，七机部一院的有关领导调赴四院和去参加农村“四清”运动，任新民作为一院的副院长全面负责了东风三号导弹的研制工作。

他曾多次担任试验队队长，冒严寒、顶酷暑，带队奔赴酒泉或太原发射基地，领导并组织了历次的飞行试验。时值“文革”动乱年代，型号研制工作受到了干扰，试验队队长的工作难度就更大了。在基地发射现场，作为型号的技术总负责人和试验队队长，需要决策和解决技术问题、协调技术问题和安排计划进度等，在当时的情况下，事情变得异常复杂，有些人把派性观点也掺杂进来，更使他感到头疼和难办。这位憨厚勤奋的老专家既不回避，更不退缩，他深入到参试人员工作的现场或宿舍，晓之以理，动之以情，苦口婆心地做说服工作。有的工人师傅被真情感动了，激动而诚恳地说：“就凭你任副院长这个真心实意的劲儿，我们也得给你这老头儿一个面子，你也别跑了，这活包在我们身上了。”工作尽管很艰巨，但诚挚与执著能感动群众这个“上帝”，所以历次发射现场的测试与发射工作还算顺利。

1966年12月7日，“东风三号”一批第一发遥测弹出厂运往发射基地，任新民任试验队队长，刘川诗任试验队党委书记。1966年12月26日和1967年1月12日，分别进行了“东风三号”第一、二发遥测弹的飞行试验，按飞行试验大纲的要求，这两发遥测弹的飞行试验都取得了基本成功。但这两发弹都出现了同一故障现象，即YF-2发动机的Ⅱ分机分别在工作到111.2秒和129秒时，推力下降，导致弹头未落入预定弹着点。任新民心急如焚，问题到底出在什么地方？众说纷纭，根据已有的遥外测数据，一时还难以判断和做出结论。

型号工程的研制工作最令人讨厌的是“糊涂账”，说不清道不明，后续的工作无从下手。一贯追求“水落石出”的任新民绝不甘心，他绞尽脑汁，终于想到了寻找“物证”的办法。经任新民提议并征得刘川诗书记的同意后，任新民带领马作新、孙祯、王觉先、尚增雨和发射基地参谋等八人，在导弹落区寻找与考察弹体、发动机的残骸，以查明故障原因。

在1967年1月的寒冬腊月里，任新民带领勘测搜寻组乘伊尔14运输机从酒泉发射基地出发，途径马兰机场，又乘机越过塔克拉玛干大沙漠，当晚

1966年12月26日，任新民（前排左一）在酒泉发射基地与聂荣臻（前排左三）、钱学森（前排左二）等领导在第一枚中程导弹发射架前合影

到达酒泉发射基地七站的驻地。次日凌晨，他们又分两批乘直升机飞往落区指挥所。指挥所位于深入沙漠100多千米的马扎山附近。马扎山虽然名字里有“山”，可实际上既没有石头，也没有黄土和树木，稀疏的骆驼刺也很难看到，展现在眼前的只是无边无际的大沙漠，真是荒无人烟呀！指挥所坐落在一条半干涸的无名小河旁，几顶帐篷和一些高出地面一米多的地窨就是工作人员的办公室和宿舍。

住在地窨里确实有很多优越性，不仅冬暖夏凉，而且可以减轻风沙的侵袭。在宿舍里，床单不是铺在身下，而是挂在空中，防止窨顶往床上灌沙土。在地窨里吃饭更具特色，大家都低着头、弯着腰，用上身遮挡饭碗，以防沙土的“突袭”。

这里算是沙漠中的“宝地”，因为靠近小河，河中零星的冰块可以提供淡水资源。任新民这位年过半百的留美博士，看起来既不像是专家，也不像是领导，和大家同吃、同住、同在大漠深处进行实地勘察、搜索，探究产生故障的症结。他时不时地说，我们只是来个把礼拜，人家解放军同志一年不知来多少次，一住就是一两个月，我们算不了什么。

在勘测搜寻组到来之前，七站就根据酒泉发射基地的要求开始了残骸的搜索工作。任新民一行到达指挥所后，立刻听取了七站人员关于前三天搜索情况的介绍，并商定当日下午先进行空中搜索。勘测搜寻组派出两人同七站有关人员一起乘直升机进行空中观察搜索。直升机沿着导弹飞行弹道弹下点进行左右盘旋飞行，搜索人员紧紧趴在直升机前下方的玻璃窗处，全神贯注地观察地面情况，唯恐漏掉要搜寻的目标。经过半天的空中搜索，收获甚微，只是发现几处疑有残骸，但无法确定要寻找的导弹发动机等残骸的位置。

任新民同七站的领导商定，组织人员进行实地搜索。搜索队一共40多人，由七站领导带队。任新民执意要参加搜索队，但七站领导和马作新等人，知道他是周总理点名要保护的专家，而且已经年过半百，所以极力劝阻任新民。他拗不过大家，只好坐镇指挥所。

搜索队的大队人马随着骆驼队（主要是驮带帐篷、收发报器材和食品等）进入沙漠腹地，七站领导照顾勘测搜寻组人员，他们乘直升机，分批到达距指挥所约60千米的一块平地下飞机，再与大队人马会合，然后沿着导弹飞行弹道弹下点的方向徒步搜索。搜索时三四个人为一小组，各小组衔接，排成一横队平行向前推进。

这里多是软戈壁，一个沙丘接一个沙丘，低的沙丘有几米，高的有几十米，甚至上百米。搜索队只能不断地爬上爬下，艰难地行进着，向前推进得很慢。搜索进行到第四天下午，太阳已经快落山了，一位战士搜索到一块茶杯大小的黑色金属残片，经过随队的发动机主任设计师马作新鉴别，确认为是发动机的残骸。队员们顿时精神大振，高兴地喊了起来："我们找到发动机残骸了！""赶快给任副院长发电报，告诉他，我们已经发现发动机的残骸了！"

坐镇指挥所的任新民这四天里如坐针毡，坐卧不宁。一会儿思索着可能产生故障的原因，一会儿翻来覆去地查阅搜索队从现场发来的电文。他吵着要进沙漠腹地去找搜索队，但总未成行。大家有的劝说直升机已撤走，指挥所离搜索队太远；有的说搜索队的坐标位置不定，没法找。事实上是发射基地和七站的领导有指示，任新民是需要保护的科技专家，必须严防死守，确保他的安全，坚决不让他进沙漠。第四天傍晚，当任新民收到发现发动机残骸的电报后，再也坐不住了，尽管七站的领导和战士一再劝阻，可都无济于事。第五天清晨，拟定了路线，他在两位战士的陪护下，朝着搜索队前进的方向，斜插着出发了。

可能是老将出马带来的福气，第五天是搜索队大获丰收的一天。他们搜索到的导弹零部组件残骸越来越多，活门、自动器、减压阀、涡轮泵壳等，都陆续地找到了。临近中午，一个大的残骸被发现，经过辨认，确定为发动机燃烧室的残骸。散开的横队一下子汇集到一起，兴高采烈地左瞧右看这个大“宝贝”，有的忙着拍照片，有的在观察讨论发动机产生故障的原因。突然有人喊了一声：“任副院长来啦！”大家顺着声音远远望去，只见任新民拄着一根木棍，同两位年轻的战士一起正风尘仆仆地向搜索队走来。这也是勘测搜寻组人员预料之中的事。任新民从不满足于坐在办公室里听汇报、看报告，平时不管哪个系统和产品遇到技术关键或发生什么问题，他总是深入研制生产的第一线，掌握第一手材料，同基层的科技人员、工人一起分析问题，解决问题。这次，勘测搜寻组的同事料定他绝不会甘心坐在指挥所里等着搜索队回去做汇报的。果不出所料，任新民终于长途跋涉赶来了。搜索队队员们注视着这位被晒得黝黑又面容慈祥的老专家，都为这位老专家不顾个人安危，不畏艰险，深入“寻宝”第一线的敬业精神所感动。大家怀着崇敬的心情争相和他握手，他和蔼地笑着说：“你们辛苦了！”虽然彼此分别还不到五天，却似久别重逢，感到格外亲热。

他们一起开始了紧张的搜索，终于大获全胜，其余的三个燃烧室和重要的零部组件的残骸也都找到了。尽管这五天来，大家都没洗过脸、刷过牙，精疲力竭。但搜索成功的喜悦早已把疲劳赶到九霄云外了。大家说着、笑着，满载着“战利品”连夜赶回了指挥所。

任新民和同事们察看着四个分机的燃烧室，“物证”确凿，确定二分机推力下降是由于燃烧室内壁撕裂造成的。他们顺藤摸瓜，分析为什么二分机燃烧室内壁会撕裂，终于查清了故障的原因，据此，采取了有针对性的改进措施。并根据第一、二发遥测弹的遥、外测数据进行飞行试验结果分析，深入查找潜伏的隐患和薄弱环节，进行了其他修改设计。

由于“东风三号”第一、二发遥测弹的故障原因已经查明，故决定01批不再进行全程飞行试验，且01批导弹数量由8发改为5发，节省了3发。此次赴落区搜寻残骸真是太值了。

经过修改设计的“东风三号”01批第三、四发遥测弹，分别于1967年5月26日和6月10日在酒泉发射基地进行了发射飞行试验，均获成功。事实证明，他们所做的故障分析工作做到了定位准确、机理清楚、措施有效，加速了“东风三号”的研制进程。这其中凝聚着任新民和勘测搜寻组及搜索队全体人员的艰辛和汗水。

型号研制工作总是一环扣一环，需要进行连续奋战。在“东风三号”01批遥测弹的飞行试验结束后，任新民和“东风三号”的研制团队又马不停蹄地开始了02批的研制试验工作。正值“文革”动乱的高潮期，正常的科研生产秩序遭到破坏，产品的质量保证难于落实，他们在北京和太原发射基地进行了合练，从中发现了一些问题。经任新民提议，并经军管会批准，在1968年10月8日至20日，对“东风三号”02批遥测弹开展了总装测试前的设计、生产质量复查和事故预想工作。随后，任新民又带队出征太原发射基地，领导和组织“东风三号”02批第一、二发遥测弹的全程飞行试验。

这一发射基地是新建的，地处塞北高原。塞北的隆冬季节天寒地冻，又逢国家经济困难的年代，吃住等条件都比较差。担任试验队队长的任新民一如既往地与广大科技人员、工人同吃、同住、同工作。试验队住的是平房，去厕所要走几十米。塞北腊月的晚上，气温达到零下30多度，就上厕所这一条就够难为人的了。发射基地和试验队的同志们都让任新民搬到楼房里去住，可他说什么也不肯，再说他就急了。理由很简单：和大家住在一起，了解情况、研究和讨论问题方便。

可他毕竟是50多岁的人了，工作上劳心费神，加上天气寒冷，室内外温差大，他得了重感冒，高烧近40摄氏度，他在昏迷中被送进了发射基地的医院。经过输液，烧退了，他感到轻松多了。第二天，他就坚决要求出院，医生们不同意。他说："导弹的试验工作正处在关键时刻，把我关在医院里，没病也得把我急出病来。"医生们说服不了他。试验队的同事们了解他，没有充分的理由说服他，他是不会改变主意的。所以有人又褒又贬地说："他是一位十头老牛都拉不回来的犟老头儿。"最后，医院还是依了他，他带了些药返回试验队，同大家一起继续战斗。他精心组织、参与指挥，无论在技术阵地，还是在发射阵地，他都坚持在测试现场，从不放过任何一次测试检查，和大家一起观察发现疑点，研究解决问题，以求真正做到不带疑点、隐患和问题上天。

1968年12月18日和1969年1月4日，"东风三号"02批第一、二发遥测弹飞行试验又获成功。

在发射基地的统一领导与组织下，任新民严把技术关，在广大参试人员共同努力下，继"东风三号"02批第一、二发遥测弹飞行试验取得成功后，他又组织和参加了"东风三号"一系列大型地面试验，包括高低温环境试验、高海拔环境试验、耐腐蚀性能试验、贮存试验等，还进行了"东风三号"02批第二组、第三组的飞行试验，均获成功。直至1975年8月4日，国务院、中央军委批准东风三号导弹核武器定型，并进行了小批生产，适时地装备了部队。

中程液体地地弹道导弹是我国第一个完全独立研制的全新型号，是我国航天史上型号研制工作中的一个成功典范，取得了战术技术指标、研制经费、研制周期等综合性能优异的佳绩。回顾这一导弹的研制历程，任新民和“东风三号”的研制团队从一开始就注意把设计方案建立在现实可行的基础之上。作为一个全新的型号，在研制中必须应用新技术、新材料、新工艺，采用先进的技术方案，方能达到既定的战术技术指标要求。但这些新技术、新材料、新工艺和先进的技术方案，必须有预先研究的基础和科技成果的储备，并对战术技术指标、研制经费、研制周期等进行综合平衡，追求总体优异。

“东风三号”在这些方面是有经验教训可以总结的。“东风三号”列入型号研制计划比较早，但在1962年3月21日，首发“东风二号”飞行试验失败后，国防部五院适时地决定：中程导弹由型号研制转为液体火箭发动机和控制系统的惯性器件的预先研究。任新民坚决贯彻这一决定，并同设计委员会主任委员林爽及国防部五院第一总设计师室制定了五条设计指导思想：要应用新的技术成就；设计指标要留有余地；所用的材料、元器件在批量生产时一定要立足国内；设计工作要严格按阶段办事，每个阶段开始的条件和结束的标志必须明确；分系统应根据总体的要求进行设计，总体设计应立足于分系统现实可能的基础之上。按照这五条设计指导思想，提出了22项配套的预先研究课题，包括总体技术方案、推进剂选择、发动机研制、底部防热、弹上控制与测量仪器、摇摆发动机的伺服机构、大型箱体的制造（包括结构、材料、耐腐蚀性能、强度、焊接工艺等）、钎焊料、密封件等。到1964年年底，中程导弹的许多关键技术已经突破，如动力系统，使用可贮存推进剂的大推力发动机已进行了热试车，控制系统的陀螺积分仪等惯性器件已研制出了样机，导弹的弹体结构已经有了新材料、新工艺，燃气舵的烧蚀试验已有了新的成果等。同时，试制生产所需要的条件与技术改造

任新民在与技术人员探讨问题

项目也相继完成。这些就为总体技术方案的确定和研制工作的开展提供了坚实的基础，创造了有利的条件。

“东风三号”从1965年3月结束方案设计阶段工作，到1966年12月首发遥测弹飞行试验基本成功，仅用了一年零九个月的时间，成为我国航天型号研制中优质高效的范例之一。导弹的各项战术技术性能指标，包括导弹的结构系数、发动机的比冲、控制系统的制导精度、射程等，都比东风二号中近程导弹有了显著的质的提高，从而缩小了与世界先进水平的差距，使我军拥有了更为先进精良、实用可靠的武器装备，增强了我国的核威慑实力。

更为可贵的是，“东风三号”在我国液体弹道导弹和运载火箭发展史上是一个承前启后、完全独立研制的全新型号。取得了许多成果，包括使用偏二甲肼、硝酸的发动机技术，四机并联技术，控制系统采用的捷联补偿的惯性制导系统等；形成的技术基础设施设备条件和技术手段；培养和锻炼的科技队伍等。

这些都为后续的中远程、远程、洲际弹道导弹及液体运载火箭的研制奠定了技术、物质和人力资源的基础。通过“东风三号”研制和飞行试验组织、指挥和管理的实践，积累了一套符合我国实际的航天型号研制与飞行试验的组织管理经验，尤其是为液体弹道导弹和运载火箭研制程序的制定提供了实践依据和借鉴，增强了中国航天的软实力。

作为技术总负责人和多次担任试验队队长的任新民，为这一型号作出了一份重要而不可或缺的贡献。特别是在“文革”的特殊年代，在十分困难的条件下，他凭借高度的事业心和责任感，靠着坚韧不拔的毅力、孜孜以求的精神和朴实憨厚的工作作风，进行了有效的组织、指挥、决策和协调，深得广大航天工作者的称颂与赞扬。1967年至1974年任七机部军管会副主任、同任新民共事八年，后任海军副司令员兼参谋长的杨国宇，在1991年亲手绘制了一幅书画，题字“国宝吉祥”“憨厚温良”给在灾难中为祖国作出贡献的任新民，并以画中的大熊猫，对任新民予以祝福和赞誉。杨国宇这位老红军真是用心良苦，这也是一位领导和同事对任新民的褒奖。

3. 技术负责　研制“东四”

登攀无止境，奋斗无穷期。发展航天事业需要连续征战。在东风三号中程液体地地弹道导弹研制工作取得实质性进展之时，为满足我国国防武器装备建设和发射我国第一颗人造地球卫星的需要，任新民和他的同事们又开始向新的航天技术领域——研制多级的中远程液体地地弹道导弹东风四号和长征一号运载火箭进发。对于任新民来说，他既要保证“东风三号”研制工作的顺利进行，又要负起“东风四号”技术总负责人之责，工作是并行的，紧张忙碌在所难免。

“东风四号”（代号 DF-4）是我国第一个两级液体地地弹道导弹，第一级为 YF-2A 液体火箭发动机，四机并联，推力达百吨级；第二级为 YF-3高空液体火箭发动机。1965年3月20日，中央专委原则批准七机部的“八年四弹”规划后，东风四号中远程导弹的研制工作全面启动。

时任七机部一院副院长兼液体火箭发动机研究所所长的任新民，直接领导并主持了“东风四号”的YF-2A和YF-3的研制工作。YF-2A和YF-3发动机是在“东风三号”YF-2发动机的基础上进行改型研制的，有较好的继承性，其中的一些关键技术，如发动机的高频不稳定燃烧、高速高性能涡轮泵的设计、四机并联技术、推进剂的选择、推力室的真空钎焊、波纹板成型、等离子喷涂、一些材料的研制及相容性问题等，在YF-2发动机的研制中都已得到解决。一些大型地面试验的设施设备，如百吨级的大型试车台、2.5兆瓦的泵试验台、全系统系留试车台等，均已先后建成。这些都为YF-2A和YF-3的研制提供了初步的技术和物质条件。

但改型研制也绝不是举手之劳，还需要攻克一些新的关键技术。如YF-2A发动机推力室压力反馈控制方式采用的泵压式控制系统的研制，因为YF-2A是由四台自成系统的单机组成，泵压式控制系统是提高发动机推力精度所需要的；供应涡轮工质的燃气发生器系统使用主推进剂的技术，涡轮由火药启动器产生的燃气启动，简化了发动机结构；采用了新的一次性使用的电爆活门，工作性能更可靠，使用和维护性能好，并可缩短发射准备时间。在这三项新技术的研制和应用中，任新民不仅精心地组织了研究、讨论和试验，还发表了一些中肯而有指导性的意见，有力地促进了这些新的关键技术的解决。他从中进一步悟出了一条规律，工程应用性的技术必须注重试验，从试验中发现问题，解决问题，有时还需要多次的反复。

YF-3发动机虽然与YF-2A的单机基本相似，但YF-3发动机是我国研制的第一台高空发动机，要在60千米以上的高空，接近真空的条件下工作。首要的是解决发动机在空气密度、大气压力仅为地面值万分之三情况下的点火问题。世界上航天技术比较发达的国家为进行发动机高空点火的研究试验，要建造模拟高空环境的试车台。这类高空试车台设备庞大、复杂，自动化程度很高，造价很昂贵，我们不能照搬、照学。任新民和发动机副主任设计师、负责YF-3高空发动机的张贵田只能带领有关的科技人员另辟蹊径，寻求新的解决办法。他们经过反复的分析研究和试验验证，发现在三相（固、液、气）点以上的环境下推进剂点火，会出现点火延迟而增加进入燃烧室的组元积存，还可能引起爆燃，导致压力峰值突增过高，造成发动机部组件损坏，影响发动机的正常工作。任新民、张贵田等面对这一棘手的问题毫不退缩，而是迎着困难，刻苦攻关。在研制试验中，他们从真空舱内得出一组令人惊喜的试验数据：所使用的燃烧剂偏二甲肼和氧化剂硝酸27S相遇后自燃点火，其点火迟滞时间为4~5毫秒；当环境压力在三相点以上时，其点火迟滞时间增为7~9毫秒，这样进入燃烧室的推进剂积存量要比允许值大得多，加上高空雾化混合不好及三相物态的存在，很可能形成启动时过高的压力峰值。这使他们受到了启发，就是要在二级发动机YF-3启动时，为其创造一个跟地面一样（一个大气压）的点火环境，并进一步改造发动机的有关系统，保证燃烧剂和氧化剂进入燃烧室有合适的时差。为此，他们采取在燃烧室喉部黏合一个堵盖，副系统加薄膜等措施，以确保YF-3发动机在高空启动时，所有腔道都保持一个大气压的环境，从而解决了YF-3发动机高空点火的难题。

YF-3发动机研制中的另一个难题是如何在地面获取发动机的高空性能参数。任新民同张贵田等科技人员经过反复的摸索、分析、研究、计算和试验，天无绝人之路，他们终于找到了办法，决定采用发动机自身排氧引射抽真空的方案。只设计制造了一个抽真空扩散试验舱，既简单又实用，省钱且建造时间短。经发动机试车证明，发动机点火两秒钟后，扩散试验舱的压力就达到了稳

任新民和张贵田在一起

定的要求值，为发动机工作创造了一个高空的工作环境，从而解决了在地面获取发动机高空性能参数的难题。

提高 YF-3发动机的比冲是东风四号中远程导弹研制中必须解决的又一重大技术关键。任新民、张贵田带领研制团队查阅了有关的技术资料，并进行了分析、比较，研究结果表明：增大燃烧室喷管的膨胀比，是提高发动机比冲的有效举措之一。由于增大了燃烧室喷管的膨胀比，可使燃烧室喷出的高温高压燃气进一步膨胀，可将推进剂的化学能最大限度地转化为发动机的动能，提高发动机的比冲。欲增大膨胀比，就必须设计、制造大喷管。然而，设计、制造大喷管并非易事。在国内他们首次采用了膨胀比为50:1的高空大喷管。开始时，他们选用了重量轻、耐高温和高压燃气冲刷的钛合金，采用强力旋压成型、喷涂耐高温的防温层等办法，钛合金的喷管延伸段终于生产出来了。经发动机试车检验，钛合金的大喷管符合设计要求，达到了增大膨胀比的目的。但钛合金喷管的加工难度大，报废率高，造价昂贵，且有金属尘渣污染。张贵田等研制人员又考虑改用玻璃钢材料，重新进行研制生产。

当时正是“文革”动乱时期，老干部、老专家频频受到冲击、迫害，甚至含冤去世。任新民是幸运的，他是经周恩来总理批准被保护的知名航天科技专家之一，这使他一直没有中断科研生产工作，而且任务更多，从事科研生产工作的时间相对更充裕。时至今日，他还念念不忘周总理的大恩大德。虽然历经几次搬家，但他家的客厅里一直悬挂着周总理的遗像，以缅怀周总理的丰功伟绩和伟大品格。

任新民虽是被保护对象，但也偶有阴风吹拂，时不时地受到被隔离和专政的威胁，“以生产压革命”的帽子更是在头顶盘旋。就连张贵田这样新中国自己培养的科技人员也难以幸免，他曾一度被扣上“苏修特务”“白专道路”的帽子，被夺权和靠边站。任新民、张贵田等科技人员就是在这样近似险恶的环境下，开始了玻璃钢大喷管的攻关和研制工作。他们奔波于研究所、发动机生产厂、试验站和生产玻璃钢喷管延伸段的251厂之间，251厂位于长城外的康庄，试验站离研究所又比较远，他跑康庄的次数虽比不上张贵田等人，但他还肩负着整个“东风四号”的技术总负责人的重担，他要穿梭于南苑与永定路之间。在那个工作秩序不正常的年代，他也要肩背军用挎包去挤公共汽车，其辛苦和劳累是可想而知的。

任新民、张贵田等发动机的研制人员同其他有关的设计人员、工艺人员、试验人员、生产工人一起研究、讨论和解决玻璃钢大喷管的设计、工艺和生产问题，在失败、改进、再失败、再改进中苦苦求索，经过反复的分析、研究、试验，最后采用浸过树脂的玻璃钢布在模胎上层层缠绕、高温固化、加工、粘接金属法兰盘、在内壁外层贴蜂窝、缠加强层和外层等道工序。道道工序缜密井然，操作人员精心操作，合格的玻璃钢大喷管终于在众人的心血与汗水的浇灌下诞生了。

1968年10月18日至25日，采用玻璃钢大喷管的YF-3发动机进行了两次验收性试车，主级工作期间，玻璃钢喷管工作完好，试车取得圆满成功。1969年5月19日取得了一级全弹试车成功；6月4日又完成了二级全弹试车。1969年10月24日，YF-3发动机又进行了300秒的长程试车，推力等性能指标符合设计要求，玻璃钢大喷管完好无损，试车取得圆满成功。至此，东风四号的YF-2A、YF-3发动机的研制工作基本告一段落。

任新民在领导和主持东风四号中远程导弹的研制工作中，始终以相当的精力关注他的本行——发动机的研制，尤其是在发动机设计上有比较大的改变或研制中遇到什么“坎”儿，他都要事必躬亲，同有关人员一起研究和解决问题。但作为“东风四号”的技术总负责人，他也十分注意运用“弹钢琴”的工作方法，抓总体与各分系统的技术协调、各分系统之间的技术协调。在当时，不管遇到多大的困难，也不管遇到什么干扰，他始终坚信广大科技人员、工人是通情达理的，以航天事业为己任的还是大多数，只是需要自己多做些工作，多跑些路，多费些口舌而已。

在领导“东风四号”的研制工作中，由于承担主要分系统研制和试验任务的单位分处异地，任新民只好起早贪黑地穿梭于北京的南苑、永定路和云岗发动机试验站之间，还要经常奔赴外地。当时工作秩序又不正常，只好自己去挤公共汽车，中午有时在公共汽车上打个盹儿，就算午睡了。小偷还是蛮有眼力的，看见他疲惫困倦和静思走神的样子，就把他视为“猎物”了。有一次他的钱包与出入证被一扫而光，变得身无分文了，他只好饿着肚子跟售票员讲明情况，才回到了家。小偷也不走运，遇到这样的主儿，钱和粮票也只够吃两顿饭和买几张公共汽车票的。可任新民丢了出入证，而且是“四通八达”的出入证，这可要写检讨，麻烦事比较多，幸运的是不久有人拣到了被小偷丢弃的出入证，转送到了单位。从此以后，他吃一堑，长一智，在出入证上铆个“五眼”，用链子拴在腰带上，他的这个办法一直延用至今。

“文革”中的七机部是“重灾区”，各种各样的干扰严重地影响着科研生产的各个环节。要解决科研生产中的问题，往往要劳驾日理万机的周总理出面协调。作为非常时期的型号技术总负责人，一方面是重任在肩，另一方面是工作推不动。真是急不得，恼不得。通过实践，他摸索出了一个在特殊时期的工作方法，那就是在型号研制生产中遇到难题时，既不去找那些畏首畏尾、不点头不摇头的干部，也不去找那些在当时能“呼风唤雨”的派头头，而是直接去找设计人员和工人，把问题和困难跟他们讲清楚，同他们商量解决的办法。有些具体实施性的难题，任新民干脆直接登门请他们帮忙，一次不行，就两次、三次，直到问题解决为止。有时这个研究室、车间不行，他就到另外的研究室、车间。有时白天不行，他就晚上跑到设计人员、工人的家里。总之，他为了解决问题真是无所不用其极。广大科技人员和工人看在眼里，记在心上，都被他的行动和精神，被他的诚挚所感动。有的科技人员激动地说：“任副院长您就放心吧，就是三天三夜不睡觉，这个工作我也要完成。”有的老工人动情而坦率地说：“任老头儿，你别跑了，以后凡是我们车间能干的活和需要我们干的活，只要打个电话给我，全包在我身上了！ 就是去磕头，我也把工友们给你召集起来。”

功夫不负有心人，辛勤的耕耘总会结出硕果。经过广大科技人员、工人和干部的共同努力，1969年8月27日，“东风四号”01批一组第一发导弹出厂，由任新民带队赴酒泉发射基地进行发射飞行试验。之后，第二发“东风四号”也相继出厂。在发射基地的工作异常艰苦、复杂：一是由于产品出于非常时期，在质量上“先天不足”，测试中发现的问题和需要解决的问题比较多；二是在发射基地的试验队人员也是两派都有，“文化大革命”运动也时常给试验队的工作带来干扰，给测试及其组织协调工作增加了难度。经过两个多月紧张的测试和夜以继日的工作，01批一组第二发遥测弹于11月16日进行了首次发射，但由于计算装置未发出第一级发动机的关机指令，第一级未关机，第二级未点火，一、二级也未分离，飞行试验失败。任新民既沉痛又心急如焚，他带领同事们在现场进行了故障分析，终于找到了故障产生的原因，并制定和采取了有针对性的改进措施，在控制系统中采用程配并联，还增加了液位关机和时间关机，做到三重保险，确保关机。

任新民和参试人员冒着戈壁的严寒，发扬连续作战的作风，以只争朝夕的精神又对改进后的“东风四号”进行测试。1970年1月30日，东风四号中远程导弹飞行试验获得成功。证明设计方案正确，系统之间协调，一、二级分离正常，二级发动机成功地实现了高空点火。这是我国首次成功发射二级弹道导弹，我国拥有了更为先进精良、射程更远的弹道导弹，增强了核威慑力。更为可贵的是，“东风四号”的成功发射，不仅为后续的远程、洲际弹道导弹的研制与发射奠定了技术、物质和队伍的基础，提供了可供借鉴的经验教训，而且也为由其改进的、用于发射我国第一颗人造地球卫星的长征一号运载火箭的研制奠定了良好的基础。

然后，任新民又带领“东风四号”的研制团队开展了增加射程的改进研制，包括提高一、二级发动机的推力；加长二级推进剂贮箱，增加推进剂等。进行了一系列的地面试验，并开展了“东风四号”发射

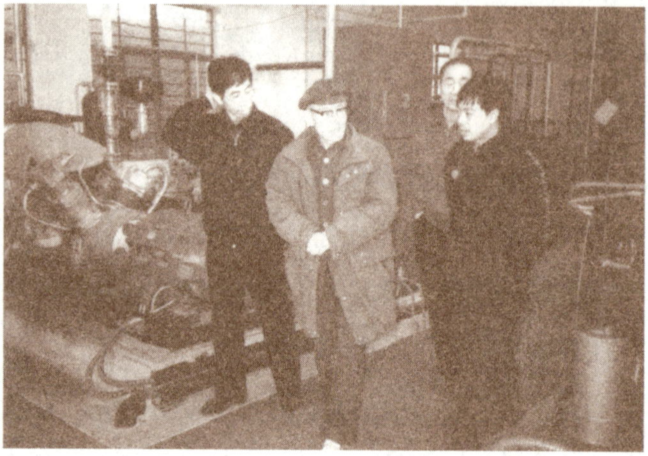

任新民在基层调研

方式的研究论证。他亲自组织并带队奔赴位于东北吉林长白山脚下的发射基地，进行了十余次“东风四号”的长程和全程飞行试验。他勤奋而刻苦的工作，为“东风四号”的研制成功和适时定型作出了重要贡献，为我军提供了实用的、核威慑力更强的战略核导弹，使我国的国防实力有了实质性的增强。中国航天将永远铭记这位技术总负责人在特殊时期所作出的特殊贡献。

4.卫星功臣　历尽艰辛

发射我国第一颗人造地球卫星东方红一号使用的运载火箭为“长征一号”，“长征一号”是在东风四号弹道导弹的基础上，加上固体发动机的第三级，并进行适应性修改后研制成功的。“长征一号”的研制工作是1965年全面展开的，1965年以前，中国科学院曾就我国发射第一颗卫星的运载火箭的总体技术方案进行了探索研究和初步论证。1965年10月20日，国防科委委托中国科学院召开我国第一颗人造卫星工程方案论证会（代号六五一会议），研究并初步明确了第一颗人造卫星和运载火箭的技术途径及初步总体方案，并根据1965年8月9日至10日召开的中央专委第13次会议的决定，进一步明确运载火箭由七机部负责，卫星本体和地面测控系统由中国科学院负责。1966年1月27日，七机部确定：发射第一颗人造地球卫星的运载火箭的技术抓总、末级总体及总装由第八设计院承担；第一、二级选用“东风四号”，有关改变飞行程序和弹道计算的工作由一院承担；末级固体发动机由四院研制。1967年11月1日，国防科委决定：将研制长征一号运载火箭的任务，由第八设计院移交给一院。自此，任新民和研制“东风四号”的团队开始正式承担长征一号运载火箭的研制任务。

长征一号运载火箭的研制进入紧张而关键的阶段，1968年2月，任新民组织一院有关的科技人员，在第八设计院原方案的基础上进行了改进，完成了“长征一号”第三级的方案设计，采用四院研制的直径为770毫米的固体火箭发动机，采用自旋火箭稳定，开关断续喷气控制滑行段姿态，二、三级级间冷分离，整流罩水平抛脱等方案。“长征一号”的研制工作作为七机部一院的重中之重任务，紧锣密鼓地进行着。

此时，“文革”已进入高潮，科研生产试验受到严重干扰，有时甚至被迫中断。任新民受命于危难之时，被军管会指定为“长征一号”及其原型“东风四号”的技术总负责人。使命在身，责任在肩。尽管竭尽全力，仍有些力不从心。幸得周恩来总理亲自关心和过问“长征一号”“东方红一号”和“东风四号”的研制与试验工作，多次亲自听取汇报，具体指导、协调和解决研制、生产与试验中的问题。例如，由于“文革”动乱，“长征一号”的全箭试车无法进行。为此，1969年4月9日，周总理召见有关人员，既义正词严，又苦口婆心地进行耐心细致的协调工作，并委派钱学森、任新民等全权处理试车有关事宜。接着又在5月7日和5月10日再次做有关人员的工作，终于在5月19日取得一级全箭试车的成功；6月4日完成了二级全箭试车。1969年5月10日，周恩来总理还对“长征一号”第三级发动机试车问题做了指示，要求国防工办、七级部组成五人小组去位于内蒙古的航天四院领导试验工作，任新民是五人小组成员之一，5月25日和6月9日第三级发动机在四院完成了两次试车，7月17日进行了第三级地面模拟试车。1969年7月，周总理还于17日、18日、19日、25日连续四次召开会议解决“长征一号”二级、三级地面试车问题。与此同时，周总理特别强调责任，确保产品质量。周总理要求将参加我国第一颗人造地球卫星工程（651工程）工作的29个单位、3456名工作人员登记造册，报总理办公室存查，并要求参加这一工程的所有人员服从指挥，坚守岗位。按照周总理的要求，7月30日，七机部一院成立了“651－1”工程领导小组，任新民任副组长。

任新民暗下决心，拼死拼活也要把“长征一号”的研制工作搞好。他很清楚，特殊时期的特殊任务，需要特殊的勇气和智慧，要承担更大的压力，也需要付出更艰辛的劳动和更多的汗水。可天有不测风云，人有旦夕祸福。正当他殚精竭虑、全力以赴地抓东风三号、东风四号导弹和长征一号运载火箭的研制和飞行试验工作之时，一夜之间突如其来的所谓“叛徒”的大字报弄得他丈二和尚摸不着头脑，他也搞不清楚事情的原委和来头。他在“文革”中虽未参加任何一派群众组织，但也支持了一派群众组织的观点。也许是他在“文革”中太得志、太“红”了，而遭到了“枪打出头鸟”。

根据两年多来“文化大革命”的经历分析，大字报造过舆论之后，接下来往往就是抄家、隔离审查（关牛棚）和批斗。果不出所料，任新民被抄家了，他非常清楚自己的家底儿，结果当然没抄出“爆炸性”的物证，只有些在美国时的照片。全家人都为此惶恐不安，他的老母亲也被红卫兵赶回安徽老家了。此时毕竟不是“文革”初期了，抄家、批斗之事已经司空见惯，他也早有一些思想准备。但想到自己可能被隔离审查和关押，不免忧虑：“国家的重点任务可耽误不起，最可怕的是群众组织把你劫走，谁都找不到，东转西移，工作又干不了，完不成任务才是真正的罪该万死。”想到此，他鼓起勇气找到了军管会的负责人，坦诚地说：“大字报、抄家可能就是被隔离、关押、审查的序曲。型号工作得赶快找接替的，以便及早把工作交接一下。”军管会负责人望着这位眼里噙着无奈、带着倦意的朴实的老专家，听着他那视事业高于一切的坦诚话语，真有些动情了。军管会负责人紧握着任新民的手，斩钉截铁地告诉他：“你是周总理批准保护的科技专家，你这个技术总负责人也是经周总理批准的，你继续干，而且要干好。其他的工作由我们做，抄家是错误的，抄的东西要送还;大字报要撕下来;你的安全问题我们负责安排。”这位平时就沉默寡言的老专家，此时就更语塞了，只是连声激动地说:“好，好！ 请军管会放心，也请转告周总理放心！”接着军管会负责人扼要地向他述说了所谓叛徒大字报的真相和来龙去脉。

其实就是在任新民档案中记载的一件事，他14岁时加入了共青团，后由于冒埠暴动失败，党团组织遭到了严重的破坏，他与组织失去了联系。后来他在国民党兵工署21厂又集体加入了国民党。在历次政治运动和入党时，他已反复地向组织做了详细的说明，而且已有结论。任新民向来是凡事都问一个为什么，打破沙锅问到底的人。尽管军管会负责人已经将这件事说清楚了，但他在工作之余还是就这件事绞尽脑汁、思前想后，在那个人们习惯于从毛主席著作中找答案的年代，他像大海捞针似地翻阅毛主席的著作，终于在毛主席的《论联合政府》中找到一段论述，讲的是共产党员可以以个人身份加入国民党。他欣喜若狂，带着毛主席著作找军管会述说并申明，他与共青团组织失去联系后，没有任何出卖组织和同志的行为。至此，他自己似乎得到了一些安慰，确信自己不是叛徒。其实，当时如果没有周总理和军管会的保护，靠毛主席的这段论述也无济于事。可从他的心理而言，他有了底气，无形中增加了他工作的勇气和干劲。

1968年到1969年是任新民的大忙之年，也是我国航天科技工业的收获之年。他的多半时间都是在戈壁大漠的发射场和太原、东北的寒冷偏僻的发射场度过的。除了领导和参加中程导弹东风三号的研制和飞行试验外，他以相当多的时间领导和参加了中远程导弹东风四号和长征一号运载火箭的研制和飞行试验。1969年8月22日，主持完成了“长征一号”二、三级的试车，8月27日，他带队前往酒泉发射基地，领导东风四号中远程导弹的飞行试验。11月16日，“东风四号”遥测弹进行了首次飞行试验，但由于计算装置未发出一级关机指令，飞行试验失败。1970年1月30日，“东风四号”遥测弹飞行试验获得成功。

任新民在酒泉卫星发射中心

任新民和他带领的这支试验队，还未来得及回味成功的喜悦，2月5日，长征一号合练火箭又启运了，进行发射基地的合练，为发射我国第一颗人造地球卫星进行最后的技术准备。长征一号合练箭的试验队以在现场的“东风四号”试验队为基础，增加了三级的有关人员，任新民又被指定为合练试验队队长。

他反复地琢磨，这支试验队从1969年8月进场，已连续战斗五个多月了，换季的衣服亟待补充，又恰逢新春佳节，队伍应该休整，以利再战。经与试验队有关领导商量并请示院里和部里，决定试验队返回北京，正月初六返回发射基地。

之所以决定休整，任新民还另有考虑：在东风四号导弹的测试中，地面和弹上的电缆布线很乱，电缆脱插频繁出现问题，脱插有多余物或接触不良，严重影响测试的质量和进度，他要利用春节假期现场人员少的机会，将电缆网和脱插进行彻底的清理修整。回到北京，他除了开会、汇报工作，根本谈不上休整，正月初二，就带领事先约好的负责电缆网的两位科技人员提前返回了发射基地。在发射部队的大力配合下，清理了全部电缆网，进行重新布线，并将全部脱插统统拔开，进行吹除，再重新插好。他不仅在现场认真地检查、指导对各个部位和各个脱插的操作，而且也干起了操作手的工作。等到正月初六试验队人员返回发射场时，技术厂房的测试现场已焕然一新。当同志们得知是任副院长亲自主持完成了这一准备工作后，都赞叹不已。电缆网和脱插情况的改善，不仅保证了合练的测试质量，也加快了合练的进度，保证了合练任务的按期完成，为长征一号运载火箭发射我国第一颗人造地球卫星进行了实地演练，积累了经验，奠定了技术和管理基础。

1970年3月26日，首枚长征一号运载火箭及东方红一号卫星启运，运往酒泉卫星发射中心。任新民仍任长征一号试验队队长，并担任发射卫星工程指挥部成员。别看他年近花甲，身体却很硬朗。由于连续几个月在戈壁大漠征战，他对气候也适应了。每天从早忙到晚，东奔西跑，一会儿爬上发射塔架，一会儿又进入地下测试室，了解、处理和决策各种技术问题，好像有使不完的劲，精力旺盛极了。本来就没有官气的老专家，又处在“文化大革命”那个特殊的时期，从工作、生活到饮食起居，都完全和广大科技人员、工人、解放军战士一样。晚上除了加班和开会外，有时查阅有关的技术资料，有时同有关的科技人员讨论技术问题。他还经常到参试人员的宿舍，有时是为了了解他还不放心的问题，有时是为了协调和处理一些棘手的问题。正值“文革”动乱时期，派性的干扰也进入了试验队，有些需要协调的问题本来很简单，可由于派性，在会上协调就争吵得很厉害，难以做出结论，他只好深入到参试人员的宿舍，同参试人员商量，晓之以理，动之以情，进行耐心细致的工作，并穿梭于“两派”同志之间，最终，他往往使问题迎刃而解。他在工作中交了很多知心朋友，这些朋友不仅对他主持“长征一号”发射“东方红一号”的工作给予了很大的支持和帮助，还为他领导后续的航天型号研制工作带来了诸多益处，成了他了解各种技术问题的可靠的信息来源。

长征一号运载火箭和东方红一号卫星的测试工作正紧张而有序地进行，1970年4月1日，发射场区接到北京的电话通知，周恩来总理要听取钱学森、任新民等发射现场有关人员的汇报。他们旋即进行了紧张而认真的准备，带着戈壁的征尘和经风吹日晒而变得黝黑的面庞乘专机赶回北京。4月2日晚，任新民同参加汇报的人员一起步入了人民大会堂，他按着自己的习惯坐在了离周总理不远不近且不显眼的位置。周总理环视着参加会议的人员，亲切地问："任新民同志到了吗？"并指着自己身边的一个座位说："任新民同志，到前边来，这是你的位置。"汇报会从晚上7点钟开始，一直进行到凌晨。周总理拿着一个小蓝皮本和一支铅笔，一边仔细地听汇报，一边不时地记录有关的内容。从运载火箭到卫星，从发射场到测控系统，从工程总体和各个系统到各个分系统和主要部组件。总理时而俯下身子认真地察看铺在地上的图表和数据，时而提出各种问题。这真不像是在向领导汇报，而是在接受一位专家和学者的质疑。汇报会连续进行了五个多小时，中间也没有休息。周总理毫无倦意，一直精神饱满地听着、记着、问着，并当场同有关领导、专家商量和讨论，现场拍板决定一些问题。

会后，任新民深有感触地说："周总理那么忙，党的大事、国家的大事，他都得操心，真是日理万机，可对我们的火箭、卫星又知道那么多、那么深，并给予了一些具体的、很有见地的指导，可见是下了工夫的。其学识、作风和学习钻研的精神真是我们的楷模呀！"

返回发射场后，钱学森、任新民等向参试人员传达了汇报会的精神和周总理的指示，广大参试人员倍受鼓舞，按照汇报会的精神和决定的事项继续进行技术阵地的测试。

4月中旬，长征一号运载火箭、东方红一号卫星在技术阵地、水平状态下的测试工作已全部结束，且运载火箭与卫星已对接完毕，准备转场到发射阵地。4月14日上午，在发射现场的钱学森、李福泽、杨国宇、任新民、杨南生、戚发轫等有关人员又乘专机飞抵北京，向周总理主持的中央专委汇报运载火箭、卫星的测试情况和发射前的准备情况。汇报会在人民大会堂福建厅进行，听取汇报的党和国家领导人还有李先念、余秋里、李德生等，国防科委和七机部军管会的领导也参加了汇报会。汇报会从晚上七点钟开始，分别听取了卫星、运载火箭和发射基地的汇报，周总理依旧是精力充沛、全神贯注地听取汇报，并一针见血地提出一些问题和当场拍板决定一些问题。会议对卫星安全问题十分关注，汇报中谈到卫星上是否安装安全自毁系统的问题。对此，有人主张安装，他们担心卫星出故障时，带着《东方红》乐曲坠入大海，政治影响不好。在当时"文革"的氛围中，一提及政治影响，都不轻易发表意见。坐在任新民身边的部军管会副主任杨国宇捅了一下任新民："老任，你说说。"这时，周总理走到任新民面前，停住脚步问道："任新民同志，你是什么意见？"之前，任新民觉得自己是负责运载火箭的，还是先听听搞卫星同志的意见。现在周总理和杨国宇副主任都让自己发表意见，也只好直说了。"我认为卫星上最好不要装安全自毁系统。如果在星箭没有分离、卫星还没有入轨时出现问题，运载火箭的安全自毁系统可将卫星一起炸掉，不至于对地面产生安全威胁；入轨后，如果卫星出现问题，可在再入大气层时烧毁，也不会对地面造成安全问题；但卫星上装了安全自毁系统，在卫星在轨运行时和全过程中可能会炸毁好星。”周总理听后在笔记本上记了些什么，回过头来说：“哦，你是这个意见！”时间已过了午夜12点了。李德生提醒周总理说：“一会儿还要到京西宾馆开会呢！”周总理对汇报会做了简要的总结，勉励大家谦虚谨慎，过细工作，搞好工作，预祝这次发射一举成功。并要求国防科委组织有关人员就运载火箭、卫星及发射准备情况正式写一份书面报告，以便提交中央政治局和毛主席决定。最后周总理强调：“关于卫星装不装安全自毁系统的问题，我要向政治局和伟大领袖毛主席报告，在你们返回发射基地前通知你们。”周总理同与会的代表一一握手告别。

会后，任新民等连夜参加了由国防科委第一副主任、党委书记王秉璋和国防科委副主任罗舜初主持的向中央政治局提交报告的起草工作。报告篇幅不长，但字字千钧，关系到中央政治局对我国第一颗人造地球卫星发射的决策，关系到我国卫星事业的发展和我国的声誉。任新民认真地回忆了“长征一号”研制的历程、关键技术的解决情况以及发射场测试的结果。他以神圣的责任感、实事求是的精神和无所畏惧的勇气，表述了我国第一枚长征一号运载火箭可以成功发射我国第一颗人造地球卫星的信心和决心。经过统稿和罗舜初、王秉璋的修改、审定。终于在次日（4月15日）凌晨6时，将报告送达周总理的办公室。

4月16日夜里十点多钟，任新民等翘首期盼的消息来了，周总理亲自打来了电话：“经过中央政治局讨论，同意这次卫星发射的安排，并批准运载火箭、卫星从技术阵地转往发射阵地，进行发射阵地的测试。”周总理还在电话里再次强调：“火箭、卫星转到发射阵地后，一定要认真地、仔细地、一丝不苟地进行测试检查，一个螺丝钉也不要放过。”并要求每天将测试检查情况及时向他报告。

4月17日清晨，就在钱学森、李福泽、任新民等即将乘专机返回发射基地之时，总理办公室通知："经党中央和伟大领袖毛主席批准，东方红一号卫星上不装安全自毁系统。"

任新民返回发射场后，旋即召集运载火箭试验队的全体人员，传达4月14日汇报会的精神和周总理的指示。严格地按照他们在向中央政治局提交报告中的承诺和周总理的要求，精心组织参试人员进行发射阵地的垂直测试检查。4月20日上午8时，周总理亲自给国防科委罗舜初副主任打来电话，这次发射要做到"安全可靠，万无一失，准确入轨，及时预报"，并要求将这16字要求传达给在基地的全体参试人员。很快，一幅书写着16字要求的红色巨幅标语，便高高地、醒目地悬挂在了发射塔架上。

4月24日，周总理再次打电话给国防科委罗舜初副主任："毛主席很重视这次卫星发射，希望大家鼓足干劲，过细地工作，要一次成功，为国争光。"4月24日晚上8点钟，发射卫星的工作正按着既定的程序进行着，发射指挥员下达了发射前"一小时准备"口令，周总理又发来了指示："关键是工作要准确，不要慌张，不要性急，要沉着、谨慎，把工作做好！"任新民同现场的所有参试人员都侧耳倾听广播喇叭里传来的周总理指示，仿佛周总理就在身边，

1970年4月24日，长征一号运载火箭即将发射我国第一颗人造地球卫星

顿时一股暖流涌遍全身。

激动人心的时刻终于到来了，21时35分，随着一声响亮的“点火”命令，一声巨响，刹那间火箭一级的四个发动机同时喷出橘红色的火焰，“长征一号”托举着“东方红一号”徐徐升起，发动机喷出的十几米长的火焰光亮夺目，照亮了夜空。当任新民在地下控制室的电视屏幕上看到火箭起飞的图像后，他和他的同事们拔腿便往外跑。地下室的通道又窄又长，他和另一位年长的控制系统技术负责人沈家楠跑在最前面，同事们都让着他们，后边急着往外冲的年轻人，看见前面的两位长者，都不好意思挤过去，只好耐着性子跟在后面。跑到外面，只见美丽的火焰划破夜空，直奔东南方向而去，火箭越飞越远，越来越高，亮点越来越小，到后来只隐隐约约地看到亮点。在欢呼雀跃的人群中任新民显得很镇静，默默地自言自语：“一、二级可能正常分离了！”他又赶忙跑回地下控制室，广播喇叭里传来“捕获目标”“跟踪正常”“飞行正常”“二、三级分离正常”“卫星入轨”等一连串捷报。21时50分，国家广播事业局报告，收到了我国卫星播放的《东方红》乐曲，声音清晰洪亮。鸦雀无声的地下指挥室顿时沸腾起来，“我们成功了！”的欢呼声震天动地，连成一片，人们彼此握手祝贺、拥抱，不知不觉地流出了激动而欢欣的热泪。这是千万人辛勤劳动而结出的硕果啊！毛主席发出的“我们也要搞人造卫星”的伟大号召终于实现了。这在我国航天史上具有划时代的意义，从而揭开了我国航天活动的序幕，宣告中华人民共和国

我国第一颗返回式卫星

开始进入空间时代。

平时喜怒哀乐不形于色的任新民，此刻似乎更沉静了，他站在发射塔架前面的广场上，望着那焦黑的导流槽，塔架上面空落落的，昔日天天抚摸、培育的“宝贝”已经巡天，遨游苍穹了，真像心爱的女儿出嫁一样，有些恋恋不舍之情。他若有所思地在广场上踱来踱去，默默地返回驻地了。

22时整，国防科委罗舜初副主任向周总理报告：“运载火箭一、二、三级均工作正常，卫星与运载火箭分离正常，卫星已入轨，国家广播事业局已经接收到卫星播放的《东方红》乐曲。”周总理听后高兴地说：“准备庆贺！”并立即向毛泽东主席作了报告，毛主席连声说：“好！太好了！”后来，在毛主席身边的工作人员回忆说，毛主席听到卫星发射成功的消息后，眉开眼笑，一下子扔掉手中的香烟，竟然高兴得舞起来，这在毛主席一生中是很罕见的。

当晚，周恩来总理登上飞往广州的专机，参加由越南、越南南方、老挝、柬埔寨领导人召开的“三国四方”会议。第二天，周总理高兴地宣布：“为了祝贺这次会议的召开，我给你们带来了中国人民的一个礼物，这就是昨天中国成功地发射了第一颗人造地球卫星。中国人造地球卫星的上天，是中国人民的胜利，也是我们大家的胜利。”

4月24日晚上，《人民日报》为此发了号外。中央人民广播电台也向全国、全世界播发了我国第一颗人造地球卫星一举发射成功的喜讯，还转播了东方红一号卫星播送的《东方红》乐曲。这一喜讯传遍全国、全世界，祖国各族人民和全世界的华夏子孙，都为之欢欣鼓舞，祖国城乡一片欢腾，到处喜气洋洋。

4月25日，新华社受权向全世界宣布：1970年4月24日，中国成功地发射了第一颗人造地球卫星，卫星运行轨道，距地球最近点439千米，最远点2384千米，卫星轨道平面与地球赤道平面的夹角为68.5度，绕地球一周114分钟。卫星重173公斤，用20.009兆周的频率播放《东方红》乐曲。

4月25日晚上，首都北京灯火通明、锣鼓喧天，人们挥舞彩旗、燃放鞭炮，游行庆祝我国20世纪70年代第一个春天的大喜事。20点29分，东方红一号卫星飞经北京上空时，首都人民怀着无比喜悦和激动的心情，仰望夜空，争相观看。中央人民广播电台和首都各大报纸分别广播和发表了东方红一号卫星飞往我国和世界各国主要城市的时间和飞行的方向。连续几天，世界各地的中华子孙，都争相目睹中国卫星的风采，他们带着望远镜、指南针和收音机，成群结队地观看和收听。他们都以各种不同的形式庆祝我国成功发射第一颗人造地球卫星的

喜看东方红一号卫星飞过头顶

伟大胜利。

东方红一号卫星遨游太空，也为我国20世纪70年代第一个“五一”国际劳动节增添了新的光彩。4月28日，任新民正在酒泉卫星发射中心组织撤收、撤场工作。突然接到北京的电话通知，请钱学森、李福泽、杨国宇、任新民、王盛元、杨南生、戚发轫等卫星发射现场的人员迅速返回北京，有“重要任务”。任新民等返京后住进总参一个招待所，被告知在招待所待命，不准外出。此时的北京春意已浓，可他还穿着冬装，招待所的人看到这位又黑又瘦、穿着怪异的老头儿，都有些纳闷。他整天走来走去，好像心事重重，还总有一位年轻人跟着，眼神和气质又不一般。招待人员嘀咕着，这可能又是一个被监护的“走资派”。后经批准，任新民与夫人虞霜琴通了电话，虞霜琴给他送来了春装和换洗的衣服，收拾了一番后，他才容光焕发。

任新民在招待所这几天很清闲。可他的大脑却无论如何也清闲不下来。他默默地思索和回味着过往的日日夜夜，往日的酸甜苦辣一齐涌上心头：周总理的音容笑貌和谆谆教诲一幕幕掠过他的脑海，和同事们讨论和解决各种技术问题的场景仿佛就在昨天……

静下来之后，他也想起了家人。“文革”初期，年过古稀的母亲被强加“地主婆”的罪名，被红卫兵勒令遣送回了安徽老家，住在冬冷夏热的柴房里，过着度日如年的艰辛而孤独的生活；一个儿子、两个女儿还在内蒙古插队和兵团锻炼，还不知他们近况如何。他不愿多想，也不敢多想。他又想到了和自己并肩工作的同事，虽然分别没有几天，倒有几分想念……多么可爱的中国知识分子啊！他们忍辱负重，硬是把心酸和伤痛埋在心底，以事业为己责，以中华强盛为己任，孜孜以求地忘我工作，在艰辛而险恶的环境中将自行研制的人造地球卫星送入了太空。

“重要任务”终于揭晓了。根据周总理的指示，国防科委组织了由17人组成的卫星工程代表团，团长是发射基地测控部的部长王盛元，副团长是七机部一院的副院长任新民。北京的“五一”之夜华灯满城、耀眼夺目，人们载歌载舞，沉浸在欢乐的海洋之中。5月1日，钱学森、李福泽、杨国宇、王盛元、任新民、杨南生、戚发轫等17人组成的卫星工程代表团登上了天安门城楼，参加“五一”夜晚的观礼。细心而时刻挂牵着我国第一颗人造地球卫星发射的周总理，特意建议将卫星工程代表团安排在毛主席等党和国家领导人就位时的必经路旁。

人们盼望的时刻终于来到了，天安门广场响起了庄严而洪亮的《东方红》乐曲，霎时所有的灯都亮了，如同白昼。毛泽东主席等党和国家领导人健步登上天安门城楼，“毛主席万岁！”“中国共产党万岁！”的口号声震天动地。毛主席一边走一边挥手向群众致意，当毛主席走到卫星工程代表团跟前时，周总理特意请毛主席等党和国家领导人停了下来，接见了卫星工程代表团的同志们，周总理介绍说：“主席，这些同志就是成功发射卫星的功臣们，是中国放卫星的人。”毛主席停下了脚步，睿智的目光中充满了自豪、欣慰和谢意，毛主席连声说：“了不起啊，了不起啊！”然后伸出温暖的巨人之手同卫星工程代表团的代

表一一握手。毛主席、周总理等党和国家领导人的亲切接见，不仅是代表们的光荣和幸福，也是对我国航天战线上全体人员的极大关怀与鼓励。这是时代的最强音，激励和鞭策着中国航天人奋斗、拼搏。

5.发射“东五” 副总指挥

早在1965年3月20日，周恩来总理主持召开的中央专委第十一次会议，批准了七机部提出的《地地导弹发展规划》（“八年四弹”规划），其中就已明确要研制远程、洲际液体弹道导弹。但由于“文革”的干扰，“东风五号”的研制工作被拖后。1975年3月，张爱萍副总长复出，并被任命兼任国防科委主任。他带领工作组深入到七机部的研究院、研究所和工厂，进行调查研究，广泛地听取广大干部、科技人员和工人的意见。他着急的是我们应具有真正的核反击能力，特别是二次还击的能力。张爱萍大刀阔斧地进行整顿，续写他执干戈卫社稷、戎马征战的生涯。与此同时，张爱萍运筹帷幄，开始酝酿和谋划我国20世纪80年代前期战略导弹与航天技术三项重点工程，即“三抓”工程：向南太平洋预定海域发射远程液体弹道导弹，水下发射固体弹道导弹，发射地球同步轨道的试验通信卫星等三项重点工程。后来，由于“四人帮”反革命集团倒行逆施，刮起了“批邓反击右倾翻案风”的妖风，诬陷张爱萍为紧跟邓小平推行“右倾翻案风”的得力干将之一，“三抓”工程的规划就此搁浅。直至1976年10月粉碎“四人帮”后，张爱萍再次复出，上报了《关于1980年前战略核导弹和人造卫星及其运载工具研制安排的请示》，正式明确了“三抓”工程，9月18日中央批准了国防科委的这一请示。“三抓”工程的研制工作全面展开。

在“文革”期间，还曾出现了要搞射程8000千米的“东风十四号”和环球导弹东风六号，要停止“东风四号”和“东风五号”的研制工作。这股风来势强劲。在当时的环境下，发表不同意见是很审慎的，尤其像任新民这样处于风口浪尖上的人，更可能有旦夕祸福。但任新民还是本着科技工作者的良心，按照实事求是、一切从实际出发的原则，在有关场合表述了自己的意见："我们不能黑瞎子掰苞米，掰一个丢一个。要急部队武器装备建设需要之所急，把可以研制成功、相对先进、有实用价值的武器型号搞出来，定型装备部队，解决我国核还击能力的有无和二次还击能力的问题。"东风四号"和"东风五号"都要坚持搞下去，不能下马。""东风六号"在与"东风五号"比拼、力图涵盖"东风五号"的较量中，失败了，1974年2月13日正式宣布停止研制。射程为3000~8000千米、企图涵盖"东风四号"的"东风十四号"，也败下阵来。9月，正式撤销了"东风十四号"的研制任务。正是由于这两个型号工作的停止，才保证了"东风四号""东风五号"研制工作的顺利进行。

远程、洲际导弹的立项与研制历程应该追溯到1958年1月10日，国防部五院制定了《喷气与火箭技术十年（1958至1967年）发展规划纲要》，其中第一次提出要研究洲际导弹技术。1959年12月18日，国防部五院党委常委会通过了《关于发展火箭研究设计的八年（1960至1967年）规划（草案）》，其中提出，后五年要完成洲际导弹的研制。1960年10月21日，中央军委批复同意国防部五院的报告，其中明确远期任务是发展洲际地地导弹。据此，时任液体火箭发动机设计部主任的任新民，按照聂帅提出的"三步棋"原则，即在同一时间内，至少要看三步棋，有三个层次的型号，一种是在探索研究的，一种是正在设计和试制的，一种是定型后要小批生产的。或者说，一个型号要经过预先研究、型号研制和小批生产三个阶段。特别是在弹道导弹的研制中要"动力先行"。在任新民的倡导与促进下，1961年5月25日，国防部五院一分院召开了发动机发展方向讨论会，提出1963年研制出推力为735千牛（75吨力）、地面比冲2350米/秒（比推力240秒）的液体火箭发动机，1964年实现两机并联，1965年实现四机并联，以供研制洲际导弹时采用。

1961年9月15日，任新民被任命为国防部五院一分院副院长，但仍兼任液体火箭发动机设计部主任，在此期间，他组织并参加了远程、洲际导弹各发动机的研制和关键技术的攻关工作。包括一级单机发动机 YF-20、四机并联发动机 YF-21、二级主机 YF-22、二级游机 YF-23、二级五机并联发动机 YF-24以及弹头姿控发动机 YF-80等发动机的研制和关键技术攻关工作。他同发动机主任设计师李伯勇，以及褚祥生、郁明桂、文辉曦等科技人员一起，先后解决了采用可贮存的、能自燃的偏二甲肼与四氧化二氮为推进剂的问题；利用发动机摇摆提供控制力，以代替燃气舵控制导弹飞行姿态的问题；燃料系统使用降温器、氧化剂系统使用四氧化二氮蒸发器的自生增压法增压的问题；推进剂贮箱采用高强度的铝铜合金及解决焊接技术的问题；解决燃烧室的高频不稳定燃烧和抑制中频振动的问题；喷注器和头部设计方案的确定问题；同轴立式涡轮泵的研制，等等。在这些发动机研制和一系列关键技术的攻关中，他既充分发扬技术民主，广泛听取广大科技人员、试验人员和工人的意见，集思广益、集智攻关；又凭借自己的知识、经验适时地做出分析、判断，做出决策，并发表紧密结合实际、有针对性的指导意见。他为这些关键技术的解决和这些发动机的研制成功，也为远程、洲际液体弹道导弹和由此衍生出的长征二号运载火箭的研制成功，作出了重要贡献。

值得一提的是，在这期间他还亲赴甘肃、宁夏、四川等三线地区踏勘选址，筹建液体火箭发动机，特别是远程、洲际液体弹道导弹发动机的研制、生产、试验基地，他亲自审查了三线液体火箭发动机研制基地的建设方案，特别是发动机试车台的建设方案。这些对我国航天事业三线研制基地的建设、对我国液体火箭发动机事业全面、协调、可持续发展，都具有重大意义和深远影响。当初的067基地和现在的中国航天科技集团公司六院所取得的举世瞩目的成就，与任新民主持制订的规划与建设方案密切相关，其中凝聚着他的一份心血与劳动。

1975年6月30日，任新民被任命为七机部副部长、党的核心小组成员，分管科研生产和型号研制工作。从此，他身上的担子更重了。1974年11月5日，由“东风五号”改进研制的长征二号运载火箭第一次正式执行发射返回式遥感卫星的任务。起飞后不久，火箭的飞行姿态即失去稳定，出现摇摆，且摆幅越来越大，姿态自毁系统使爆炸器起爆，火箭自毁，残骸落在发射塔架附近。为山九仞，功亏一篑。经故障分析得知，由于俯仰回路中速率陀螺至放大器的导线在距离速率陀螺690毫米处有压伤，在飞行条件下发生断路，使姿态控制失效，导致稳定系统俯仰通道失稳。第二枚运载火箭于1975年7月开始总装。时值张爱萍将军出任国防科委主任，到七机部大抓整顿之时，对这枚运载火箭进行了两次质量复查。张将军还亲自深入到总装车间，他要求大家进一步把工作做细，凡是一切能在地面发现的问题一定查出来；一切能在地面解决的问题一定解决，不带问题上天，做到一次成功。1975年8月下旬，第二枚“长征二号”和返回式遥感卫星出厂，运往发射基地。受张爱萍主任指派，国防科委副主任马捷和七机部副部长任新民赴酒泉卫星发射中心，组织指挥这次返回式遥感卫星的发射。

10月15日，毛泽东主席亲自批准了这颗返回式遥感卫星的发射。重任在肩，

成功回收返回式卫星

任新民丝毫没有懈怠，他同马捷默契配合，精心组织，沉着指挥。自此，他同马捷成了亲密无间的搭档，一起访问日本、访问美国，一起组织指挥试验通信卫星工程的研制……

终于迎来了收获的日子，1975年11月26日，用长征二号第二枚运载火箭成功地发射了返回式遥感卫星，并按预定计划在11月29日成功地在贵州安顺地区回收，使我国成为继苏联、美国之后，世界上第三个掌握卫星回收技术的国家，为1975年“三星高照”（另两颗星分别是7月26日、12月16日用风暴一号运载火箭成功发射的技术试验卫星）作出了重要贡献。

1975年三星成功上天后，“反击右倾翻案风”的妖风席卷全国，张爱萍被诬陷为邓小平在国防科技工业战线搞“右倾”翻案的代理人。但正义总要战胜邪恶，乌云终究遮不住太阳。1976年10月16日，党中央执行人民的意志，一举铲除了“四人帮”这个毒瘤，拯救了已处于摇摇欲坠状态下的党和国家。1977年3月，张爱萍第二次复出，施展他尽早研制成功洲际导弹、潜地导弹和通信卫星的伟大抱负。任新民身为分管技术工作的副部长更是大有用武之地，他可以甩开膀子大干“三抓”了。“三抓”的第一“抓”是20世纪80年代的第一个春天进行东风五号远程导弹的全程飞行试验。为此，党中央、国务院、中央军委动员全国各地区、各部门、各单位为“三抓”任务开绿灯，所有承担“三抓”工程研制、生产、发射、测控任务的各部门、各单位以及所有的协作单位，都要全力以赴、大力协同，千方百计地保证“三抓”任务不在自己这里误点。先后由宋任穷、郑天翔担任部长和党组书记的七机部党组响亮地提出：一切为了“三抓”，一切为“三抓”让路。七机部上上下下，一派激情燃烧、热火朝天的壮观场面，广大科技人员、干部、工人竭尽全力保质、按时完成任务。张爱萍、宋任穷、郑天翔等领导对任新民寄予厚望，并给予极大的信任，他奔波于承担“三抓”任务的有关单位，默默地耕耘，把全部精力贡献给“三抓”。

耕耘总会有收获，奋斗一定结硕果。从1979年12月18日，“东风五号”第一、二、三、四发弹陆续被批准出厂，运往发射基地，进行测试和发射。国防科委张爱萍主任高度重视“东风五号”全程飞行试验。在张爱萍的建议下，发射场区，即酒泉卫星发射中心设立首区指挥部，落区成立落区指挥部，全权指挥和组织这次全程飞行试验。

在这一段时间内，任新民一直坐镇酒泉卫星发射中心，辅佐马捷副主任，为其提供技术支持，组织指挥这次大型飞行试验。他们同试验队队长、七机部副部长兼一院院长张镰斧，东风五号总设计师屠守锷，以及广大参试人员一起，按照“严肃认真，周到细致，稳妥可靠，万无一失”的质量工作原则，精心、沉着、冷静地进行测试检查，一起分析问题、研究问题、解决问题，并适时地对重大问题做出分析判断和决策。

机遇总是赋予勤奋而刻苦的人。20世纪70年代的第一个春天，任新民有幸参加领导了我国第一颗人造地球卫星的发射；80年代的第一个春天，他又被指派为发射首区的副总指挥，参加领导我国远程（洲际）液体弹道导弹的全程飞行试验。首区的总指挥是他的老搭档——国防科委副主任马捷；落区总指挥是海军第一副司令员刘道生，落区副总指挥是海军副司令员兼参谋长杨国宇。

1980年5月18日，这是我国液体弹道导弹发展史上有重大意义的日子。10时整，随着一声“点火”的口令，矗立在发射塔架上的巨型乳白色的“东风五号”

拔地而起，直插云霄，飞越银川、太原、石家庄、济南等城市上空，跨越碧波万顷的西太平洋，直向南太平洋预定海域飞去。大约半个小时以后，远在落区身在远洋测量船等各类舰船上的参试队伍沸腾了，参试人员翘首远眺，看见一个亮点钻出云层，瞬间成了一个大火球，由橘红色变成了银白色，呼啸着划破长空，画出了一道耀眼的白光，直向预定海域奔去，弹头“扑通”一声入海，激起的水柱有上百米高，恰似一条巨大的蛟龙，披着绚丽多彩的粼光，跃出海面，激起千层波涛，无比壮观。

我们成功了，中国人成功了！首发“东风五号”全程飞行试验取得圆满成功。当天，党和国家领导人华国锋、邓小平、徐向前、聂荣臻、胡耀邦、赵紫阳、王任重、宋任穷、王震、韦国清等亲临国防科委指挥所观看了发射实况的屏幕显示，高度赞扬了参试、参研人员的工作。邓小平向参试人员表示热烈的祝贺；胡耀邦振臂高呼：同志们，我们胜利了，人民胜利了！聂荣臻说：这样大型的试验，只有靠大家艰苦奋斗，共同努力，大力协同，才能成功。陪同党和国家领导人观看实况转播的张爱萍即兴填词《清平乐·我国远程火箭发射成功》，歌颂全程飞行试验的圆满成功：

东风怒放，烈火喷万丈。

霹雳弦惊周天荡，威震大洋激浪。

东风五号洲际导弹点火发射

莫道生来多难，更喜险峰竞攀。

今日雕弓满月，敢平寇蹄狼烟。

攀登、创新无止境，奋斗、攻关无穷尽。马捷、任新民、张镰斧、屠守锷等，带领广大参试人员发扬连续作战的精神，在原来已进行测试检查的基础上，5月21日又在酒泉卫星发射中心的另一工位发射了由三线基地生产的第二发“东风五号”全程试验弹，获得基本成功。由于二级发动机提前6.4秒关机，落点偏离1452千米。任新民一直思索这个问题，成了他的一个心结。前些年，他曾向有关的科技人员，包括酒泉卫星发射中心的科技人员进行过研究探讨，他认为可能是由于纵向耦合问题（POGO）所致，但无从验证，也没有做出结论。直到现在，年近百岁的任老还偶尔提及这一发动机提前关机的问题。从这件事中也足可见他追逐科学、探求真理、一丝不苟的治学态度。

尔后，他又参加领导了“东风五号”定型的有关工作。1981年5月下旬，他受部党组的委派，同张镰斧副部长一起，前往液体火箭发动机研制基地，按着张爱萍主任的指示，去处理发动机涡轮掉叶冠的问题。他仍是采取他一贯的老做法，深入到设计人员、试验人员和工人之中，察看实物。在基地领导和发动机主任设计师李伯勇等科技人员的大力配合下，很快查明了原因，发动机涡轮掉叶冠是由于工艺技术上的问题造成的。通过将原来采用的手工氩弧焊改为高频钎焊，并在结构上做了相应的修改，从而成功地解决了涡轮掉叶冠的问题。为东风五号液体火箭发动机的定型奠定了基础。

东风五号液体弹道导弹全程飞行试验的成功和设计定型，标志着我国大型液体弹道导弹及液体运载火箭技术已进入世界先进水平的行列，也实现了20世纪80年代前期我国战略核导弹、航天技术三项重点工程首战告捷，使我国的核威慑能力和核反击能力有了实质性的增强，在国内外都产生了极大的影响。同时也是对我国航天科技工业战线上的广大科技人员、干部和工人的巨大鼓舞，增强了自信心和凝聚力，对其他两项重点任务的完成也是一个强有力的推动和促进。

任新民

任新民院士传记

Academician Ren Xinmin's Biography

第六章

攻坚克难 卫星通信

前后近20年的时间里，任新民将自己的心血和汗水都洒在了卫星通信工程上，浇灌在了长征三号、长征三号甲系列运载火箭上。

卫星通信技术是20世纪60年代发展起来的，是以通信卫星作为中继站的现代通信技术。这一新兴技术一经问世，就显示出了它的优越性和强大的生命力。只要在赤道上空的地球静止轨道（指距地球表面35800千米、与地球同心、与赤道同面的轨道）布置3颗通信卫星，即可实现覆盖全球的通信。卫星通信具有传输距离远，通信容量大，传输信息的质量与可靠性高，远距离通信价格便宜，不受电离层、对流层和气象条件的影响，不受山川、河流、海洋和沙漠等地理条件的限制，可进行多址连接等特点和优点，所以，卫星通信已发展成为一种很重要的现代通信手段，可以传递电视、广播、电话、数传、传真、电报等各种信息，已是人们的工作和生活须臾不可离开的了。

我国试验卫星通信工程是1977年9月18日中央批准的我国战略核导弹和航天技术三项重点任务（“三抓”任务）之一。这一工程由五大系统组成，这五大系统是：东方红二号试验通信卫星系统，第三级为氢氧发动机的长征三号运载火箭系统，发射场系统，测控通信系统，地面通信系统。这一工程是我国20世纪80年代以前规模最大、涉及的部门和单位最多、技术最复杂、技术难度最大的大型航天系统工程。

任新民自始至终地领导和参加了这一大型航天工程的研制和历次发射试验。

早期他致力于发射地球静止轨道通信卫星的运载火箭的探索研究，尤其是氢氧发动机的关键技术攻关工作；1975年6月30日，他被任命为七机部副部长后，分管这一工程；1978年恢复设计师制度后，他先后被七机部党组和国防科委任命为试验卫星通信工程（“331”工程）总设计师；1984年8月24日，他被国防科工委任命实用卫星通信工程（“331甲”工程）总设计师；1985年，他又被任命为运载火箭与应用卫星系列总设计师；1986年5月3日，他被国防科工委任命为东方红三号卫星通信工程总技术顾问；1986年11月21日，国防科工委任命任新民为发射外国卫星工程（“867”工程）总设计师。前后近20年的时间里，他将自己的心血和汗水都洒在了卫星通信工程上，浇灌在了长征三号、长征三号甲系列运载火箭上。他为我国卫星通信事业作出了卓著的不可或缺的贡献。

1. 预先研究　探索氢氧

早在20世纪60年代初，任新民当时担任着国防部五院一分院副院长兼液体火箭发动机设计部主任，还是国防部五院第一届科学技术委员会的委员。尽管型号研制工作和科研生产管理工作异常繁忙，但他更懂得“学如逆水行舟，不进则退”的哲理，所以，他千方百计地挤时间学习和研究世界上航天技术比较发达国家的最新技术动态和发展趋势，特别是关于液体火箭发动机技术的最新报道。经过综合分析研究后，他认为：中国应尽早发展卫星通信技术，发射通信卫星必须研制将通信卫星送入赤道上空地球静止轨道的运载火箭，这种运载火箭需要高能、低温的液氢液氧发动机。研制氢氧发动机、突破低温技术是迟早的事。“凡事预则立，不预则废。”事不宜迟，我国应该迅速开展氢氧发动机的探索研究工作，并开展有关的关键技术的攻关。1965年，经他提议并决定在液体火箭发动机研究所成立了一个氢氧发动机工程组，开始搜集关于氢氧发动机的技术情报资料，梳理并明晰研制氢氧发动机需攻克的关键技术，并开展一些关键技术的预先研究。他每个月都要听取这个工程组的工作汇报，总结已开展的工作，部署后续工作。

任新民在酒泉卫星发射中心

也就在1965年，中央专委高瞻远瞩，批准建立我国卫星通信系统项目，随后，全国各有关部门、单位相继开展了关于卫星通信系统单项课题的探索研究。七机部一院的氢氧发动机的探索研究一直没有中断。后由于“文化大革命”的干扰，我国卫星通信系统项目的开展有所耽误。1970年我国第一颗人造地球卫星发射成功后，中央军委决定将卫星通信系统的项目转为工程研制阶段。当时的通信部门迫切希望我国的通信卫星尽早问世，以改变我国通信技术落后的状况。他们提出利用通信卫星实现包括边远省区在内的全国覆盖，实现对部分省会等大城市的电视转播；用通信卫星完成中央人民广播电台对内对外的节目转播；解决军事通信和远洋舰船、测量船通信等问题。为此，七机部一院（运载火箭技术研究院）、五院（空间技术研究院）分别组织科技队伍，开展了运载火箭和通信卫星新技术的研究。1970年11月9日至26日，国防科委委托七机部在京西宾馆召开了“三星一船”的技术方案讨论会，其中讨论了东方红二号通信卫星总体技术方案的设想，确定了运载火箭由“东风五号”加第三级组成。任新民领导并参加了这次讨论会。

卫星通信工程是一项庞大的系统工程，各系统之间的技术协调、指标分配、计划分工、卫星重量、运载能力等，都迟迟定不下来，导致工程进展十分缓慢。

周恩来总理急切地关心我国卫星通信工程的研制进程，他在日理万机中对邮电部三同志“关于发展我国通信卫星的建议”的群众来信上做了批示，要求国家计委、国防科委联合召开会议，先将通信卫星的制造、协作和使用方针定下，然后再按计划分工，做出规划，督促进行。据此，国家计委、国防科委指派专人深入到七机部、四机部、邮电部等部门进行调查研究。任新民向调研人员陈述了抓紧开展卫星通信工程研制的意见，并概略地谈了卫星通信工程总体技术方案、分工等的设想，也强调了开展氢氧发动机研制的必要性。他的主要意见都被调研组采纳。

在此期间，氢氧发动机预研工作在紧锣密鼓地进行。1970年6月13日，国防科委通知七机部：迅速组织队伍，积极开展氢氧发动机的预研工作。任新民同七机部一院副院长卢庆骏按此精神，组织七机部一院11所和101站等单位有关的科技人员有条不紊地开展预研和有关设施的建设工作。1971年1月16日，首次进行了液氢液氧推力室的挤压式热试车，点火成功，推力为7.84千牛；9月23日，进行了39千牛推力室挤压式热试车，点火成功；1972年11月，101站先后研制成功6.5立方米和30立方米的多层绝热的低温真空容器，为“长征三号”三级氢氧发动机的试车打下了物质基础；1974年3月15日和4月5日，在101站新建的二号台成功地进行了第一次和第二次半系统氢泵试验；1975年1月25日，试验型氢氧发动机（YF-70）首次试车基本成功，推力为25千牛，工作时间为20秒。这些都为氢氧发动机的正式立项，为“长征三号”的立项及其研制工作奠定了基础。这些预研成果也为国家计委、国防科委落实周恩来总理的批示提供了依据。

1975年2月17日，国家计委、国防科委在调查研究和多次联合召开协调会议的基础上，联合提出了《关于发展我国卫星通信问题的报告》。1975年3月31日，中央军委第八次常委会议讨论并通过了这份报告，上报后很快得到了毛主席和周总理的批准。这一报告是我国开展卫星通信工程的指导性文件。从此，我国卫星通信工程正式列入国家计划，走上正轨，改变了过去几年徘徊不前的局面。根据中央军委研究讨论卫星通信工程的时间，将我国卫星通信工程命名为“331”工程。

中央批准的报告中明确，“331”工程由国防科委负责抓总，运载火箭和通信卫星由七机部负责研制，发射场由国防科委负责建设，地面测控通信系统由四机部、七机部分别负责研制，卫星通信地面系统由四机部负责研制。1976年5月18日，国务院、中央军委发出《关于成立“331”工程领导小组的通知》，决定在国防科委成立“331”工程领导小组，负责制定整个工程的规划、计划，组织协调和督促检查工作，并设立“331”工程技术协调组，负责技术协调工作。后来，“331”工程的五大系统都任命了总设计师：孙家栋为东方红二号试验通信卫星总设计师，谢光选为长征三号运载火箭总设计师，电子工业部刘永峻为地面通信系统总设计师，国防科委陈芳允为测控通信系统总设计师。任新民为整个“331”工程的总设计师。

我国是国际电信联盟（简称国际电联）的参加国。根据国际电联的规定，我国于1977年年初向国际电联提供了有关的资料。1977年3月8日，国际电联公布了我国试验通信卫星的资料，向全世界正式公开了我国试验卫星通信工程的计划，明确了我国发射的试验通信卫星在地球静止轨道上的定点位置及其他事宜。我国的试验卫星通信工程既已公之于世，也就没有退路了。在这一工程战线上的广大科技人员、干部、工人深感任务紧迫，责任重大。作为这一工程技术总负责人的任新民，其责任和压力更是可想而知了。

1977年9月18日，中央批准国防科委的请示，确定了我国20世纪80年代前期战略核导弹和航天技术的三项重点任务（后称“三抓”任务），其中就包括试验卫星通信工程。“331”工程的研制工作全面紧张地开展起来了。

2. 力陈己见 "长三"立项

20世纪70年代初，液体火箭发动机研究所提出，建议第三级为氢氧发动机的运载火箭立项。此时，任新民已调赴七机部科研生产组任副组长，他听后一针见血地指出："这样的运载火箭迟早是要立项研制的。但现在还不具备谈这个问题的条件。大家都很清楚，运载火箭的立项研制，首先是动力装置有原理性突破。现在我们对氢氧发动机只进行了一些理论研究和分析计算，也进行了一些单项的试验研究。发动机还没有进行点火和试车，怎么能谈得上以此发动机为动力装置之一的运载火箭的立项问题呢！现在当务之急是加速氢氧发动机的研制，尽速进行发动机点火和试车。"在场的领导和科技人员听了他的一席话，都心领神会，知道他不是在泼冷水，而是在"抽鞭子"，让他们快马加鞭。他们立即调整研制队伍，加强组织领导，使氢氧发动机的研制进度明显加快。

继1975年1月25日YF-70氢氧发动机首次试车成功后，又进行了三次试车，均获成功，目的是考验发动机预冷系统和启动性能。在此之前的1974年11月21日，七机部将"东风五号"加氢氧三级的运载火箭命名为"长征二号乙"；将"东风五号"加常规三级的火箭命名为"长征二号甲"。两种运载火箭正并行研制。一定意义上讲，这两种运载火箭要开展竞争。长征二号乙三级氢氧发动机（代号为YF-73）开展了一系列的单项预研，并取得了明显的进展。1976年3月12日，YF-73首次进行了全系统试车，目的是了解涡轮加启动喷嘴后，气瓶启动和燃气发生器点火工作的可靠性以及全系统和4个燃烧室工作的协调性。发动机按预定程序启动和关机，工作正常。1976年4月6日，七机部决定，氢氧发动机是发射通信卫星运载火箭三级的主攻方案，同时要求提高发动机的真空推力，并要求二次启动加摇摆。1977年12月28日，七机部决定将"长征二号乙"改名为"长征三号"，将常规三级的"长征二号甲"改名为"新长征三号"。

在YF-70氢氧发动机连续4次试车成功后，任新民对液体火箭发动机研究所的领导和科技人员说："通向氢氧发动机这一新技术领域的大门已经被我们打开，对研制三级为氢氧发动机的运载火箭的立项我有底气了！"自此，他一直坚定不移地主张用第三级为氢氧发动机的运载火箭发射通信卫星。

虽然七机部在1976年4月6日已决定氢氧发动机是发射通信卫星运载火箭的主攻方案。但第三级发动机是采用液氢液氧为推进剂，还是采用可贮存的偏二甲肼和四氧化二氮为推进剂，一直是争论的焦点。早期，任新民主要从航天发展的趋势和科技方向上，力主开展氢氧发动机的研制工作。到了20世纪70年代前期，由于氢氧发动机的预先研究工作抓得紧，先后成功地进行了一些试验和试车，包括推力室试验、半系统试车（氢泵运转）、活门试验，并进行了YF-70氢氧发动机的4次试车，取得了丰硕的预研成果。特别是1976年3月12日，首次成功地进行了长征二号乙运载火箭三级氢氧发动机（YF-73）的全系统试车，使他更坚定了研制第三级为氢氧发动机运载火箭的决心。他像着了迷似的，在各种场合都本着科学求是的态度阐述他的见解和理由："三级采用氢氧和常规推进剂两种方案，各有特点，各有利弊。氢氧方案尽管需要攻克的新难关键技术比较多，难度大，研制周期相对长，但采用高能低温的液氢液氧为推进剂的第三级，可以提高地球静止轨道的运载能力，这正是发射通信卫星所需要的。而且从长远发展的角度考虑，氢氧发动机这个台阶总得要上。"他如数家珍地列举和分析了我国航天科技工业已有的设施设备、科技成果储备及科研生产试验队伍等条件，特别是氢氧发动机的预研成果和试车结果，令人信服地阐述了氢氧发动机这一技术难关是可以突破的。他提高嗓门、略带激动地表示："干事情总是有困难、有风险的，只要我们正视困难，知难而进，勇于登攀，就没有过不去的难关！"

对事物有不同的看法、存在争议是正常现象。当时有部分人员认为氢氧发动机的技术风险太大，主张采用三级为常规推进剂的运载火箭发射通信卫星比

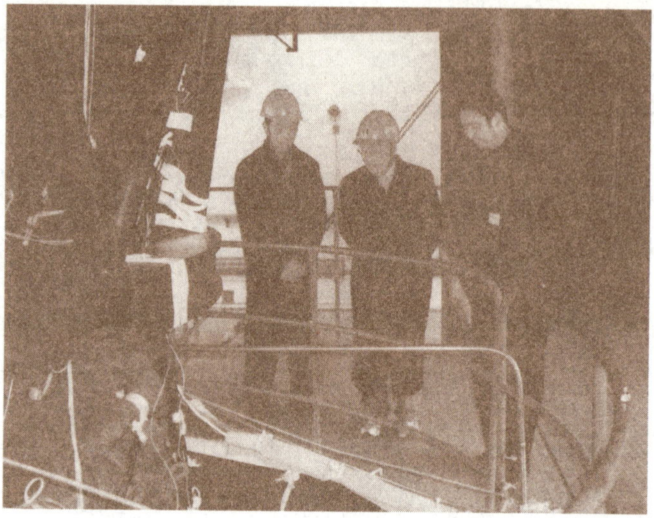

任新民和技术人员在一起

较稳妥。特别是在国防科委的专家中也有这种意见。1973年8月，七机部在唐山召开会议，决定氢氧方案和常规方案并行研制。采用常规推进剂（偏二甲肼和四氧化二氮）的三级发动机（代号为 YF-40）的研制工作也在加速推进。继1976年3月12日 YF-73全系统试车后，1976年5月26日，YF-40常规推进剂的发动机成功地进行了首次全系统（短喷管）热试车。

后来，第三级是采用氢氧方案，还是采用常规方案之争已经到了白热化的程度。1978年8月，国防科委召开了规划工作会议，会议上分析对比了氢氧发动机为三级的运载火箭方案和常规推进剂发动机为三级的运载火箭方案。会议纪要报批稿中将常规三级的运载火箭作为发射通信卫星的第一方案，等待国防科委审批。此时，任新民正率领中国宇航学会代表团访问日本的一些宇航单位，回国时他在北京首都机场得知这一消息后，心急如焚，恨不得即刻向国防科委领导汇报他的意见。他十分清楚，根据当时我们国家的财力、人力、物力等条件，只能有第一方案，很难有第二方案。如果不能把氢氧方案作为第一方案，那以后氢氧发动机搞成搞不成、搞到什么时候，就很难说了。在次日国防科委召开的会议上，任新民开门见山地陈述了他的意见和根据，简要地阐述了采用氢氧三级方案的必要性与可能性，并论述了发展氢氧发动机技术的意义。他铿锵有力地说："氢氧发动机这个台阶迟早是要上的，我们现在能上得去，我可以立军令状！"任新民还单独向国防科委副主任马捷做了更为详细的汇报，列举了前一时期氢氧发动机技术攻关的进展情况，介绍了一些试车所取得的成果。他诚挚地表示：“将氢氧方案作为发射通信卫星的第一方案我是有把握的。”马捷副主任和任新民也算是老搭档了，从一起指挥发射返回式遥感卫星到一起出访日本，对任新民这位老专家高度的事业心和责任感由衷地敬佩，并被他的决心和诚心所感动。马捷认真地听取了任新民的意见，事后又听取了方方面面的意见，并经研究，最后根据任新民提出的修改意见，将常规三级的方案作为第一方案的“第”字改为“另”字。从一定意义上讲，这一字之差就决定了我国氢氧发动机技术的命运，马捷、任新民在其中起到了举足轻重、不可替代的作用。

自此，任新民肩负着责任和压力，带领着科技人员、试验人员、工人在氢氧发动机攻关的道路上艰难地探索。1978年8月22日至28日，任新民带领部机关有关人员到一院听取了有关单位关于“长征三号”研制进展情况的汇报，特别是关于氢氧发动机的研制情况。他同液体火箭发动机研究所氢氧发动机研制的骨干人员，包括刘传儒、王之任、朱森元、王桁等，进行了推心置腹的谈话：“第一方案是确定了，但第一的位置保住保不住，还取决于我们的工作。”

他带领氢氧发动机研制试验战线上的有关人员，全力以赴地干起来了。1979年1月26日、2月26日，正值春节假日前后，他们仍加班加点地干，分别进行了YF-73氢氧发动机两次500秒的试车，考验预冷启动、关机程序和组合件工作的可靠性。1979年9月12日，YF-73氢氧发动机首次进行二次启动短程试车；9月19日，YF-73氢氧发动机首次进行二次启动长程试车；11月22日，YF-73氢氧发动机进行了长程二次启动摇摆试车。均获得圆满成功。至此，YF-73氢氧发动机的研制进入了正常的轨道，“长征三号”的立项也算稳定了。

实践是检验真理的唯一标准。氢氧发动机及第三级为氢氧发动机的运载火箭在中国航天科技工业发展壮大中的地位与作用，早已被实践所证明。在YF-73的基础上改型研制成功了YF-75氢氧发动机，又研制成功了以YF-75

为三级的长征三号甲运载火箭，经过八年鏖战，研制成功了包括长征三号甲、长征三号乙、长征三号丙三种型号的长征三号甲系列运载火箭。YF-73的研制、长征三号的研制都为YF-75的研制、长征三号甲系列火箭的研制，在科技成果储备、设施设备条件、科研生产队伍以及研制与管理的实践经验等方面，奠定了坚实的基础。“长征三号”进行了12次发射，成功地将国内外8颗通信卫星和2颗风云二号气象卫星送入预定轨道。截至2012年11月25日，长征三号甲系列运载火箭成功地进行了56次发射，不仅成功发射了多颗国内通信、气象、导航定位等多种地球静止轨道卫星和嫦娥探月卫星，为国民经济建设、国防建设、社会发展和科学技术进步作出了重要贡献；还成功地完成了多颗国外通信卫星的国际商业发射服务合同，赢得了良好的国际信誉，提升了我国的国际地位，并为我国的通信卫星整星出口提供了运载火箭发射服务的保证。三级为氢氧发动机的运载火箭已在我国长征系列运载火箭中占据了半壁江山，长征三号甲系列运载火箭还将为中国航天事业作出新的更大的贡献。

“长征三号”的开拓作用功不可没，长征三号和长征三号甲系列运载火箭在中国航天事业中的地位、作用举足轻重。任新民在“长征三号”和“长征三号甲”立项中的功绩已永远载入航天史册，任新民和研制长征三号、长征三号甲系列运载火箭的团队更是贡献卓著。

3. 攻坚克难　研制“长三”

自从任新民认定采用三级为氢氧发动机的运载火箭发射通信卫星后，他就不遗余力地抓长征三号运载火箭和氢氧发动机的研制工作。特别是1977年9月18日，中央批准将试验卫星通信工程列为我国20世纪80年代前期战略核导弹与航天技术三项重点工程之一，并任命他为这一工程的总设计师后，他深知这关系到国家卫星通信事业的建立与发展，责任重大，任务艰巨。尤其是1977年3月8日，国际电联向世界各国公布了我国试验卫星资料后，试验卫星通信工程能否按时完成事关国家信誉，已经没有退路，只能竭尽全力完成任务。

这一期间内，任新民真是一门心思抓“331”工程，难怪有一次郑天翔部长半开玩笑、半怜惜、半批评地对他说：“老任啊，抓‘331’辛苦了，可党组会你请假可最多呀！”任新民只是淡淡地一笑：“‘331’的事儿实在太多，以后我尽量注意，党组会不要请假。”

“331”工程的险关隘口比比皆是，确实是需要不畏艰险、勇于登攀，才能到达成功的顶点。第一个大的关键就是研制三级为氢氧发动机的长征三号运载火箭，氢氧发动机则是关键中的关键、重中之重、难中之难。尽管氢氧发动机的预先研究工作做得比较好，但也只能是原理性突破，进入工程研制阶段后，一系列的关键技术和难题都接踵而至。例如，三级氢氧发动机是采用一次启动还是二次启动，两次启动之间要不要滑行段，滑行段的时间多长等问题，都需要任新民带领研制团队做出分析、判断和决策。氢氧发动机采用两次点火，在两次点火之间设置一段时间进行无推力的滑行，可节省火箭能量，减少推进剂消耗，提高运载能力，也便于发动机工作程序和火箭控制程序的安排，有利于提高卫星入轨精度。但二次启动也带来一系列的技术难题：第一次关机后，运载火箭已处于失重状态，存在一个推进剂管理问题，要保证推进剂（液氢液氧）沉到贮箱底部而不飘浮飞溅；要解决滑行段的运载火箭姿态控制问题；要解决氢氧发动机在接近真空条件下二次启动的可靠性问题，等等。而且滑行段时间越长，解决这些问题的难度也越大。法国的阿里安运载火箭的三级氢氧发动机采用了二次点火，但滑行段的时间很短。采用一次启动，比二次启动，总的来讲技术难度要小一些。但采用一次启动方案也有其技术难题，主要是要保证氢氧发动机、伺服机构等连续、长时间工作的可靠性；另外则是要解决氢氧发动机关机后后效冲量偏差大带来的卫星入轨偏差大的问题等。任新民同卢庆骏带领液体火箭发动机研究所的刘传儒、王之任、朱森元和王桁等工程技术人员，进行了反复的分析、计算、研究、讨论，权衡利弊、需要和可能。最后，还是发扬敢于进取的精神，“明知山有虎，偏向虎山行”，决定三级氢氧发动机采用二次启动方案，并采用了同其他国家相比时间比较长的滑行段。任新民和这支研制团队称得上“专拣重担挑在肩”。

要完成采用这一难度比较大方案的研制任务并非易事，艰难曲折在所难免，在十数个春秋寒暑中，他们靠着“泰山压顶不弯腰，艰难险阻不畏缩”的拼搏攻关精神，闯过了一道道沟沟坎坎，解决了一个个难题。用艰辛的劳动和聪明才智开创出了中国人自行研制氢氧发动机的独特道路，在中国航天史上留下了可歌可泣的壮丽篇章。

这些难题主要有：低温环境给材料与工艺带来的新问题，发动机吹除预冷问题，点火启动与二次点火启动问题，高压条件下的高温与低温的密封问题，控制气路振动问题，低温高速轴承的研制，高速端面密封问题，涡轮泵的次同步共振问题，发动机缩火问题等十几个重大技术关键。这些难题事先大多不好预测，随着研制试验工作的深入，有的难题忽然暴露出来，有的问题令人愕然，一时有些束手无策。此时此刻，技术指挥员的镇定自信、不畏缩、不气馁至关重要。在前后长达十余年的氢氧发动机研制中，任新民一直是这支研制队伍的主心骨和精神支柱，在研制工作的各个关键环节，他都是站在风口浪尖上，同广大的科技人员、工人、试验人员一起经受挫折和失败的熬煎，也一起饱尝成功的喜悦。有时遇到挠头的问题，真是三餐茶饭无滋味，彻夜难眠，百思而不得其解。但他的回答是：“没有过不去的坎儿。”他一股脑儿扎入到研制、试验的现场，同设计人员、试验人员一起分析、研究、讨论故障的现象与原因，察看试验数据、设计图纸、试验方案和产品实物，还要查阅和研究国内外有关的技术文献，进而深入分析和确定产生故障的原因和机理，制定并采取有针对性的或综合治理性的改进措施，使研制工作得以顺利进行。

在YF-73氢氧发动机研制中共进行了100多次各种工况下的热试车。任新民几乎悉数亲临现场，个别情况下确实脱不开身而未能参加时，他都要亲自打电话询问试车情况及主要试车数据，有的还在事后赶赴液体火箭发动机研究所或试验站，了解详细情况。这也正是他治学思想的具体体现，那就是理论结合实际，实践出真知。在解决氢氧发动机各种技术难题时，特别是在分析故障原因和制定改进措施中，任新民特别强调理论结合实际，要以试验数据为根据，既要把理论问题搞清楚，又要紧密结合具体实际问题。他还不止一次地指出，进行理论分析和定量计算是必要的，但我们从事的是应用工程，必须进行试验研究和试验验证，否则，只靠理论分析计算的结果，我们心里的底数还有限。这就是他从事航天型号工程研制生产几十年来最深刻的体会，那就是理论结合实际，到研制、生产、试验的第一线，实践，实践，再实践。

1978年，任新民作为七机部分管技术工作和“331”工程的副部长，领导并组织七机部及有关单位，全面开展了低温技术的研究。液氢有“一低四小”的特点，“一低”即液氢的沸点低至零下253摄氏度；“四小”即密度小、导热系数小、表面张力小、黏滞系数小，而且易燃易爆。因此，必须解决液氢、液氧贮箱和发动机的材料选取、设计、制造工艺等关键技术。任新民会同设计师系统开展大协作，包括航天材料与工艺研究所、北京有色金属研究院、五院510所等单位，齐心协力，刻苦攻关，解决了低温环境下一系列的材料与工艺难题。

攻关的道路曲折、艰辛，任新民和研制团队怀着坚定的信念，在理论指导下实践，在实践中摸索，在摸索中前进，在挫折和失败中总结经验教训。也正因如此，他们在苦苦地求索中找到了光明，找到了攻克难关的办法。如攻克液氢泄漏的难关，攻克推力室测压管烧穿难关，攻克氢氧发动机推力室被烧蚀的难关，攻克超低温液氢高速轴承研制的难关等。

1982年，氢氧发动机的研制工作进入到最后冲刺阶段。在试车时，涡轮泵连续几次被严重损坏，导致试车失败。试车后，看到分解后的涡轮泵，其损坏程度真是令人目瞪口呆。虽然前两次试车失败后都认真地分析和查找产生故障的原因，也采取了相应的改进措施，当时也能自圆其说，认为采取的改进措施应该有效。其实是对故障的机理没有吃透，采取的措施也难以做到对症下药。第三次试车时，涡轮泵又重复出现了严重的损坏现象。这已经严重地影响着氢氧发动机的研制进度，也掣肘着“长征三号”的研制进程。任新民和他的同事们们在那段时间里真有些焦头烂额之感，可又干着急使不上劲。这时，任新民清醒地意识到此故障并非小沟小壑，肯定是存在重大的隐患，很可能与当年燃烧室高频不稳定燃烧问题有类同之处。“事不过三”，不能再试下去了。他向研制团队讲述了他的想法，并宣布放假一天，请大家冷静下来，认真地想想，否则，会欲速而不达。

可任新民的思维却放不了假。他还是使用他一直使用并尝到甜头的“沉下去”的办法，奔波于液体火箭发动机研究所、总体设计部、结构强度研究所和发动机试验站的科技人员之间。听取各有关方面科技人员关于这一故障的分析意见及看法。他适时地召集了有各种专业科技人员参加的故障分析会。在分析会上，结构强度专家应桂炉提出刚轴在其旋转速度超过3.6万转/分时，刚轴则变成柔轴，并可随机地产生次同步共振的现象。这一概念一提出，即刻引起任新民等的高度重视，好像一把钥匙启迪和激励了他们的思维。通过反复地分析、研究试车数据，查看涡轮泵的转速，并进行了大量的分析计算和模拟试验，终于揭开了涡轮泵损坏如此严重的机理——次同步共振。真是茅塞顿开，豁然开朗：涡轮泵的刚性轴在其转速达到3.6万转/分后，已成为柔轴，出现了非同步的回旋振动，形成次同步共振，在轴向和径向均产生很大的振动过载，导致涡轮泵组件严重损坏。症结找到了，故障的机理清楚了，但不等于改进措施唾手可得。任新民又同从事发动机系统设计、涡轮泵设计的设计人员，涡轮泵生产的工艺人员和结构强度研究人员等，进行了反复的分析计算和试验研究，最后确定了改进措施。

1982年11月24日，采取了改进措施的YF-73氢氧发动机进行了大推力、摇摆、1400秒的长程试车，获得成功。发动机分解后未发现任何问题。随后又连续进行了3次1400秒的考验性试车，均获成功。至此，圆满地解决了发动机涡轮泵轴系统的次同步共振问题。

一波未平，又起一波。1982年6月24日至7月1日，刚召开了氢氧发动机的次同步共振的攻关会议，对解决次同步共振问题统一了认识，并组成了攻关小组，进行解决次同步共振的攻关工作。7月30日，长征三号运载火箭三子级进行第三次简易试车时，第一次启动出现了三次缩火现象，5秒钟后火焰稳定。试车后对缩火问题进行了故障分析，并采取了相应的改进措施。1982年12月13日，采取了解决缩火问题的改进措施后，进行第四次简易试车，第一次启动未缩火，可第二次启动时又出现了严重的缩火现象。这说明故障分析还不到位，采取的措施还没有完全解决问题。所谓缩火就是氢氧发动机点火启动后，刚刚喷出来的长长火焰很快就缩了回去，紧接着又喷出来，尔后又缩回去，又喷火，形成喷火——缩火——喷火——缩火——喷火的反复过程，这个过程长达5秒，最短的一次也有一秒多钟，有的反复了三次，一般情况下第一次启动时的缩火现象比第二次启动时严重。

这种缩火现象如果在运载火箭飞行中出现，有可能使氢氧发动机熄火；即使发动机不熄火，也会在运载火箭二、三级分离后产生过大的干扰力，导致火箭飞行失稳，后果不堪设想。任新民组织设计师系统有关科技人员进行紧张的、夜以继日的缩火原因分析，并进行了必要的试验验证。当时，整个“331”工程的计划进度已排定，长征三号运载火箭要在1983年11月出厂，1984年2月实施发射。可时至1982年年底，缩火这样的重大技术难题还没有解决，实在令人着急！他坐镇缩火问题分析会的现场，经反复地研究讨论，任新民决定采取增大启动时的液氢流量，提高涡轮泵的启动功率，调整氢氧发动机的启动程序，改善涡轮泵前的液氢品质等四项措施。措施定下来以后，他满怀自信但又担心地说:“这四项措施应该有效。如果还解决不了缩火问题，那就复杂了，我只好打报告，请求推迟‘长征三号’出厂的时间。我想不会出现这种局面。”

按着“长征三号”出厂的时间已经很紧张了，而且进度推后，不能再拖了。刚好，近日有一次简易试车，任新民经过认真的分析思考，认为在简易试车后，氢氧发动机不下台分解和清洗，直接进行考验四项措施的点火试验。当时多数人认为这样风险太大，不同意直接进行试验。任新民真是“艺高人胆大”，他果断地决策:“试！即使冒点风险也是值得的！”随即他同有关的设计人员、试验人员研究制定了规避风险的措施。

在简易试车后，在紧张而又谨慎的氛围中，连续地进行了检验解决缩火措施的试车。果不出他所料，试车顺利而安全地获得成功，发动机启动干净利落，火焰稳定。证明所采取的四项措施完全有效，没有出现缩火现象。在场的广大科技人员、工人、干部都异口同声地赞扬任新民“紧张有序而精心的组织，果断镇定而适时的决策”，为“长征三号”的研制赢得了宝贵的时间。

尔后，在1983年5月25日和9月2日进行的“长征三号”三子级全系统试车中，进一步检验和考验了解决缩火问题的四项措施。试车结果表明，氢氧发动机的启动缩火问题得到了完全彻底的解决。

长征三号运载火箭具有大、远、长、低四大特点:运载能力大，航程远，工作时间长，采用了低温高能的氢氧发动机。“长征三号”研制过程中遇到的技术关键和难题远不止氢氧发动机这一项。还有制服纵向耦合振动(国外文献称POGO)、低频振动环境管理、推进剂管理等。至于在试车、发射场合练和测试中遇到的技术难题更是不胜枚举。例如，1983年5月25日进行的第一次“长征三号”三子级的全系统试车时，出现了仪器舱、整流罩内起火，发生爆轰。在西昌卫星发射中心合练时发现射频干扰问题；氢气排放管路的流阻损失过大，火箭起飞前从箭体排出大量有危险的常温氢气的问题；第三级发动机舱（二、三级级间段）环境温度过低的问题等。任新民在解决这些技术关键和难题中，都是亲临现场，和广大的科技人员、试验人员、工人一起研究和讨论，分析原因、制定改进措施，并现场予以决策。

纵向耦合振动，是由于大型运载火箭，尤其是长细比比较大时，箭体结构的纵向振动与推进剂输送系统（包括管路和泵）的固有振动频率彼此接近或相等时，发生共振，产生一种不稳定的自激振动，其频率就是POGO的特征频率。运载火箭如果发生纵向耦合振动，局部振动加速度可达到15~20g。轻者可使惯性仪表的精度下降，重者可造成局部结构破坏，导致飞行试验失败。

任新民一直关注运载火箭的POGO问题，早在远程液体弹道导弹的研制和飞行试验中，导弹的落点精度超差，他一直怀疑可能发生了POGO。他主持研制的“长征三号”，其箭体变长加重，箭体结构固有的纵向振动频率较低，与推进剂管路系统固有振动频率接近，发生纵向耦合振动的可能性更大。他下决心要把“长征三号”的纵向耦合振动搞清楚。在任新民的提议和支持下，一院702所于1979年12月27日召开了纵向耦合振动（POGO）的第一次专题工作会，决定成立POGO专题总体组，由702所抓总；1980年6月13日，经他签发，以七机部名义下发了《关于安排“长征三号”纵向耦合振动研究、试验计划的通知》，明确指出：为了确保“长征三号”发射成功，开展纵向耦合振动专题研究工作是十分必要的，要求一院和上海机电二局将此专题研究工作列入1980年的型号研制计划。自此，POGO专题研究工作全面展开。

POGO专题的研究工作具体由结构与强度研究所的黄怀德负责。在任新民亲自主持下，同长征三号总设计师谢光选、副总设计师孙敬良，以及结构与强度研究所的曹美生、黄怀德等科技人员一起研究讨论，确定了对POGO专题从

任新民与孙敬良在一起

五个方面开展研究：运载火箭箭体纵向振动频率、振型的理论分析计算与动态特性试验研究，发动机的推进剂输送系统（包括泵和管路）及发动机动态传递试验，蓄压器的研制及蓄压器变频降幅效果的理论分析与试验研究，纵向耦合振动稳定性的判据与不确定参数变化范围的确定，结构的低频振动、脉动压力等参数的遥测办法与实现。任新民等组织七机部一院总体设计部、结构与强度研究所、遥测技术研究所以及上海机电二局的运载火箭一、二级总体设计部（新中华厂）、液体火箭发动机研究所（新新厂）、液体火箭发动机试验站（7013厂）等单位的有关科技人员，分别就所确定的五个方面的内容进行了深入而系统的研究和试验，并适时地组织开展交流和讨论。

解决纵向耦合振动问题的关键是找准运载火箭箭体的纵向振动频率、振型及动态特性；找准运载火箭一、二级推进剂输送系统的固有振动频率、振型及动态特性。然后选择合适的蓄压器安装在输送推进剂的管路系统，改变推进剂输送系统的振动频率，将其控制在要求的范围内。但由于系统的结构复杂，且推进剂（偏二甲肼、四氧化二氮）在管路泵系统中是流动的，仅靠理论分析与计算是远远不够的，也很难达到所要求的准确度。于是，任新民同孙敬良、曹美生、黄怀德以及上海机电二局的臧家亮、张子金等，反复研究讨论，制订方案，改造了上海机电二局的泵试验台和发动机试车台。进行了泵台的管路泵系统的水试验，试车台加激振的水试验和推进剂试验，以及不加激振的发动机热试车等，取得了大量的宝贵数据。尔后，于1983年7月16日至27日，召开了长征三号第五次POGO专题会议，对理论分析计算的结果和试验结果进行了分析比对，经研究讨论并经任新民批准，决定在“长征三号”一、二级氧化剂输送系统的泵前加皮囊式蓄压器，一、二级燃烧剂输送系统不加蓄压器。经过多次发射的遥测数据判定，所采取的措施有效地解决了“长征三号”的POGO问题。这一抑制纵向耦合振动的方法还应用到了后续运载火箭的研制中，均收到了预期的效果。

“长征三号”纵向耦合振动问题的解决，标志着我国在大型运载火箭箭体结构及液路系统的动态振动特性研究方面取得了重要的突破；不仅为运载火箭的研制成功提供了重要保证，还带动了国内有关学科技术的发展。

“长征三号”的低频振动环境管理也是研制中的重大技术关键之一。“长征三号”的箭体结构同以往的弹道导弹、运载火箭相比，长细比大，且重量增加，火箭飞行中低频振动的振动频率下限值必然下降，幅值升高。因此，由于箭上振动环境的改变，箭上的平台等仪器设备、低温活门、箭体结构和卫星上的有效载荷等，都必须适应新的振动环境要求。

任新民凭借他领导弹道导弹与运载火箭研制的实践，清楚地认识到：振动是航天的一大“杀手”，搞不好就会造成导弹和运载火箭发射试验的失败。他曾风趣地说：“三国怕火，航天怕振。”因此，他对“长征三号”低频振动环境管理提出了三方面的要求：把“长征三号”低频振动的环境搞清楚、搞准确，提出科学准确的振动试验条件；改善低频振动环境，进行减振；箭上的平台等仪器设备、低温活门、卫星的有效载荷都要按振动试验条件进行验收试验。

通过全箭纵向、横向的频率特性分析，确定了“长征三号”纵向和横向结构频率的下降值，并进行全箭结构的动力学响应计算，从而得出低频动力环境的加速度幅值范围。1978年3月制定出了新的振动试验条件，要求各有关部分的研制单位在研制中按新的条件进行鉴定试验和验收试验，同时对箭上仪器、平台、低温活门和有效载荷分别提出了要进行正弦振动扫描试验和随机振动试验的要求。

任新民在抓“长征三号”低频振动环境管理中，既抓低频振动环境的研究确定，又深入到具体的关键项目之中，陀螺平台的低频减振问题就是其中之一。他亲赴承研单位上海机电二局（后称上海七机局、上海航天局，即现在的上海航天技术研究院）上海仪表厂，发现按照新的低频振动条件对平台及其减振器进行扫描振动试验时，减振器局部振裂。他深知此事非同小可，同上仪厂的孙显桐、余福良等技术领导协商，于1981年8月成立了平台减振攻关组，开始论证、研制新的减振器。攻关组组长张增庚带领攻关组的科技人员日夜钻研，经过17个月的刻苦攻关，终于研制成功了符合要求的平台减振器，既有大阻尼和对振动有良好的衰减效果，又冲击位移小，且吸收冲压效果好。为了验证平台减振器传递特性在全箭振动条件下和试验室条件下的差别，还进行了平台减振器六自由度传递特性试验研究，对平台——减振器系统的动态特性有了准确的认识，进而改善了平台的工作环境，提高了平台的性能。任新民亲赴上海仪表厂参加了平台及其减振器的验收，并高度赞扬了该厂的攻关精神和业绩，掌握了箭上这一重要仪器的性能。

“长征三号”的仪器设备，大多集中安装在仪器舱的加强筋铝板上。通过实验表明，这样的结构对仪器设备的振动环境不利。任新民同设计师系统的有关人员进行研究讨论，决定改用复合材料组成的约束阻尼结构，改善了仪器设备的低频振动环境。

在“331”工程的研制与发射中，协调、协作、协同也使任新民付出了极大的心血和劳动。五大系统（通信卫星、运载火箭、发射场、测控通信、地面通信）中，有的是两个系统之间，有的是多个系统之间，这些协调、协同工作是工程总师义不容辞的责任，特别是跨行政部门、跨行政单位的协调、协同，工程总师不亲临到场，就很难定下来。这更需要任新民晓之以理、动之以情、苦口婆心地做工作，有的则软硬兼施，进行拍板定案。

仅就“长征三号”研制工作而言，虽承研单位基本上都属于七机部系统的，但又是跨不同的院局单位的，作为工程总师和七机部副部长的任新民，对这类协调工作责无旁贷。1977年10月10日至27日，国防科委、七机部联合召开了“331”工程研制任务落实会议。会议确定了研制进度、生产数量和研制任务分工，明确长征三号运载火箭（当时还称“长征二号乙”）总体设计在一院；一、二级总体及研制由上海机电二局负责；三级由一院研制，箭上主要仪器设备（主要是陀螺平台系统）由上海机电二局负责研制。据此，一院和上海机电二局的协调工作就自然地落在了任新民的肩上。本来很挠头的一些协调、协同工作，他却不以为然，他靠的是国防科委、七机部（航天部）机关，靠的是他所形成的科技骨干网络。如一院总体部的范士合、沈辛荪、龙乐豪、曹振邦、王心清、余梦伦，液体火箭发动机研究所的刘传儒、王之任、朱森元、王桁，控制技术研究所的潘绍珍、冉隆燧、邵崇武；地面设备研究所的胡献文、王瑞铨，上海机电二局的孙敬良、龚德泉、臧家亮、孙显桐、张子金等。他多次直言不讳地说：“总师也不是全才，一个型号涉及那么多单位、那么多专业，总师必须有一个科技骨干的网络，这个网络中的科技骨干不一定是技术上最拔尖的，但必须是技术上比较强的，尤其重要的是在对技术问题的研究讨论中要讲真话、实话，协调问题时要实事求是。这样，解决技术难题和协调难题时，这个网络就会发挥作用。了解研制工作的情况，通过这个网络就唾手可得。”正因如此，他在协调一院与上海机电二局之间许多棘手的难题中，靠他了解情况的深透、准确，靠他的公平、公正、公开，靠他的网络中的科技骨干，总能迎刃而解。

历尽千辛万苦，1983年10月9日、12日，长征三号的第一、二级和三级运载火箭分别从上海、北京出厂，运往西昌卫星发射中心。

4.工程总师　技术协调

在“331”工程中，七机部所承担的任务，除长征三号运载火箭外，还有试验通信卫星东方红二号的研制和一套统一载波测控系统的研制。东方红二号试验通信卫星由10个分系统组成。其中有效载荷部分包括通信转发器和天线两个分系统，服务性部分包括星体结构、温控、能源、控制、遥测、遥控、跟踪、远地点发动机八个分系统。

在东方红二号试验通信卫星的研制与发射过程中，作为主管技术和“331”工程的副部长和工程总设计师，他尽职尽责，一丝不苟地抓“东方红二号”的工作，从技术方案的讨论与制订、关键技术的解决，到各种大型试验和大型的技术会议，他都亲临科研生产的第一线，掌握第一手情况；其次，他紧紧依靠设计师系统、行政指挥系统的各级领导，如行政指挥系统的刘川诗、魏乐裕等，设计师系统的孙家栋、戚发轫、范本尧、闵士权、屠善澄、邹广瑞、刘梁栋、陈道明、但森等，同他们一起商量、研究和解决各种难题；再次是反复地查阅有关技术文件和报告。他正是靠着这三件“法宝”，才使工程总师的工作得心应手，保证对重大问题实施决策的正确或趋于正确。“311”工程先后完成了卫星复杂控制系统的研制；通信转发器及其天线的攻关；复杂的卫星发射技术和测控技术攻关；整星的管路密封技术攻关；统一载波测控系统的研制等工作。其中统一载波测控系统是指上行的跟踪信号、遥控信号、数据传输信号调制在一个载频上，下行的跟踪信号、遥控信号、数据传输信号也调制在一个载频上，遥控和跟踪共用接收机，遥测和跟踪共用发射机，接收机和发射机都安装在跟踪应答机内，通信转发器与应答机共用末级行波管放大器，在卫星定点以后将跟踪遥测信号与通信信号共用喇叭天线发射。这种测控系统统一载波，测控与通信综合利用的体制，可以简化造价昂贵的设备，提高信息利用率，节省无线电频谱，避免采用分散体制造成的射频干扰，节省体积、重量和功耗。

在东方红二号卫星的研制中，他凭借自己的知识和经验，凭借掌握的大量第一手材料，凭借发扬技术民主，群策群力，适时而果断地处理和解决了研制中大量的棘手难题。例如，在进行卫星测控系统联调和最后确定测控方案时，突然发现数据处理中的卡尔曼（Kalman）滤波方法应用不当，卫星的测控软件要进行大的修改。当时已临近卫星发射，远洋测量船队已出海到位，情况万分火急。测控软件的研制人员还要编制应对卫星多种故障模式的测控软件，故障的模式越想越多，越搞越复杂。可时间又非常紧张，测控方案和测控软件已成为整个“331”工程的最短线。测控软件研制人员手忙脚乱，有些招架不住。任新民得知这样纷繁而紧张的局面后，邀请国防科工委分管“331”工程的科技部副部长丁衡高一起赴渭南的测控基地，任新民从西昌卫星发射中心，丁衡高从北京，按约定的时间赶赴渭南测控基地。他们到渭南后，认真地听取了科技人员各种不同的意见，了解和核实有关情况，任新民同丁衡高商量、交换了意见。他本着实事求是、一切从实际出发和抓主要矛盾的原则，在会议上一针见血地指出："凡事都要抓主要矛盾。测控系统的第一任务是在卫星正常入轨时测控好；卫星未能入轨或入轨时出现故障或入轨后出现故障，通过测控系统的工作把卫星救过来，那是起死回生，是死马当活马医，但测控系统不是万能的；应对的故障模式也不是无止境的多多益善，而是要把主要的、发生可能性比较大的故障模式搞清楚、搞透彻。"他的一席话，使测控系统的科技人员如同吃了一剂清醒剂，很快统一了思想认识。大家明晰了主攻方向和思路，从而加速了测控软件修改和测控方案确定的进度，保证了整个发射工作顺利地按计划进度实施。

地球同步轨道通信卫星的地面测控通信系统的研制，也是"331"工程的一项大型的新难技术。20世纪70年代中期，为了加速地面测控通信系统的研制，他亲自兼任七机部承担这一研制任务的"450"办公室主任。在中央批准的国家计委、国防科委联合提出的《关于发展我国卫星通信问题的报告》中，明确地面测控系统由四机部和七机部分别研制，即四机部负责渭南站设备的研制，七机部负责闽西站设备的研制。时间紧，任务重，他亲自领导、组织和协调测控方案的制订与设备的研制。七机部于1974年3月1日成立了"450"办公室，负责组织"450"工程的研制工作，这是一套集跟踪、遥控、遥测及电视等于一体的微波统一测量系统，因为其测控斜距为4.5万千米，故称"450"，"450"工程将承担"东风五号"等远程、洲际弹道导弹及发射试验通信卫星等测控任务。"450"工程包括两个雷达系统：一为450-1系统，即微波统一载波测控系统；二为450-2系统，即超远程引导雷达系统，用来引导450-1系统和155系统（四机部研制的微波统一载波测控系统称为155系统）。后又将"718"工程（远洋测量船工程）中主测量船上的双频段的跟踪遥测设备（450－3）和超黄蜂直升机的机载遥测站（450－4），也列为“450”的工程项目。

这一微波统一测控系统中大型设备的研制涉及的部门多，技术难度大，研制周期紧张，更需要有力的组织协调和适时决策。“450”办公室是新组建的单位，是由七机部一院、二院、五院有关单位的人员组成的。万事开头难，他在机构组建、人员选调、工作启动等方面，作了大量开拓性的重要贡献。后经他举荐并经部党组批准，先后选调了张履谦、童铠、柳东升、张云龙、邱贤佐、甄润已、曾邑铎等无线电技术领域的专家和科技骨干，使“450”工程的研制力量得以充实和加强。张履谦和童铠后来都被评选为中国工程院院士，他们在“450”工程研制中的贡献和业绩都为其当选提供了重要支撑。

自1974年“450”办公室成立，直至1979年8月，任新民一直兼任“450”办公室主任。兼职在他的科技生涯中是常态。早在哈尔滨军事工程学院任炮兵工程系教育副主任时，他兼任火箭武器教授会（教研室）主任；在国防部五院一分院、七机部一院任副院长时，长期兼任液体火箭发动机设计部主任、液体火箭发动机研究所所长；在任七机部科研生产组副组长、七机部副部长时，兼任“450”办公室主任；在任七机部副部长、航天部科技委主任时，于1979年10月、1985年3月，兼任中国宇航学会第一届、第二届理事长。他兼任的都是实职，有的是他个人的意愿和要求，有的是组织的决定。但只要兼了，他都尽职尽责，真抓实干。几十年来，他始终恪守一个信念：一名科技人员必须植根于科研生产实践的沃土，从实践中、从各类专业技术的科技人员中不断吸取新的营养（知识）。正因如此，在其担任哈尔滨军事工程学院科学教育部教务处副处长时，他请求到系里从事教学工作，而且学院在任命其担任系教育副主任时，还同时任命其兼任火箭武器教授会主任；在其担任国防部五院一分院副院长、七机部一院副院长后，他执意兼任液体火箭发动机设计部主任、液体火箭发动机研究所所长，其用意就是要植根于科研生产第一线的沃土，用任新民自己的话说：“在研究所放一张桌子，有个名分，那感觉就是不一样，它会督促你，也方便你去深入科研生产的第一线。要不是‘文化大革命’，我在液体火箭发动机研究所的办公桌一直都不会动。”

“450”工程的主专业是无线电技术，任新民的本行不是无线电专业，但他凭借扎实的科技理论基础和丰富的工程研制及系统工程管理的实践经验，尤其是他把学习、实践、实干三者有机地整合在一起，凭借他深入实际，不耻下问，认真听取广大科技人员与工人意见的治学态度和工作作风，真心实意地拜无线电技术专家为师，并全心全意地依靠他们。所以，在领导“450”工程研制的五年多时间里，在处理一系列的组织机构建设、组织管理、技术等问题中，他都适时而果断地做出了分析判断和决策。特别是在工程总体技术方案的确定、设计思路与框架的选取、与四机部的协调与沟通等方面，他都发挥了不可替代的作用，为按时保质完成卫星通信工程等测控通信任务作出了重要贡献。

从另一个意义上讲，他这五年相当于又读了一个无线电专业的大学，对“450”工程的各系统、各设备的设计、制造、对接、测试、联调、总成等，有了全面、系统的掌握，这对组织指挥“331”工程及后续航天型号工程的研制、发射、测控等，都大有裨益。

对于其他系统，包括发射场系统、地面通信应用系统等，他都发挥了工程总师的作用。一方面是通过大总体协调会，会同有关领导，如国防科委马捷副主任、七机部副部长兼一院院长张镰斧等，对各类技术问题、计划进度问题、分工问题等，进行协调、协商和决策。尤其是跨地区、跨部门、跨单位、跨五大系统的协调，其难度更大。这不仅靠他的资历、经验和工程总师的职务，更重要的是靠他深入实际、实事求是的作风，靠他对技术了解得深透、对情况掌握的准确，靠他公平、公正、平等协商的态度。因此，任新民赢得了各大系统领导和科技人员的尊重与赞赏。同时，他经常有选择、有重点地深入到有关系统的研制单位，既可以深入现场，了解掌握研制情况，也可以现场协调和决策问题。这样，就有效地保证了研制进度。

正是由于工程总师卓有成效地组织、指挥、协调，才保证了“331”工程及其五大系统研制工作优质高效的进行。

5.镇定自若　指挥发射

将试验通信卫星送入距地球表面35800千米的地球静止轨道，对于中国人来说，这是1984年以前开天辟地的第一次。这一伟大而史无前例的工程，在党中央、国务院、中央军委的领导与关怀下，在全国各地区、各部门、各单位鼎力支持和大力协同下，经过所有参加研制、发射、测控的各单位和设计师系统全体人员的艰苦奋斗，“331”工程按调整后的计划进度正常进行，终于迎来了决战的时刻。1983年9月、10月，东方红二号试验通信卫星和长征三号运载火箭，分别从北京、西安（卫星的远地点发动机）、上海（“长征三号”的一、二级）运往西昌卫星发射中心。

在“331”工程的研制中，作为工程总设计师的任新民日夜兼程，奔赴于北京、上海、西安之间，连续征战。1983年8月12日至17日，国防科工委在京西宾馆召开了“331”工程工作会，这是我国发射试验通信卫星前的一次动员会。会上统一了认识，明确了指导思想，确定了发射方案，发射窗口定为1983年年底至1984年4月底，准备三箭三星，组织两次发射，确保一次成功。中央军委副秘书长、国务委员兼国防部部长张爱萍到会并讲话。1983年10月，任新民又随队征战西昌，参加指挥“331”工程的发射试验。这次发射试验涉及面非常广：全国20多个省、市、自治区；国务院30多个部委，解放军各总部、有关军兵种、9个大军区及所属上千个单位；从陆地到海洋，在长达7000余千米的航区内，配置了发射、测控、通信、水文、气象、运输保障、海上救护等系统。其中，仅通信系统就配置600多个台站，2000多台设备，使用161条长途电话、15条专向无线电网络，重点方向还采用了双套电路，足见这次发射试验的组织指挥系统的庞大和复杂。任新民作为工程总设计师对技术工作负全责，参加了发射指挥部的工作。

任新民坐镇西昌卫星发射中心，精心组织和参加运载火箭与卫星的测试与检查。有一次，他看到了张爱萍11月12日在一份文件上的批示：“目前是‘331’工程试验工作最关键的时刻，请你们及各级领导认真抓紧，及时发现并切实解决每一个细小的问题，绝不允许任何人对‘331’工程试验有等闲视之的态度。”任新民细细地咀嚼和品味着张爱萍的批示，更感自己肩上的责任和压力之大。他立即同航天部试验队队长张镰斧商议，向副主任设计师以上的人员传达了张爱萍副秘书长的批示，他要求各单位要将张爱萍的批示传达到所有参试人员，并以实际行动贯彻落实。他要求全体参试人员要保持热烈而镇定的情绪，开展紧张而有序的工作，要将周总理提出的“严肃认真，周到细致，稳妥可靠，万无一失”的16字指导原则落实到具体行动中去，落实到每一个测试检查的环节。

然而，一帆风顺，万事如意，那只是人们的期盼，在现实中往往不能如愿。“331”工程的“长征三号”和“东方红二号”在技术厂房和发射场区的测试检查中，出现的各类问题多达几十个，这同以往的航天型号大体类同。这位工程老

科技人员牢记周恩来总理的教诲

总镇定自若，但实在是忙碌极了，白天要到测试现场查看测试情况，晚上开会搜集各分系统测试中发现的主要问题，进行分析、研究、协调和决策。进场的几个月他都是这样马不停蹄地运转着。发射场的生活和工作单调而枯燥，他却不以为然，他既不下棋，也很少看电视、录像，唯一的兴趣就是利用晚饭后开会前的空闲时间快速走步，这就是他的嗜好，也是锻炼身体的办法。在试验队少有的休息日，他除了查阅有关技术文件外，就是快步“远征”，一直走到距驻地近10千米的集镇，他既不买一分钱的东西，也不看一眼，到达目的地后掉头儿就往回走。因长期坚持锻炼，他的身体很棒，年近古稀的他走得很利索，40多岁的秘书都赶不上他。他在快步走路时，谈论的大多还是检查测试中的问题，他确实是全身心地投入到“331”工程中去了。

在“331”工程的测试检查中，还出现了过去从未遇到过的令人头疼的难题。一是在技术厂房水平测试即将结束时，出现了需要换一级发动机的问题；二是在垂直状态已经加注了偏二甲肼和四氧化二氮后，准备加注液氢液氧时，需要更换陀螺平台。这两个问题着实都很棘手。任新民遗憾而自信地说：“过去出现过的问题出现了，未出现过的问题也冒出来了！好啊，我们通过处理这些新冒出来的问题，也是长见识、积累经验呐！”

这两个棘手的问题都直接关系到在1984年4月底前的发射窗口内能否完成发射任务，关系到我国试验通信卫星能否成功发射。任新民处惊不乱，镇定自若，在岌岌可危的时刻，技术指挥员的镇定、果断至关重要。他敢于负责、善于负责，敢于决策、善于决策，他深入现场，认真听取各方面科技人员的意见与建议，充分发扬技术民主，集思广益，并靠自己的知识、聪明才智与经验，做出适时的分析和判断，予以决策。技术文件规定，在运载火箭运输过程中，一级发动机的四个喷管要装保护拉杆。而在技术厂房测试时，发现这台发动机未装保护拉杆，当时又没有测量过发动机在运输过程中的振动情况，不能掌握相关数据，只有换发动机；决定在换陀螺平台时不泄出偏二甲肼和四氧化二氮，对推进剂贮箱实施保温措施，并启动遥测，观测贮箱的温度。决策后，他亲自组织，精心指挥，并得到了航天部机关、国防科工委机关、空军、西昌卫星发射中心及有关参试人员的大力协同、支持，终于都化险为夷，妥善地处置和解决了这两个令人头疼的难题，保证了测试、发射任务的如期进行。

数万人十多年的辛勤耕耘、浇灌，近万人几个月来紧张而繁忙的测试检查和排除故障，终于迎来了“331”工程产品横空出世的这一天。1984年1月29日晚8时24分，随着“点火”的口令，在发动机启动的轰鸣声中，“长征三号”托举着“东方红二号”缓缓升起，一级与二级点火飞行，一、二级分离，三级一次点火、飞行、一次关机和滑行段都很正常，按照预定的飞行程序，氢氧发动机进行二次点火。任新民在一级点火、“长征三号”起飞后，快速地从地下发射控制室乘车来到指挥控制大厅，领导和参试人员在紧张而严肃的气氛中凝望着大屏幕，不时发出热烈的掌声和欢呼声。任新民双目紧盯着发动机的推力曲线和燃烧室压力曲线，看到二次点火后的三秒钟，燃烧室压力开始下降，并迅速下降为零，他敏锐、沉痛而刚毅地说：“还鼓什么掌，发动机出问题了！”在场的非专业人员还有些纳闷，都愣了。任新民拎起了提包就往外走。在汽车上，死一样的沉寂让人透不过气来，司机老田问秘书：“怎么样？”秘书回答：“回去再说。”任新民迸出了一句：“没成功。”

“长征三号”三级氢氧发动机二次启动失败后，箭上程序控制器继续工作，按程序发出了星箭分离指令，卫星被送入了一个高度为400千米的近圆形的停泊轨道。在这种情况下，按试验大纲规定的预案付诸实施。通过遥控系统，对卫星上的远地点发动机实施点火，将卫星推进到一个远地点为6480千米，近地点为400千米的椭圆轨道，进而进行了卫星的测姿、调姿、通信、广播、电视传播等试验。

作为工程总设计师并一直亲自抓“长征三号”研制工作的任新民，其压力自然很大。尤其是故障就出在氢氧发动机上，他一直力挺上氢氧发动机，并一直亲自过问氢氧发动机的研制试验，面对挫折和众说纷纭，内心的苦涩是不言而喻的。有人甚至提出，氢氧发动机技术并未过关，更有甚者，认为上氢氧发动机的方案是错误的，压根儿就不应该上。航天部一位质量与可靠性专家直接打电话给在西昌卫星发射中心的质量管理人员，直言不讳地说：“氢氧发动机的质量与可靠性问题没有解决。”质量管理人员写出了电话摘报，送到秘书手里。秘书权衡再三，认为此说不利于当前的故障分析工作，同质量管理人员商量后，决定扣下此电话摘报，待适当时候再告诉任老总。

任新民陷入了冥思苦想之中，故障的原因到底是什么？会不会有原理性的问题？第二颗试验通信卫星还要不要发射？还能不能在4月底以前这个大窗口内组织发射？这一系列的难题都严肃而冷酷地进入了任新民的思维。他痛定思痛，以其特有的刚毅、沉稳，暗下决心：凡是涉及分析故障原因及改进措施的意见与建议，不但要听，而且要认真地进行分析研究；其他的非议置之度外，全当耳旁风。他坚信：一次点火和滑行段我们都闯过来了，二次点火也能闯得过！他召开了由昔日与其一起战斗的、搞氢氧发动机的科技骨干参加的会议，会议还没开始，与会人员一见到他们氢氧发动机的“主心骨”，似乎有一肚子的苦水要倾诉似的，滔滔不绝地说起了几天来听到的议论和闲言碎语。任新民默不作声，洗耳恭听。他深思熟虑后开口了：“现在当务之急是把故障的原因和机理分析清楚。说不定人家的议论还有道理呢！我们要用道理、用科学、用数据说话，对于别人的议论还不具备发表意见的条件。”听了他的一席话，与会人员的气愤顿时消散了很多，开始讨论分析故障原因的主题。会议的最后，他同大家一起重温了聂荣臻元帅1984年1月30日发给“331”工程试验队全体参试人员的慰问信，聂帅在肯定发射成绩的同时，指出：“这种极复杂的科学试验，哪能要求必须一次成功，何况这次是最新发动机的首次上天试验，在欧美几个少数国家也是经过反复失败、成功，才掌握了新技术的。所以只要大家认真对待，从中分析原因、查明故障、得出经验，我国的地球同步轨道卫星一定会发射成功的。现在关键在一字之差，是鼓气，还是泄气，我相信同志们一定会以科学的态度，继续努力，终会获得成功的。”任新民激动地说：“聂帅的话说到家了，我们要把思想认识统一到聂帅的慰问信上来。”

在发射场的故障分析工作由任新民、张镰斧和谢光选负责，任新民亲自主持。他们以遥测数据为依据，进行深入、科学而细致的分析、计算；并充分发扬技术民主，广开言路，集智攻关。任新民在这一时期内，本来就比较严肃的面孔似乎板得更紧了，几乎没有一丝笑容，看得出他沉重的心情和绞尽脑汁的心绪。他亲自查阅遥测数据，并进行有关重要数据的整理与摘录，同广大科技人员和西昌卫星发射中心的有关人员进行反复的研究讨论，对故障现象、产生故障的原因与机理、应采取的改进措施等，基本上取得了共识。

1月29日，发射失利的当天晚上，远望号测量船上传过来部分遥测数据，第二天，任新民同有关的科技人员立即对这些遥测数据进行判读分析和计算。1月31日至2月2日，各参试的设计部、所分别召开故障分析会，任新民参加了液体火箭发动机研究所的故障分析会，会上，大家纷纷发言，提出了各自的看法和建议。任新民认真地听取了各种不同的意见，并多次召开小型会议，或找有关人员单独谈话，听取和协调各种意见。2月3日至7日，在任新民、张镰斧、谢光选等的领导下，召开了由研制单位试验队和西昌卫星发射中心有关人员参加的故障分析大会，经过分析、讨论，最后综合提出了两种故障模式：一是二次启动时的高度为400千米，此处的大气压力远远低于液氢、液氧三相（固、液、气）点的压力。氢氧发动机第一次关机后，残留在发动机内腔的液氧，在蒸发过程中，有可能产生固氧，导致第二次启动失败；二是在200秒滑行过程中，发动机管路中生成的氢气不易排净，当时又处于高空失重的环境，造成氢氧发动机二次启动失败。针对这两种故障模式，设计师系统逐层研究、审批，最后经工程总师批准，决定采取三大改进措施：增加氦气吹除系统；降低启动过程中涡轮工质的温度；延长二次预冷时间，确保二次启动时的液氢品质。

与此同时，在北京，有关方面也在组织科技人员开展故障分析，但与前方形成的意见大相径庭。如按后方的某些意见办，1984年4月底以前这个窗口内就发射不了，需再推迟一年。如再推迟一年，箭上与星上的一些元器件、密封件就过期了，有些科技人员、管理人员即将离退休，事态严重，岌岌可危，“331”工程何时完成遥遥无期，也势必影响到整个“三抓”任务的完成。

任新民坐镇西昌，一天从早到晚都在忙着进行故障分析和制定改进措施。无暇他顾，他也不想听那些玄玄乎乎的意见。问题的关键是我们自己要把问题搞清楚、搞准确。张镰斧对北京的各种意见却了如指掌，他希望任新民返回北京，做做后方人员的工作，但又担心任新民不肯放下在西昌的工作，不同意返回北京。张镰斧找到任新民的秘书说：“北京有点儿乱套，你得说服任副部长回北京一趟，把局面稳定下来。”秘书向任新民讲了此事，他没吭声，刚开始有些迟疑，过了一会儿，他说了一句：“好吧！”

任新民接到返回北京向有关领导汇报的任务后，连夜组织有关人员整理修改《关于“长征三号”第一次发射的故障分析与改进措施的报告》。2月21日，任新民等风尘仆仆地回到北京。次日，张爱萍副秘书长主持会议，听取国防科工委、航天工业部领导关于“331”工程情况的汇报。与会者都知晓，此乃关系到“331”工程能不能组织第二次发射，会场一片寂静。张爱萍到后环视了一下，这位多谋善断的将军开门见山地说：“方方面面的关于‘331’工程要不要在今年4月底以前组织第二次发射的各种意见，我都知道了，都不用讲了。今天，我就听从前方回来的工程总师任新民的意见。任新民同志，你讲吧！”任新民正拿着笔记本准备记录张爱萍、国防科工委和航天工业部领导的讲话和意见呢，没想到他却成了第一个也是唯一的汇报人，一时感到有些突然。他定了定神，看态势他是不能照准备的内容进行汇报了。不过他对故障分析与改进措施已经是滚瓜烂熟了，他也十分清楚自己意见的分量和自身的责任，这是西昌发射现场和“331”工程全体参研、参试成千上万科技人员、干部、工人和解放军指战员的重托，这关系到我国试验卫星通信工程成败的历史使命，仿佛有无数双眼睛在看着，在期盼着，在给他鼓劲。他抖了抖精神，提高嗓门，重点汇报了两种故障模式和三项改进措施。最后，他坚定而自信地说：“‘长征三号’第一次发射故障的原因和机理是清楚的，所采取的措施是有效的。”他用略带请战的口气说：“我认为完全能继续组织第二次发射，而且能够在4月底以前实施发射！”张爱萍请国防科工委陈彬主任、马捷副主任及航天工业部的领导发表了意见，张爱萍副秘书长批准了任新民的汇报提纲，同意在1984年4月底以前组织实施“331”工程的第二次发射。张爱萍还强调指出：“331”工程要加强集中统一领导，充分发扬技术民主，认真落实岗位责任制，要以科学的态度、科学的方法完成第二颗试验通信卫星的发射任务，夺取“三抓”任务的全面胜利。

汇报会后，任新民如释重负，要不要进行第二次发射的石头总算落了地。可新的更大的重负又压在了他的肩上。虽然春节刚过，他顾不得与家中母亲、夫人、子女及孙辈同叙家常，共享天伦之乐。2月22日下午即乘飞机抵达成都，又马不停蹄地从机场直奔火车站，赶乘成都至昆明的火车，次日清晨返回西昌发射场。

领回了组织“331”工程第二次发射的任务，他内心充满了激动和兴奋，当即与张镰斧通了电话。但他更清楚自己肩负的责任，在北京飞往成都的飞机上，他还沉浸在领到任务的兴奋中，疲惫的神态中还带有喜悦。可一上了成都开往西昌的火车，他又打开了思索的闸门，绞尽脑汁地想着：“现在采取的三项措施是有效，但对富氧爆燃还没有治本呀！”他反复地同秘书念叨着。猛然间，他像找到金钥匙似地，大声说了起来，并在一张纸上画着，“在发动机启动时增加液氢的流量，改变混合比，不就彻底解决富氧爆燃了嘛！”

翌日清晨回到试验队驻地，他一下汽车，还没顾得上吃早饭，就同张镰斧、谢光选及氢氧发动机的主要研制人员一起开会，向大家报告他的发动机启动时增大液氢流量的设想，商讨采取这一措施的可行性及工作量等。与会人员都非常赞同他的想法，将这一措施命名为增加液氢旁路系统。

十万火急，会后，他三口并做两口地吃完了早饭，随即就同有关的科技人员，特别是搞发动机总装的人员，到技术厂房的运载火箭旁，察看氢氧发动机的实物，量尺寸，看发动机管路的分布，研究增加液氢旁路系统的可行性。经过反复地察看实物并对照图纸，边讨论，边设计，边画图，用了两天多的时间，就制订了设计方案，并绘制了设计图纸。

自1984年1月29日“长征三号”第一次发射出现失利后，到4月8日成功地实施第二次发射，整个故障分析工作和实施改进措施的工作，都是超常态进行的。从设计、生产到试验，一环扣一环。紧张而热烈的方案讨论会还没有结束，设计工作即已开始，边讨论，边设计，边出图；前方（西昌）的设计图纸一出来，就用传真发回后方（北京）的生产厂；图纸还未到厂，主管设计师还未返京进行技术交底，工厂的工人们就做好了生产准备；试验件还未到，试验室的各项准备工作，包括人员、仪器设备和试验方案等已经就绪。“时间就是命令”已成为前后方所有参战者的共同准则，来往的文件、图纸收到即直接送往工作地点，好一派你追我赶、激情燃烧的热烈场面。正是由于任新民、张镰斧、谢光选及在北京的刘传儒所长等的精心组织、精心指挥，正是由于前后方广大科技人员、管理人员和工人齐心协力、紧张而有序的工作，共用了70天时间，比前方指挥部要求的时间提前16个小时完成了实施四项改进措施的任务，创造了国内外航天史上的奇迹。

法国阿里安火箭在1980年5月23日第二次发射失败后，再次发射整整用了一年的时间；1986年1月28日，美国挑战者号航天飞机发生飞行中爆炸后，再次飞行用了两年半的时间。中国航天仅用了70天时间就解决了氢氧发动机经过长时间滑行、高真空、失重条件下启动这一重大技术关键。这一创举彰显了中国航天人特别能吃苦、特别能战斗、特别能攻关、特别能奉献的精神风貌。任新民既要保证进度，更要保证质量。他不仅在设计、生产中狠抓质量，还必须对采取改进措施的氢氧发动机进行必要而充分的试验验证。在这一期间，在前方指挥部张镰斧、任新民等的统一号令下，北京液体火箭发动机研究所的刘传儒、王桁、顾明初等带领有关的科技人员、工人，也投入了紧张的战斗，完成了在试验室的试验验证，并从1984年3月3日起，用16天的时间完成了两台改进后的氢氧发动机的4次上台，8次点火试车，达到了试验目的。3月23日，进行对已竖立在发射台上的运载火箭的氢氧发动机的改装工作，工人师傅穿着进舱服以半蹲的姿势弯腰工作，尽管工作环境异常困难，工人师傅发扬吃大苦、耐大劳的精神，精心操作，仅用了三天时间就优质高效地完成了发动机的改装工作。与此同时，在北京又进行了改进后的氢氧发动机的长程可靠性试车，取得圆满成功。这更增强了任新民等参试人员对再次发射必定成功的信心。

正是在张镰斧、任新民等的精心、周密而高效的组织指挥下，前后方各级领导、科技人员和工作人员，密切协同，超常发挥，心往一处想，劲往一处使，用拼搏、科学和协作的精神与行动，为“长征三号”的第二次发射准备好了必要而

任新民和谢光选在一起

充分的条件。

功夫不负有心人，奋斗总能结硕果。中国航天史上辉煌的一天终于来到了，1984年4月8日19时20分02秒，随着一级发动机点火后震耳欲聋的轰鸣，“长征三号”连同她运载的东方红二号卫星拔地而起，直插太空！任新民下意识地屏住呼吸，目不转睛地盯着大屏幕上的加速度曲线，静静地听着喇叭里的广播，耳边不断传来“一级飞行正常”“一级关机正常”“二级点火正常”“二级飞行正常”“二级关机正常”“三级一次点火正常”“三级飞行正常”“三级一次关机正常”“三级滑行段正常”的报告，此时，任新民的心已提到了嗓子眼，他深吸一口气，一边听广播，一边死死地盯着运载火箭加速度的曲线。旋即，广播里传来“三级二次点火正常”“三级飞行正常”“三次二次关机正常”“星箭分离”“卫星起旋”的声音。星箭分离后火箭就圆满完成了任务，他们成功了！他似乎不相信自己的耳朵，仍注视着大屏幕上的曲线。起飞后20分钟，广播里传来振奋人心的喜讯：“火箭分离正常，卫星进入地球同步转移轨道！”西昌卫星发射中心指挥控制大厅里顿时沸腾了，响起了雷鸣般的掌声，人们不约而同地向这位工程总师围拢过来，这时，他才从凝视中转过头来，擦了擦额头上的冷汗，数

1984年4月8日，长征三号火箭成功发射我国第一颗地球同步轨道试验通信卫星

月来紧锁的眉头才舒展开来，露出了淡淡的笑意。他像演员谢幕似的同前来祝贺的同志们边握手，边连续地说："谢谢同志们，大家辛苦了！"

他无暇回顾在西昌卫星发射中心七个月来，特别是最后70天的艰辛、劳顿，更无暇回顾"331"工程十多年来的研制历程，他很清楚，今天的成功标志着中国已经掌握了发射地球静止轨道卫星技术、研制氢氧发动机技术，特别是滑行段技术和二次点火技术已经过关，中国的运载火箭技术在世界先进行列中又向前跨越了一步。但通信卫星的工作才刚刚开始，起旋、打开太阳能电池帆板，后边的路还很长，包括测姿、调姿，远地点发动机点火、工作，卫星漂移、定点，测轨、控轨、在轨测试以及卫星的通信试验与使用等，"331"工程的主任务还没有完成。他是既高兴又感到任重道远。

在欢庆发射成功的夜餐会上，似乎是"长征三号"的发射成功驱散了连日来的疲惫、困倦，他的邻居——七机部老副部长、长他几岁的老红军谷广善，连饮三杯，对发射成功表示诚挚的祝贺；年轻的同志，特别是搞氢氧发动机的同志，更是抑制不住内心的喜悦和激动，来到他们的"主心骨"面前祝贺。任新民虽不动声色，但也融入了这欢乐的海洋，乐此忘疲。他看了看表，已经是凌晨两点了，他还要赴渭南测控中心，去参加指挥东方红二号卫星的远地点发动机点火和卫星定点等。其实他的秘书早已赶回宿舍，清理文件资料，打点行李了。

到了渭南卫星测控中心，本已十分劳累的古稀老人一到指挥控制大厅，精神头儿又来了，全神贯注地倾听着广播里发出的各种信息，注视着大屏幕上显示的各种曲线、数据。当卫星进入第三个远地点的前3个小时，地处渭南和闽西的两个测控站都正常跟踪到卫星，将卫星精确地调整到远地点发动机点火的姿态，星上仪器工作完全正常。4月10日8时47分，按既定程序发出的遥控指令，使固体远地点发动机点火成功，工作正常，将卫星由大椭圆转移轨道推进到地球准静止的圆轨道，入轨精度很高。随后，通过遥控指令将卫星姿态调整成轨道面法向姿态，卫星按预定的漂移速度向定点的经度位置漂移。

然而，事情并不是一帆风顺。在卫星向定点位置漂移的过程中，工作人员很快发现星上镉镍蓄电池过充，出现了热失控，整星温度不断上升，已接近70℃。任新民等刚从西昌转场至渭南测控中心，刚刚经历了卫星远地点发动机点火成功，松了口气，可热失控问题出来后，顿时又变得十分紧张。蓄电池的温度与蓄电池的电压发生恶性循环，蓄电池的温度增高，其电压降低，附加充电增加，使其温度又升高，蓄电池电压又降低，这样恶性循环下去，太阳能电池不断给蓄电池充电，会使蓄电池温度迅速上升，可能引起蓄电池损坏和卫星夭折。问题十分严重，情况万分危急。任新民与已在渭南测控中心负责飞行控制组工作的航天部副部长宋健，东方红二号总设计师、空间技术研究院院长孙家栋连夜召开会议。同飞行控制组及测控试验队等有关方面的科技人员，共同研究、讨论应对的办法。飞行控制组提出了解决蓄电池热失控问题的应急方案，即对卫星进行大角度姿态调整，增大太阳照射角，降低太阳能电池与蓄电池之间的压差，使蓄电池不致过多地充电，停止蓄电池温升，从而降低整星温度。但这种大角度调姿已经超过原来的设计范围，是对卫星姿态控制系统的严峻考验。

如果调姿成功，卫星得救；如果调不好，卫星会迅速夭折。这是一个带有风险的决策，是没有办法的办法。时不我待，任新民、宋健、孙家栋、测控中心王盛元司令员等，毅然决然地决定实施大角度调姿的应急方案。有关的科技人员和操作人员沉着应对，冷静操作，准确、细心而又大胆地进行十几次调姿。包括由北法向姿态向南法向姿态180° 的大调姿。当艰难地将卫星调姿到太阳角大于150° 时，整星温度降到了安全范围，卫星得救了。

镉镍蓄电池热失控问题的解决，得益于姿态控制系统的设计余量和可靠性，得益于飞行控制组、试验队有关人员的聪明才智和艰辛、细致的工作，得益于领导的果断而适时的决策。也使任新民和广大科技人员切身体会到了张爱萍要求

任新民与宋健（左）、鲍克明（中）在一起

参试人员具有三种本领的现实而重要的意义。三种本领即正常情况下的操作本领，预想到故障情况下的挽救本领，意想不到故障情况下的应急应对本领。这次热失控问题的解决，也使任新民及广大科技人员又在实践中增长了新知识，积累了新经验。

任新民他们最终将卫星调整到长期运行的姿态，以保证卫星长期稳定的工作。1984年4月16日18时27分57秒，东方红二号试验通信卫星成功地定点于东经125度赤道上空，星上仪器设备工作良好，启动了星上消旋组件，使定向天线对地定向，星上转发器做好了开通通信试验的状态准备。

4月17日18时，卫星通信试验正式开始，首先由石家庄地面站对星上通信转发器进行在轨测试，测量单频饱和全向等效辐射功率、转发器中心频率和频率精度、通信频带宽度、交调干扰等十几个参数。测试表明，通信转发器的各项技术指标均满足要求，并优于设计指标。

在轨测试完毕后，进行通信信息传输试验，主要有通信、广播和电视等传输试验。电视传输试验进行了近1个小时，整个传输过程中画面稳定、图像清晰、色彩鲜艳、伴音清楚纯真，转播效果比预想的还好，质量优于微波中继。

在电视传输试验的同时，还进行了多路数字电话通信试验。话音清晰，保真度好，几乎没有噪声和干扰。1984年4月18日上午10时，时任国务委员兼国防部长、中央军委副秘书长的张爱萍，在北京国防科工委试验指挥所，利用我国的试验通信卫星东方红二号，与远在乌鲁木齐的新疆维吾尔自治区党委书记王恩茂通电话，对话7万多千米的传输距离，却如同近在咫尺，通话声音清晰、真切。

在不进行电视节目传输试验时，还进行了15套广播节目的传输，由北京的中国国际广播电台经卫星通信线路到边疆地区的对外广播电台。试验时传送了多种中外音乐节目，并用粤语、闽南客家话、日语、西班牙语、俄语、英语、缅甸语以及菲律宾语等播送节目，广播节目音乐优美动听，语言清晰悦耳。

任新民参加了部分通信试验，试验后从他嘴边露出的微微笑意，看得出他由衷的高兴。

通过通信试验证明功能正常。1984年4月25日，进行了最后的开通业务的准备试验。5月14日，通信试验结束，正式交付使用。卫星进入长期运行管理阶段，我国的卫星通信由试验阶段进入试用阶段。

我国试验通信卫星的发射、定点、通信试验和试用的成功，标志着我国20世纪80年代前期的三项重点任务均已圆满完成。4月18日，中共中央、国务院、中央军委向全体从事研制、试验的科学工作者、工程技术人员、工人、干部和解放军指战员发了贺电。4月30日晚，在人民大会堂隆重举行庆祝我国试验通信卫星发射成功大会。参加研制试验的科学工作者、工程技术人员、工人、干部和解放军指战员代表参加了大会。党和国家领导人胡耀邦、赵紫阳、杨尚昆、余秋里等出席了大会。赵紫阳总理代表党中央、国务院讲了话。他指出："这是我国社会主义现代化建设的一个重要成就，标志着我国运载火箭技术和通信卫星技术已经跨入世界先进水平行列。"

三项重点任务的完成，使我国的航天科技工业跃上了一个新的水平，并在一些方面，如多级运载火箭技术、氢氧发动机技术、地球静止轨道卫星的发射与测控技术等，都已步入世界先进技术水平的行列。更为重要的是，通过三项重点工程的研制、发射，在科技成果储备，技术基础设施设备与技术手段建设，科技队伍的培养、锻炼，研制生产的组织管理，以及发射、测控的组织管理等方面，都为中国航天持续、快速、健康的发展，奠定了坚实而重要的基础。

6. 卫星通信　改进提高

“东方红二号”毕竟是试验通信卫星，由于受当时科技水平等诸多因素的制约，星上只装了两个通信转发器。在确定“东方红二号”总体技术方案时，由于当时的政治环境，要考虑支持世界革命的需要，采用了喇叭形的全球波束天线，天线波束的覆盖范围大，使国内覆盖区的天线增益相对小。“331”工程当时是打二备三，即投产3枚长征三号运载火箭和3颗东方红二号试验通信卫星，并要求有一次发射成功。第二颗“东方红二号”定点并投入试用后，还剩下一枚“长征三号”和一颗“东方红二号”。

工程总师任新民开始考虑第三枚“长征三号”和第三颗“东方红二号”的用场。如果再发射一颗和第二颗相同状态的试验通信卫星，太乏味了。他同东方红二号卫星的总设计师、副总设计师和有关的主任设计师们，进行了反复的研究讨论，并请中国空间技术研究院进行技术经济可行性论证。最后经任新民批准，决定对第三颗“东方红二号”进行设计修改：将全球波束的喇叭天线改为国内波束的抛物面天线，以提高等效全向辐射功率；将星上的两个通信转发器改为四个，增加通信容量。为配合这两项修改，还要进行一些适应性和完善性的修改，如：提高太阳能电池阵效率，提高供电能力；提高卫星姿态控制精度和定点精度，以减小服务区内辐射功率的损失；改变远地点固体发动机结构，加大推进剂储量；遥测分系统增加备份设备；二次能源减轻负荷等。同时，还要针对第二颗东方红二号卫星定点、在轨测试和运行中暴露出来的问题，进行一些针对性和完善性的改进，如：解决镉镍电池热失控问题；解决电磁兼容方面暴露出来的问题；提高卫星的质量与可靠性等。总之，改进的工作量还是比较大的，也有一定的技术难度。

经过改进设计的通信卫星命名为东方红二号甲实用通信卫星，整个工程命名为“331甲”实用卫星通信工程。1984年8月24日，国防科工委任命任新民为“331甲”实用卫星通信工程总设计师。

任务在肩，责任在身。任新民又一如既往地抓“331甲”工程，深入科研生产第一线，同科技人员一起研究制订改进的技术方案，检查督导研制工作。他发现通信转发器接收部分的研制工作成了整个“331甲”工程的瓶颈，在研制进度、研制经费、进口条件等方面，都达不到工程的要求。任新民带领部机关有关人员进行协调，总是无果而终。

任新民同当时分管卫星工作的宋健副部长磋商，决定对通信转发器接收机的研制引入竞争机制，即由原研制单位（五院504所）和二院23所（雷达技术研究所）同时研制，待两个单位分别研制出模样设备后，组织同行专家进行评审，择优确定研制单位。这个办法果然灵验，两个研制单位都很积极努力，按要求的进度研制出了模样设备。经评审，两个单位研制出的模样设备的技术性能指标及进度、所需研制保障条件等，大体相同。原来的几大难题，包括研制周期过长，研制经费特别是引进费过多，引进的部组件过多等几经协调而无效的问题迎刃而解。后考虑与卫星总体协调的方便性以及研制工作的连续性等，还是决定由五院504所承担此项研制任务。

“331甲”工程的研制按既定的计划顺利进行。1986年2月1日，任新民在西昌卫星发射中心主持了第一颗实用通信卫星——“东方红二号甲”的发射。就在这次发射中，经历了一次惊心动魄、至今也没有彻底破解的风险决策，从中更彰显了任新民镇定、果断、敢于决策的伟大品格。发射前，三级氢氧发动机进入地面预冷，后下达了射前15分钟准备的口令，在塔架上的最后一批人员已经撤离。在发射控制室里的任新民接过秘书送上的发射任务书，正待签字。广播里却传来了氢氧发动机舱氢浓度升高的消息。任新民一听，脸马上沉了下来，

任新民在七机部召开的庆祝我国试验通信卫星发射成功大会上讲话

他“啪”的一声合上发射任务书的夹子，严肃地说：“这还怎么签？！”随即起身，小跑式地向发射塔架走去，径直奔向氢氧发动机那层塔架平台上。试验队队长、一院院长李伯勇，“长征三号”总设计师谢光选，副总设计师范士合、王之任等，都到了这层平台上。他问搞氢浓度检测的510所的同志：“你们认为氢浓度为什么升高？”对方回答说：“可能是氧的液化和固化温度高，可能先固化了。”任新民锐敏地反问：“那真空度为什么没提高？”对方嗫嚅地回答说：“这我就说不清了。”停了一会儿，塔架的平台上鸦雀无声。任新民最后平和地问：“根据你的判断，液氢贮箱泄漏的可能性有没有？”510所的同志回答：“不大可能。”随后，在场的人谁也不吭声，空气凝寂得让人喘不过气来。这时李伯勇走到任新民面前：“任主任，打不打？”任新民小声而坚定地说：“打！”这时，在塔架平台上的人都陆续地下去了。秘书在下塔架时走在任新民前面，并用手紧握拦杆，如果在上边的任老总滑下来，可以挡一挡；而上塔架时，秘书走在后边，任老总在上边，同样可以起到拦挡的作用。回到发射场坪上，大家彼此相视，就像不认识一样，谁也不开口。人们又都各就各位，任新民在发射任务书上郑重地签上了自己的名字，以示负责。发射工作按着射前的流程继续进行。这枚“长征三号”不负众望，成功地将东方红二号甲通信卫星送入地球静止转移轨道。然后这颗卫星按预定的程序成功定点和投入使用，达到了设计要求。

事后，谈起此事，任新民心有余悸地说：“这也是无奈之举，属风险决策。

第一，这枚‘长征三号’是当时‘打二备三’剩下来的，已没有可换的贮箱了；第二，当时赵紫阳、胡启立等一大批党和国家领导人以及各部门的领导都聚集在西昌卫星发射中心的指挥控制大厅，如果推迟发射，那影响就大了。逼上梁山呀！但我也有个基本判断，那时氢浓度增高的速度很慢，若是贮箱泄漏，那氢浓度会升高很快。如果说是检漏设备氦质谱仪的问题，那也没法查到证据。”在这千钧一发之际，足见任新民敢于负责、敢于决策、处置果断的胸怀与魄力。

任新民又分别于1988年3月7日、1988年12月22日、1990年2月4日、1991年12月28日，主持发射了四颗东方红二号甲实用通信卫星。除最后一颗卫星因长征三号运载火箭故障未能进入地球静止轨道外，其余三颗卫星均成功定点并投入使用。

经过在轨测试和运行使用检验，证明东方红二号甲通信卫星的技术性能指标已经达到并超过了设计要求，在轨寿命都超过了五年。先后成功投入运行使用的四颗卫星，广泛地应用于电视、广播、长途电话、远程教育、金融、电力、水利、新闻出版等部门。承担着中央电视台一、二套节目和30路对外广播节目以及8000多部卫星电话的传输业务。由于这四颗东方红二号甲通信卫星的发射和使用，使我国用于通信的星载转发器的国产化程度在20世纪80年代末达到了60%左右，使我国电视人口覆盖率由原来的30%增加到83%~84%，基本上改变了西藏、新疆、青海、四川、云南、贵州等边远地区及海边防收视难、通信难的状况。

我国的实用通信卫星为全国500多个大中城市开通了长途电话自动拨号业务；军用通信通过卫星开通了北京至拉萨、乌鲁木齐、昆明三个方向的数字电话话路；利用“东方红二号甲”向各地传送报纸整版版面，实现了全球数据通信和计算机通信；水利、电力、石油、煤炭、地震、交通、铁路、银行、新闻等中央部门连续建成了一批通信专用网，极大地提高了工作效率，促进了相关行业的发展，其中，中国人民银行建立的金融卫星通信网，每日划汇和结转的资金就达20亿美元以上，缩短了资金在线时间。这些都为国民经济建设、国防建设、社会发展和科技进步作出了显著贡献，取得了巨大的社会效益和经济效益。

任新民受命组织和指挥并完成“331”工程研制发射任务后，在其组织指挥“331甲”工程研制工作中，已年逾古稀，但他仍锲而不舍地耕耘在我国卫星通信事业上。1986年5月31日，他又被国防科工委任命为中容量（当时称为大容量，后称为中容量）卫星通信工程的总技术顾问，向新的更艰巨的任务进发。中容量卫星通信工程的运载火箭为“长征三号甲”，通信卫星为“东方红三号”。“东方红三号”的有效载荷为24个C频段通信转发器，采用公用舱技术、全三轴稳定姿态控制和液体双组元推进系统等当时国际上最先进的通信卫星技术，一颗“东方红三号”的通信容量相当于12颗“东方红二号”的通信容量，波束覆盖我国全部领土，在轨寿命为八年。

长征三号运载火箭研制成功后，任新民同“长征三号”设计师系统的科技人员，经过反复的分析、论证，中国运载火箭技术研究院确定了发展思路：在“长征三号”的基础上，实行“上改下捆，先改后捆”的设想。“上改”就是研制新的第三级，即研制新的氢氧发动机；“下捆”就是在一级捆绑若干常规推进剂的液体助推火箭。经过酝酿，1985年9月，任新民以航天部科技委的名义召集航天系统有关专家，评议改型的“长征三号”的技术指标和总体方案。翌年2月，航天部向国务院申报立项，并将其命名为“长征三号甲”。3月31日，国务院批准立项，长征三号甲运载火箭成为我国新的卫星通信工程的五大系统之一。自此，“长征三号甲”正式进入工程研制阶段。

他是东方红三号卫星通信工程的技术总顾问，仍一如既往地同设计师系统的科技人员一起研究问题、解决问题。先后突破了新的YF-75氢氧发动机、动力调谐陀螺四轴平台、冷氦加温增压系统、低温氢气能源双向摇摆伺服机构等四项关键技术。任新民亲赴西昌卫星发射中心，参加领导了两颗东方红三号通信卫星的发射。1994年11月30日，发射了第一颗东方红三号卫星，“长征三号甲”

将这颗卫星送入了地球同步转移轨道，卫星进入地球同步轨道后，由于卫星的推进剂耗尽，姿态失控，未能开展通信业务；1997年5月12日成功发射第二颗东方红三号卫星，并于5月20日成功定点于东经125度赤道上空，投入正常运行和使用，为有关部门提供服务。至此，中容量卫星通信工程的研制发射任务宣告结束。

之后，任新民按着他领导制定的“上改下捆”的运载火箭发展思路，参加领导了在“长征三号甲”基础上捆绑4个液体助推火箭（长征三号乙运载火箭）、捆绑两个液体助推火箭（长征三号丙运载火箭）的研制，形成了长征三号甲系列运载火箭，成为我国运载火箭中的主力火箭。“长征三号乙”的地球同步转移轨道运载能力，设计值为5100千克，实际发射结果达到了5200千克，在美国大力神4运载火箭（6350千克）、俄罗斯质子号运载火箭（5500千克）之后，居当时世界第三位。

任新民

任新民院士传记

Academician Ren Xinmin's Biography

第七章

古稀之年
耕耘不辍

沿着历史的足迹追溯任新民在风云一号试验气象卫星等大型航天工程中的建树，足可见“任老总”这三个字的内涵和分量。

20世纪70年代后期，任新民时任七机部副部长，但随着他被任命为试验卫星通信工程（“331”工程）总设计师，人们开始亲昵地称他为任老总或总总师。航天老总的称谓本是源自其担任航天型号工程总设计师之称，同时，也是类同中国人民解放军指挥千军万马的将帅，对担任过多项航天型号工程总设计师的德高望重的科技专家融入了尊敬之意，后演变成除著名科学家钱学森之外，陶冶出了“任屠黄梁”四位，在航天系统耳熟能详的四大航天老总，任新民位于其首。

他这位航天老总的确是名副其实。他担任的各类航天型号工程和专业技术的总设计师、副总设计师、技术总负责人等，足有十多项。仅在1978年以后，在大型航天型号工程研制中，他除担任试验卫星通信工程和实用卫星通信工程总设计师外，还相继担任了风云一号试验气象卫星工程、改进型风云一号气象卫星工程、改进型返回式遥感卫星工程、新型返回式遥感卫星工程、发射外国卫星工程的总设计师和中容量卫星通信工程的总技术顾问。这些航天型号工程的研制直至成功，基本上都是在他进入古稀之年前后。我们沿着历史的足迹追溯他在这些大型航天工程中的建树，足可见“任老总”这三个字的内涵和分量。

1. 亲临一线　发射“风云”

早在任新民担任七机部副部长时，党组分工他分管风云一号试验气象卫星工程。“风云一号”是极地轨道（又称太阳同步轨道）气象卫星，用长征四号甲运载火箭发射。“长征四号甲”的原型是第三级为常规推进剂发动机的“长征四号”，“长征四号”原是发射地球同步轨道卫星的“长征三号”的备份火箭，由于“长征三号”已研制成功，于是对“长征四号”进行了改进研制，用来发射极地轨道卫星，称为“长征四号甲”。

风云一号试验气象卫星工程由五大系统组成：风云一号气象卫星系统、长征四号甲运载火箭系统、发射场系统、测控通信系统和地面应用系统。各系统的研制单位跨地区、跨部门，协作关系复杂。主要承研单位包括：上海七机局（后称上海航天局、八院）、七机部（后称航天部）五院、七机部067基地、八机部（后合入航天部）111厂、中国科学院上海技术物理研究所、四机部（后称电子部）上海华东计算所、国家气象局等部门和单位。组织协调工作更为复杂和艰巨，任新民在其中起到了不可替代的作用。在这一工程主要大系统及其关键分系统的

任新民在调研考察

研制中，从技术方案的论证、确定，到重大关键技术的解决，直至重大的地面试验和发射现场测试中出现的各类重大技术问题的协调与解决，他都亲临现场，事必躬亲，掌握情况，同有关人员一起研究、讨论，发表中肯而又有指导性的意见，并适时地做出分析、判断，对重大问题做出果断决策。

1984年8月24日，任新民正式被国防科工委任命为风云一号试验气象卫星工程总设计师。此时，第一颗试验通信卫星“东方红二号”已发射、定点成功，投入运行、使用，这使他得以把工作重点转移到风云一号试验气象卫星上来。这一工程的研制单位主要在上海地区。在这一时期内，他几乎是常驻上海，奔波于“长征四号甲”和“风云一号”的研制单位，潜心致力，尽职尽责，四处奔忙，协调和解决各种各样的问题和关键技术。尤其是中国科学院上海技术物理研究所和四机部上海华东计算所，都承担着重要的分系统和设备的研制任务，又都是航天部系统以外的单位，过去对他们的情况掌握的有限，所以在这一时期内，任新民花了相当多的时间到这两个单位了解情况、协调问题，并熟悉了有关的科技人员，为他后来在发射场的组织指挥工作奠定了技术和人际关系的基础。

1985年，航天部开展了航天型号的清理整顿工作，围绕风云一号试验气象卫星是使用“长征四号甲”还是使用改进的“长征三号”发射的问题进行了讨论、辩论，两种意见各执一词，势均力敌，针锋相对。当初反对将“长征四号”作为发射地球同步轨道通信卫星第一方案的任新民，在多次会议上，坦诚而坚定地阐述了他的观点和意见：“原来我是不主张‘长征四号’立项的，因为我相信氢氧发动机和三级为氢氧发动机的‘长征三号’是能够研制成功的，我们应该集中力量研制‘长征三号’，没有必要搞‘长征四号’作为备份方案，更不能把‘长征四号’作为发射地球同步轨道通信卫星的第一方案。但现在‘长征四号’及其改进研制‘长征四号甲’的研制工作，已经完成了百分之七八十，再花少量的经费就可以研制成功以常规推进剂发动机为三级的运载火箭，何乐而不为呢？！”他加重语气地说:“如果‘长征四号甲’下马，需要一笔下马费；再加上用‘长征三号’发射极地轨道的风云一号卫星，还要进行改型研制，还得需要一笔改型研制费，这两笔经费加起来，比续研‘长征四号甲’所需的经费要多得多。花相对少的钱，还拿到另一种可供选用的运载火箭。哪个划得来呢？”他环视了一下在座的各位，动情地说:“张钧同志（航天部原部长）讲过，十月怀胎，一朝分娩，如果怀孕七八个月再打胎，会伤母体。‘长征四号甲’就是已经怀孕七八个月的胎儿，如果让其下马，会伤及母体上海航天局的士气。要三思呀！”这时，有人提到“长征三号”已有三次发射的实践，两次已圆满成功，是比较成熟和可靠的运载火箭，而“长征四号甲”发射成功的把握有多少呢？任新民有些激动，他“腾”地站了起来，斩钉截铁地表示:“我能够和大家一起研制成功三级为氢氧发动机的‘长征三号’，也能够带领大家研制成功三级为常规发动机的‘长征四号甲’。我可以立军令状，如果研制不成功，我负全责，也可以坐牢、砍头，别看我70多岁了，坐几年牢还没问题！”在场人员看着任老总气呼呼又十分赤诚的表情，都有些感动。连与其意见大相径庭的一位老总也劝道:“老任，别生气，他（指怀疑‘长征四号甲’成熟度和可靠性的一位领导）不就是个技术员嘛？！用不着跟他较真。”争论和辩论持续了一段时间，已到了白热化的程度，两种意见相对峙。在一次会上，航天部李绪鄂部长无奈地说："两位副部长的意见是一对一，两位老专家的意见一对一，部机关计划司和科研局的意见是一对一。会后，我们再广泛地听取方方面面的意见，认真地研究，最后再做决定。"后来，航天部党组做出决定：继续研制长征四号甲运载火箭，用它发射极地轨道的风云一号试验气象卫星。

在技术上不同意见的争论和辩论是正常现象，这件事正是贯彻发扬技术民主的典范。任新民作为一位老专家不避嫌，不回避矛盾，直言不讳，这正是其事业心和责任感的体现。

也就在此时，任新民着眼于航天事业的大局，着眼于航天型号及其主要分系统清理调整的大局，对"长征三号"和"长征四号甲"一、二级液体火箭发动机的研制定点进行了调整。由于历史的原因，这两个型号的发动机分别由航天部067基地和上海航天局两个单位研制，他们各自都有一套完整的体系，包括研究设计、试制生产、试车试验等三方面的单位。"机不可失，时不再来。"任新民抓住了这次机遇，在决定上海航天局继续承担长征四号甲运载火箭研制生产任务时，调整航天部三大摊液体火箭发动机研制单位的分工问题。他出面做上海航天局的工作，把运载火箭大发动机的研制生产任务交给陕西的067基地；上海的发动机研制单位集中精力研制弹、箭、星上的中小发动机。他的理由很简单：上海航天局要下力气把"长征四号"系列的运载火箭研制任务完成好，没有必要死抱着主要是批产性质的大发动机。上海航天局及其发动机研制单位的领导深知任老总为保留"长征四号甲"所做的努力，运载火箭及发动机的主要技术负责人，如孙敬良、臧家亮、李相荣等，又都是任老总的老部下，他们对改变运载火箭大发动机的研制定点也只好默认了，对此，任老总立了一大功。

其实，航天系统液体火箭发动机三大摊研制、生产、试验单位（北京、上海、陕西），都是从原国防部第五研究院一分院第三设计部、211厂、101站分出来

任新民在067基地试验现场听取汇报

的。任新民一直酝酿和筹划这三摊应各得其所，各有侧重，经过这次调整，这三摊的研制分工就比较合理了：北京负责研制氢氧发动机，067基地负责研制常规推进剂的大发动机，上海负责研制中小发动机。这样就实现了任新民这位液体火箭发动机元老的夙愿和期盼。

实践是检验真理的唯一标准。这种三级均为常规推进剂发动机的长征四号甲运载火箭，创造了首枚发射成功的佳绩，1988年9月7日、1990年9月3日，分别将风云一号第一、二颗卫星准确送入预定的极地轨道。在长征四号甲一、二级的基础上，经改进研制成功了长征二号丁运载火箭；在长征四号甲的基础上经改进研制，衍生出了长征四号乙和长征四号丙运载火箭，形成了长征四号甲系列运载火箭。

迄今，“长征四号甲”已成功发射两颗极地轨道的风云一号气象卫星，“长征四号乙”已18次成功发射了极地轨道与近地轨道的多种卫星，“长征二号丁”已17次成功发射了近地轨道的多种卫星，“长征四号丙”已9次成功地发射了极地轨道和近地轨道卫星。以上海航天局为主研制的这一系列运载火箭共进行了46次成功发射，实现了首枚成功、枚枚成功的目标。长征四号甲运载火箭还于1991年荣获国家科技进步奖特等奖。这一系列运载火箭还承揽了发射外国卫星的任务，2012年1月9日，“长征四号乙”在发射资源三号卫星时，利用一箭多星技术发射了卢森堡小卫星；2012年9月29日，“长征二号丁”在酒泉卫星发射中心发射了委内瑞拉遥感卫星一号。这一系列运载火箭已成为我国长征系列运载火箭中的一支生力军，特别是在发射极地轨道和近地轨道卫星方面，已占有半壁江山。

更值得一提的是，1992年8月9日和1996年10月20日的两次发射，当时中国运载火箭的发射连续遭到挫折或失败，形势异常严峻，外国航天界甚至发出“中国航天怎么了？”的惊呼，两次都是“长征二号丁”挺身而出，应对颓势，顶住压力，扭转乾坤，获得了成功。这两枚长征二号丁运载火箭功不可没。

任新民始终牢记着他在讨论“长征四号甲”是否下马时所说的关于“长征四号甲”一定能研制成功的承诺，并以此为动力，对“长征四号甲”及后续的运载火箭的研制，都付出了更多的艰辛和心血，对火箭的研制和发射成功作出了重要贡献。对此，上海航天局的广大科技人员、干部和工人更有切身体会，他们对任新民都竖起大拇指，异口同声地称赞他实事求是、力陈己见、求真务实、埋头苦干的高尚品格和敬业精神。

许多航天人都还清楚地记得1988年9月在太原卫星发射中心发射第一颗风云一号气象卫星的日日夜夜。任新民作为风云一号气象卫星工程的总设计师，一如既往地在运载火箭、卫星和参试人员进场后，进入发射场，同广大参试人员并肩战斗，全过程地掌握测试、检查和发射情况。“长征四号甲”“风云一号”及其发射场、测控通信系统等，都是第一次，暴露的问题和遇到的难题相对比较多，测试检查工作进行得十分艰苦、紧张。他凭借长期积累的测试检查经验，凭

任新民在太原卫星发射中心
测试现场指挥发射

借他对情况的了如指掌，组织解决了一系列难题，排除了多个疑点和隐患。

天公并不作美，七八月份的山西下起了罕见的大雨，竖在发射塔架上的“长征四号甲”和“风云一号”的防雨设施并不齐备，火箭和卫星一旦进水，后果不堪设想。这可急坏了任老总和参试人员。他指派上海航天局新中华厂的党委书记带领科技人员，带着他的亲笔信开着面包车日夜兼程奔赴北京。他以十万火急之令告知他的前任秘书全程跟踪办理此事。前方的需要就是命令。从太原卫星发射中心返回的人员到京后天色已晚，他的秘书连夜同部机关有关人员联系，购置了从境外进口的防雨帆布，并按他们带来的尺寸要求制作了防雨帐篷，翌日带着这些赶制的帐篷返回发射场，使漏雨问题得到了解决，保证了测试发射工作的顺利进行。

测试检查中难免出现这样或那样的问题，有的属于还没认识到的问题，有的是考虑不周而出现的漏洞，也有的属于工作上的疏忽。在那段时间里，任新民的火气着实有些大，也很着急。眼看着发射场的天气越来越冷，发射窗口不等人呀！了解内情的人知晓，对“长征四号甲”任新民心里有一个没立军令状的军令状，不能有半点闪失。他对出现的大小问题都追问个水落石出，也时而视问题的性质对当事人进行批评，尽管批评得很严厉，但还是晓之以理，动之以情，让被批评者口服心服。更可贵的是，他批评过后似乎一下子全忘了，反而与被批评者熟悉了，甚至交上了朋友。所以，工作紧张而繁忙的科技人员，有时觉得挨任老总一顿“训”，反而是一种享受，既增长了知识，又可以换换氛围、换换脑筋、提提神，也是一种休息，有时在情急中还会被刺激出新思路、新办法。

此时的任老总早已年逾古稀，在吃住等方面给他些照顾也是理所当然、无可非议的，但他坚持和试验队同吃、同住，谢绝任何照顾。有时他牙不好，试验队的厨师要给他做碗面条，他都不肯，理由很简单，不要麻烦人家。他从不搞特殊，也不允许别人为他搞点特殊，谁给他搞特殊，他就对谁发脾气，久而久之，和大家打成一片也就成为常态了。

他像年富力强的科技人员一样，在发射场区各厂房东奔西跑，在发射塔架上爬上爬下，从早忙到晚，真有一股豁出这条老命的拼搏劲。有一天，在发射塔架仪器舱所在的平台上，细心而负责的随队医生，一眼就搜寻到了任老总。这位可亲可敬的老人有些消瘦，从其布满血丝的双眼中可以看出他的疲惫和焦躁。医生请他量血压，他就是不肯量。在医生再三的劝说和恳求下，他只好让医生给他听了心脏、量了血压。看到血压计上的示数，医生惊呆了，可又不敢立即告诉他，只是连声说：“略高一点儿，您需要回宿舍休息，休息！”他当然不肯。医生说：“任老总，请您休息既有利于您的身体和工作，也是我的职责！”一提到职责，他反应很快，立即半开玩笑地回敬道：“你有你的职责，你的职责是让我休息；我有我的职责，我的职责不能让我休息。你没有看现在到啥时候了？”弄得医生无话可说。由于他的坚持，直到在塔架上的测试工作结束后，他才回到试验队的宿舍。事后，医生在他的血压基本正常时才道出了“天机”：“任老总那天在塔架上的血压已冲出了血压计的量程，而且心动过速。我又不敢直说，怕一紧张一下子出问题。”任老总听后若无其事地淡淡一笑：“没事的，我的血压是神经性的，紧张劲儿一过就正常了。”

发射风云一号试验气象卫星的试验队是由上海航天局组织的，他们同北京的部机关、发射部队都不很熟悉。他这位工程总师不仅要肩负技术指挥员的重担，还要兼管一些行政指挥的工作，他从不推脱和避嫌。例如，在发射场区的文化生活是很单调的，有时放一放电影，开始时，航天试验队的人员都跟部队家属一样，走电影院的旁门，像散兵游勇一样靠边坐。他得知后，立即让秘书请太原卫星发射中心的沈椿年司令到他的宿舍来。沈司令原是哈尔滨军事工程学院二系二期的学员，沈椿年在校时，任新民正任哈军工二系教育副主任。沈司令一听老师找他，放下其他工作火速赶到任老总的驻地，寒暄后任新民开门见山地说："航天试验队是有组织来执行任务的，也是你辖下的准军事单位，看电影时也可以整队入场，集中划一块地方。"沈司令一听就明白了，马上回应道："是我失职，我马上告诉军务部门，你们是我们请都请不来的贵客。"尔后，航天试验队都是列队进入电影院，并一律着工作服。任老总真是用心良苦，意在让试验队振作精神，像一支能打硬仗的队伍。

经过两个多月精心的测试检查，发射第一颗风云一号试验气象卫星的日子终于来到了。1988年9月7日，首枚长征四号甲运载火箭满载着千万人的心血和汗水，不负众望地将第一颗风云一号试验气象卫星准确地送入了预定轨道。人们欢呼雀跃，庆祝"长征四号甲"首枚成功的壮举。任新民长出了一口气，一块石头总算落了地，当初对"长征四号甲"的承诺总算兑现了。

“风云一号01星”是中国的第一颗试验气象卫星，称得上中国人的新的天之骄子，是我国卫星气象事业的启蒙之作。这颗卫星向地面发送了气象云图资料及大量的遥感数据。发送回来的气象云图照片图像清晰，纹理清楚，层次丰富。地面接收的图像质量已接近美国第三代业务应用气象卫星图像的质量。当时在北京正召开亚太地区气象会议，与会代表在中国国家气象局气象卫星资料处理中心，观看到风云一号卫星发回来的气象云图，都赞不绝口。

遗憾的是，第一颗风云一号卫星只在轨正常运行了39天，由于姿态控制系统的一个单机故障，使姿态控制系统出现异常，致使卫星翻滚而不能继续正常发送气象云图，未能达到设计的寿命要求。任新民和风云一号卫星的研制人员进行了紧张的在轨抢救和排除故障工作，为医好第一颗“风云一号”而忙碌了十多个日夜，但最终未能挽救回来。

随后，他组织和部署了第一颗“风云一号”的故障分析工作和第二颗“风云一号”改进方案的制订工作。经过艰难而反复的分析、研究和论证，并进行了大量的试验，查明了产生故障的部位及故障的原因和机理。还对第一次发射中的其他问题和薄弱环节进行了分析。据此，采取了有针对性的和综合治理性的措施，开始了第二颗风云一号卫星的研制工作。

经过连续而紧张的研制和发射场的测试检查，1990年9月3日，第二枚“长征四号甲”又英姿勃勃地将第二颗风云一号卫星准确地送入了预定的极地轨道，并成功地搭载发射了大气一号甲、大气一号乙两颗气球卫星。10月6日至10月25日，国家气象局气象卫星中心组织对第二颗风云一号卫星的在轨测试。测试结果表明，卫星的在轨姿态、五通道可见光系统、红外扫描辐射计、图像传输通道、双频测轨通道、星载磁带记录器、星地时间比对、卫星在轨控制功能、图像质量等，均满足或优于使用任务书的要求，其高分辨率图像的星下点分辨率达到1.1千米的设计指标，延时记录的合成图像分辨率也达到4千米的设计指标。

1990年9月22日至10月7日，第十一届亚运会在北京召开，第二颗风云一号卫星所获得的气象资料为亚运会的气象预报作出了突出贡献。第二颗风气一号卫星还为1990年10月5日发射的改进型返回式遥感卫星和我国1990年开始的第七次南极科学考察等，提供了有效的气象保障，效果显著。对卫星探测到的遥感资料经过加工处理后，生成了多种产品，通过多种途径提供给各用户，在气象预报、积雪监测、冰情服务、水体监测和环境监测等方面得到了实际应用，取得了良好的效益。例如：在亚运会期间，第二颗风云一号卫星提供了亚洲区域和北京地区的云图，以此为亚运会专门制作了亚欧彩色图，在天气预报节目中播出，为亚运会增添了光彩，博得各国体育官员和运动员的好评；1991年夏季，我国遭受了特大洪涝灾害，风云一号卫星的云图资料对准确核定受灾面积发挥了作用，取得了明显的社会效益。

可惜第二颗风云一号卫星只正常工作了五个多月，1991年2月14日除夕之夜，当卫星飞经南大西洋地磁异常区后飞回到我国上空时，发现卫星已处在快速翻滚的异常状态。闻讯后，任新民带领有关人员火速赶往西安卫星测控中心，在极其困难的情况下，同风云一号卫星试验队的科技人员，在卫星测控中心的全力协同与配合下，群策群力、艰苦工作，及时制定了一套有效抢救卫星的技术方案，经过两个半月的实施后，终于使第二颗风云一号卫星重新对地定向，恢复了正常工作。能使一颗气源耗尽高速旋转的卫星重新恢复三轴稳定对地定向的姿态，在国内是首次，在国外成功的例子也不多。

这颗风云一号卫星的星载计算机在太阳强辐照作用下产生了故障，这是新的过去还没认识到的问题，这颗星正常运行165天，断断续续累计工作了285天，仍未达到设计要求。

2. 拼搏奋斗　改进“风云”

风云一号第一、二颗星的发射任务完成后，任新民又开始进入到思索和自责之中：“长征四号甲”算是响当当地圆满完成了任务。可“风云一号”虽然是试验气象卫星，没达到设计要求就算没圆满完成任务，在轨工作不那么干净利落……难道我国极地轨道的气象卫星就画这么一个圆不圆、扁不扁的句号吗？！实在是令人不甘心。他根据“风云一号”两颗星的试验与运行情况，又考虑到国家气象部门对极地轨道气象卫星的需求，形成了要研制改进型风云一号气象卫星的概念，并构思了改进型“风云一号”的总体技术方案设想，他认准了的事就一定不遗余力地去干，而且一定要干成。他又像着了迷似地组织“风云一号”设计师系统及部机关的有关人员，进行总体技术方案论证、经费预算和进度计划安排。他亲自出马，带领有关人员向国家气象局、国防科工委、国家计委和国务院有关领导汇报。功夫不负有心人，经过多方奔走呐喊，改进型的风云一号（风云一号02批，亦称风云一号03、04星）终于获得了立项。真是精诚所至，金石为开，有志者事竟成。

公关难、立项难，真正干起来，技术上的攻关更难。任新民仍担任风云一号02批极轨气象卫星工程的总设计师。虽已早过古稀之年，但他仍精力充沛、思维敏捷地领导和主持着整个工程的研制与发射工作。1990年12月，在任新民、孙敬良（风云一号卫星气象工程副总设计师兼“长征四号甲”总设计师）、钮寅生（风云一号气象卫星地面应用系统总指挥兼总设计师）等的沟通、协调下，国家气象局会同总参谋部、国家海洋局、中国科学院、航空航天部等，联合向国务院、中央军委报送了《关于继续发展风云一号气象卫星的请示》，主要内容有四个方面：风云一号01批两颗星的情况和应用效益，风云一号02批的使用目的，风云一号02批的技术方案要点，风云一号02批的进度计划与经费预算等。1991年4月5日，国务院副总理邹家华听取了航空航天部和国家气象局关于风云一号

02批气象卫星的汇报。邹家华在会上作了重要讲话：“不搞气象卫星国民经济就缺一块。气象卫星不仅要考虑眼前，还要有一个全面规划，不能等卫星寿命到了，才来讨论如何解决继续发展的问题。要建立一个机制解决气象卫星经费问题。气象卫星是公益性的，要有一个渠道，财政上要研究，不要临时解决一下，一锤子买卖。要考虑十年的事，通盘研究一个办法，这样国家气象局心中有底，航空航天部也可以按计划干，不能临时找钱，气象要发展，总不能关门。”1992年7月，国家计委、财政部、国防科工委向国务院、中央军委报送了《关于解决我国气象卫星经费的问题的请示》，1992年9月9日，李鹏总理和中央军委杨尚昆副主席予以批准。

1993年5月20日，国家气象局与中国航天工业总公司签署了《风云一号02批气象卫星及运载火箭研制生产技术经济合同》，风云一号02批气象卫星及运载火箭的研制工作全面展开。

任新民将他向国家争取立项时的承诺既作为压力，又作为动力。他不止一次地向有关的研制人员讲：“我们不能食言，当初立项时我们讲的技术指标、经费预算和进度计划，就是我们工作的目标，我们要说话算数！”以此激励和鞭策自己与广大的研制人员。

风云一号02批虽被称为风云一号的改进型，但使用要求上有很大提高，设计方案上也有很大的改进，实际上是一个新研制的型号，技术难度和技术跨度都是很大的。从使用要求上，主要是长寿命、高可靠。要着力提高可靠性，卫星工作寿命要达到二年以上（01批为一年）；将扫描辐射计由5个通道改为10个通道，每个通道的量化等级由8比特提高为10比特；将风云一号01批延时回放资料，由国外局部地区的模拟资料改为全球数字化资料，星上存储时间由60分钟改为300分钟。在技术方案上，卫星姿态控制为三轴稳定对地定向的姿态控制系统，采用偏置动量轮加磁进动、章动控制和磁平稳卸载方案，主要姿态测量仪器是三台红外地平仪，姿态中央控制器由两台计算机构成；卫星的主要遥感仪器为两台互为备份的10通道扫描辐射计，其可见光和近红外定标精度为10%，红外辐射定标精度为1千米；空间分辨率：HRPT图像优于1.1千米，GDPT图像优于4千米。

发射风云一号02批的运载火箭也在“长征四号甲”的基础上，在保证稳妥可靠的前提下，大胆地采用了多项新技术，如新研制了长度为8.483米、筒段直径为3.35米的旋转分离卫星整流罩；局部加强和改进第三级箭体结构；第二级发动机采用大喷管方案，并增加了推进剂利用系统；控制系统采用电子式程序配电器和动力调谐陀螺平台（简称小平台），可减轻第三级重量和提高卫星入轨精度；研制了剩余推进剂排放系统，消除了火箭末级入轨后解体的隐患，实现空间碎片减缓的国际目标。这一改进后的运载火箭称为“长征四号乙”，其技术水平和运载能力都有了显著提高，更突出的特点是：可靠性高、发射卫星的入轨精度高、性能价格比合理、适应性强，尤其是能在国内三个卫星发射中心（酒泉、西昌、太原）发射多种用途的卫星。

任新民同这一工程五大系统（风云一号卫星、长征四号乙运载火箭、发射场、测控通信、地面应用）参研、参试人员拼搏创新、埋头苦干、刻苦攻关，研制工作顺利进行。特别是风云一号卫星的研制人员认真总结经验教训，深刻反思01批卫星工作中的失误和不足，不断查找产品的薄弱环节并认真加以改进。从成功和挫折失败中深刻地认识到：卫星研制必须以长寿命、高可靠为目标，将卫星的质量与可靠性作为一个重要的性能指标；在设计中要充分分析影响卫星质量与可靠性的各种要素，找出薄弱环节，采取各种可靠性设计手段，有效地提高卫星各分系统和单机设备的质量与可靠性，尤其应注意提高接口的质量与可靠性，消除关键部位单点失效故障的发生；要重点对元器件质量、防环境污染、抗空间粒子辐照效应、电磁兼容性等，采取有效措施；要进行充分的地面验证试验和可靠性增长试验；实行全面、全过程的质量控制与监督。

耕耘总会有收获。1999年5月10日，在太原卫星发射中心，第一枚长征四号乙运载火箭托载着第一颗改进型的风云一号气象卫星（风云一号03星）和实践五号科学试验卫星呼啸而起，将这两颗卫星准确地送入各自的预定轨道；2002年5月15日，第二枚长征四号乙运载火箭再显神威，又将风云一号04星和我国第一颗海洋探测卫星海洋一号准确地送入各自的预定轨道。经过在轨测试和使用证明，风云一号03星、04星这两颗业务气象卫星，技术性能良好，均达到并超过了设计要求。实现了每天定时两次向世界各地气象台站实时发送10个通道1.1千米甚高分辨率的数字化云图；记录存储全球国外地区4个通道4千米分辨率的数字化云图，延时回放给我国的地面站。

正是由于改进型的风云一号卫星在轨运行的稳定性和提供信息数据的准确性，世界气象组织于2000年8月正式将风云一号03星列入世界极轨业务气象卫星的系列，后来发射的风云一号04星也被列入了这个系列，为世界各国免费提供气象资料，极大地提高了我国航天的声誉和影响。

风云一号03星、04星的成功发射和使用，完全兑现了工程立项时的承诺，并使我国极地气象卫星研制发射工作画上了圆满的句号，取得了巨大的经济效益和社会效益。同时还发射了海洋一号海洋探测卫星，填补了我国探测领域的空白。特别是通过风云一号03星、04星的研制、发射实践，为后续的第二代极轨气象卫星风云三号的研制积累了经验，奠定了坚实的技术和物质基础。

3. 遥感总师　尽职尽责

早在1966年年初，我国第一颗人造地球卫星东方红一号的研制工作正在紧张进行时，即已开始我国第一种返回式遥感卫星的方案论证工作。这一卫星分为仪器舱和返回舱两个舱段，卫星由结构、温度控制、摄影、姿态控制、程序控制、遥测、遥控、跟踪、返回、天线、供配电共11个分系统组成。仪器舱由仪器舱结构、地物相机、星空相机和姿态控制、程序控制、跟踪三个分系统组成；返回舱由返回舱结构、起旋和消旋装置、制动火箭、回收装置、跟踪分系统、遥测分系统和暗道片盒等组成。

在返回式遥感卫星的研制中，除解决一般常规的技术问题外，还必须突破一些技术难关。这些技术难关是：调姿关、制动关、防热关、软着陆关、标位及寻找关等。

1970年4月24日，中国成功发射第一颗东方红一号人造地球卫星后，任新民被调入七机部机关，任科研生产组副组长，负责航天型号研制等科研生产工作。从这时起，他即开始参加返回式遥感卫星的有关研制及管理工作。1974年8月，第一颗返回式遥感卫星及长征二号运载火箭出厂测试合格后，经叶剑英等中央领导批准，于9月12日运抵酒泉卫星发射中心。经过技术阵地和发射阵地的检查测试，11月5日17时40分，“长征二号”点火起飞，飞行6秒钟后，运载火箭的俯仰摆动越来越大，飞行姿态失稳，至20秒时，由于运载火箭俯仰姿态角偏差过大，安全自毁系统的爆炸器起爆，火箭自毁，卫星及运载火箭的残骸坠落在发射塔东南方不到1千米的地方，发射失败。

失败是成功之母。研制人员通过遥测数据判读、地面模拟试验和残骸分析，得知失败的原因是由于俯仰回路中的速率陀螺至放大器的导线在距离速率陀螺690毫米处有暗伤，在飞行振动条件下发生断路，使姿态速率控制失去作用，致使稳定系统俯仰通道失稳。为山九仞，功亏一篑。这即航天史上一线之失，造成严重后果的实例。这次发射失败后，中央军委副主席叶剑英立即做出明确指示：“失败是成功之母，不要颓丧，要继续奋斗，再接再厉，一定要达到目的为止。”全体研制人员按着叶副主席指示，吃一堑，长一智，开始了第二枚“长征二号”和第二颗返回式遥感卫星的研制工作。

时值张爱萍第一次复出，任国防科委主任，大力开展整顿之时，1975年6月30日，任新民被中央任命为七机部副部长、党的核心小组成员，分管航天型号科研生产工作。第二枚“长征二号”于1975年7月开始总装，他陪同张爱萍主任到总装车间视察，聆听了张爱萍的要求：进一步把工作做细，不要急于求成；凡是一切能在地面发现的问题一定要发现，一切能解决的问题一定要解决；不带问题上天，做到一次成功，一鸣翔天。1975年8月20日，国防科委、七机部领导听取了关于即将出厂的返回式遥感卫星及长征二号运载火箭质量情况的汇报。经过再次质量复查后，10月16日，返回式遥感卫星和长征二号运载火箭运抵酒泉卫星发射中心，开始检查测试工作。

张爱萍主任在大抓整顿之时，又抓航天型号的研制发射，明确提出1975年要实现“三星高照”（指1975年7月26日，用风暴一号运载火箭发射成功的技术试验卫星；1975年11月26日，用长征二号运载火箭成功发射的返回式遥感卫星；1975年12月16日，用风暴一号运载火箭成功发射的技术试验卫星）。为加强第二颗返回式遥感卫星发射现场的组织指挥，国防科委任命国防科委副主任马捷为总指挥、任新民为副总指挥，直接领导和组织了第二颗返回式遥感卫星的检查、测试和发射工作。

中央军委对这颗返回式遥感卫星的发射，明确地提出了“送上去，收回来”的要求，特别是第一次发射失败，对这次发射更不能有任何懈怠。11月15日，完成了技术阵地的检查测试，星、箭转往发射阵地。在众人的期盼与瞩目下，1975年11月26日11时30分，挺立在发射台上的长征二号运载火箭托载着返回式遥感卫星拔地而起，按预定程序将卫星送入了预定轨道，轨道近地点高度为173千米，远地点高度为483千米，轨道倾角63度，入轨精度达到了设计要求。

卫星在轨运行三天三夜，各系统工作正常，完成了对预定区域的遥感任务。11月29日上午11时许，卫星返回舱按预定程序按时回收，取得了成功。这是任新民在我国第一种返回式遥感卫星领域留下的足迹。

斗转星移，光阴荏苒，转瞬间十多年过去了。1984年4月，我国战略核导弹和航天技术在20世纪80年代前期的三项重点工程任务完成后，一批新的大型航天工程陆续立项。任新民虽已年逾古稀，但国防科工委和航天部的领导，综合地考虑了大型航天系统工程的特点和研制工作的需要，权衡了新老科技领导交接等具体问题，并根据他的身体状况，又对他委以了新的重任。

“331”工程研制发射任务完成后，任新民可以说是功成名就，按常理讲，他可以放心回家颐养天年了。但这位生命不息、奋斗不止的老专家，在组织征求他的意见时，他只是说：“听从组织安排，你们定。”在一段时间内，他几乎是同时担任七项大型航天型号工程的总设计师和一项大型航天系统工程的总技术顾问。这些工程是：试验卫星通信工程（331工程）、实用卫星通信工程（331甲工程）、风云一号试验气象卫星工程、改进型风云一号气象卫星工程、改进型返回式遥感卫星工程、新型返回式遥感卫星工程、发射外国卫星工程（867工程）等。担任总技术顾问的工程为东方红三号卫星通信工程。这些大型航天型号工程研制工作的强度和技术难度都是可想而知的。

任老总老当益壮，而且决定要当就当一个名副其实的工程总师。在1987年9月9日至1996年10月20日间，我国相继发射了五颗改进型返回式遥感卫星（又称返回式卫星二号）和三颗新型返回式遥感卫星（又称返回式卫星三号）。那几年，在任新民担任总设计师的几项工程中，包括“长征四号甲”发射风云一号卫星、“长征三号”发射东方红二号甲卫星、“长征三号”发射外国卫星以及改进型和新型返回式遥感卫星的发射等，次数比较多，有时西昌、酒泉、太原三个卫星发射中心都有发射任务，他确实很忙碌，奔波于三个发射中心和西安卫星测控中心之间。在安排行程时，有人建议任老总，某某工程在技术厂房的测试很正常，没有需要总师协调的重大问题，他可以晚些时间去。他的回答是：“要去就早去，从头到尾参加测试检查，和大家一起研究问题、解决问题。不能临到发射了，去当参观团团员，非但不能帮助人家解决问题、决策问题，还得让人家给你汇报、介绍情况，反倒耽误人家的时间，影响人家工作，还不如不去。”他还强调

任新民在调研考察

说：“工程总师责任在身，不到现场是失职。”

在安排科研生产计划时，他总是和研制单位的有关人员、部机关的有关人员反复协商，绞尽脑汁想办法，尽量使他担任工程总师的不同工程不要同时在不同的卫星发射中心进行发射。虽然精心运筹，但由于发射窗口等诸多因素的制约，有时实在错不开，两项工程同时在不同的卫星发射中心执行测试、发射任务。他将“弹钢琴”的工作方法运用到了极致，根据不同工程在卫星发射中心工作的进展情况，科学而合理地安排时间，在有关的卫星发射中心和测控通信中心之间飞来飞去，确保在关键环节亲自坐镇现场，忠诚地执行工程总设计师的职责。所以，很多科技人员都异口同声地说：“任老总可不会当省心的领导，更不会当挂名、‘点卯’的总师，他是既摇头，也点头，从不推诿，关键部位、关键时期他都事必躬亲。”

值得记述的是1996年10月20日发射的新型返回式遥感卫星。在此之前，几次重要的卫星发射相继失败，形势异常严峻，确实到了失败不起的时刻。1996年8月，任新民担任工程总师的新型返回式遥感卫星由长征二号丁运载火箭运往发射场进行发射，一定意义上讲，这次发射具有扭转被动局面的意义。任新民和广大的参研、参试人员没有丝毫懈怠，进行紧张的检查测试工作。就在发射阵地进行加注推进剂前的最后一次功能检查时，长征二号丁运载火箭控制系统的变换放大器却出现了故障，根据设计师系统各层设计人员的意见，任新民拍板："更换备份的变换放大器后，再次进行功能检查，如正常，即可按发射程序进行发射。"可在北京的中国航天工业总公司领导却要求确定故障的具体部位及故障机理。北京和酒泉发射现场的意见大相径庭，相持不下。两种意见的出发点和目标都是一致的，那就是保证发射成功，推进航天事业的发展。任新民的可贵之处是在关键时刻挺身而出，铿锵而坚定地表示："现在火箭与卫星已竖在发射塔架上，推迟一天发射就减少一块遥感区域，其损失都是上百万元。我们的备份仪器是干什么的，就是干这个用的。"他还庄重地表示，更换变换放大器测试正常就发射，如果出问题他负全责。最后领导决定还是要查清故障的部位及机理。任新民虽保留个人意见，但还是按着下级服从上级的组织原则，全力以赴地投入到了故障分析及后续的测试检查工作中。总算比较顺利地查出故障是由变换放大器的一个三极管管脚锈蚀所致。这颗新型返回式遥感卫星原计划在10月初发射，在推迟近20天后，于1996年10月20日发射成功，也完成了扭转"乾坤"的重任。事后，有的科技人员讲：折腾一通，还不是换了变换放大器就发射成功了，白白浪费20天时间。任新民听后制止说："对错不要再讲了，发射成功了比什么都重要。"

在任新民的带领和组织下，经过广大参研、参试人员艰苦奋斗和精心工作，前后近十年的时间里成功发射了五颗改进型和三颗新型返回式遥感卫星，除1993年10月8日发射的第五颗改进型返回式遥感卫星，由于卫星姿态控制系统故障未能成功回收外，其余七颗返回式遥感卫星均工作正常，成功回收，圆满

任新民在调研考察

完成任务，为国民经济建设和国防建设提供了大量的有价值的遥感信息，取得了巨大的经济效益和社会效益。至此，改进型（返回式卫星二号）和新型（返回式卫星三号）返回式遥感卫星工程的研制与发射任务胜利完成。

4. 商业发射　零的突破

1984年4月8日，长征三号运载火箭成功发射东方红二号试验通信卫星后，任新民就开始酝酿中国运载火箭承揽国际商业发射服务的问题，并积极地向有关领导和国家机关宣传，以期中国航天获得新的更大的发展。1986年2月1日，我国成功地发射了第一颗实用通信卫星东方红二号甲，并成功定点、投入运行使用。他回到北京后，针对我国要购买外国通信卫星，而且要用法国的阿里安运载火箭发射的情况，向中央有关领导呈交了《关于发展我国通信广播卫星事业的建议》，其中明确地提出，中国的运载火箭不仅能够发射自己研制的通信卫星，还可以承揽外国卫星的发射服务。

他积极倡导并亲自参加中国运载火箭技术研究院的分析、论证工作，经过总体、分系统和设计师系统上上下下反复的研究、讨论，中国运载火箭技术研究院提出了后续的发展思路：在长征三号的基础上，实行“上改下捆，先改后捆”的技术设想。上改就是重新设计一个新的三级；下捆就是在一级捆绑2个或4个液体助推火箭。以适应发射我国东方红三号通信卫星的需要，并为发射外国卫星奠定基础。

"长征三号"幸运地迎来了发射亚洲一号通信卫星的商机。1984年2月3日美国航天飞机挑战者号发射西联星6号，发射失败。1984年11月12日，西联星6号被航天飞机发现号取了回来，经过返修更改，最后被亚洲卫星公司购买并命名为亚洲一号通信卫星。

1985年10月，航天工业部经中央批准，正式宣布中国运载火箭进入国际商业发射服务市场，并提出了恰如其分的明确方针，即中国的运载火箭利用发射国内卫星的剩余力量投入国际商业发射服务。中国无意也无能力参与国际商业发射服务市场的竞争，只作为国际商业发射服务市场的补充，为用户提供一种选择。也许是历史的巧合，1986年1月28日，美国挑战者号航天飞机失事，国际发射服务市场重新大量使用一次性运载火箭。也恰逢此时，1986年5月30日，法国阿里安二号火箭发射国际通信卫星V失败；美国一些一次性使用的运载火箭，如大力神、宇宙神－半人马座和德尔它火箭等，也相继空中爆炸导致发射失败。1986年被国际航天界称为航天灾难年。一时间，世界上几乎所有的卫星厂家和用户都急得晕头转向，不知所措，天上运行的卫星寿命将尽，地上准备好的卫星排成队准备发射。就在这一片失败声中，我国长征三号火箭于1986年2月1日成功发射了实用通信卫星东方红二号甲，无疑提高了长征系列运载火箭的竞争力。

中国航天抓住了国际卫星发射服务市场对一次性运载火箭急切需求的契机，积极稳妥地进行了艰苦、细致、科学而诚信的商务和技术谈判，中国运载火箭的国际商业发射服务终于迎来了曙光，1989年完成了长征三号运载火箭发射亚洲一号卫星合同的签署。

1986年11月21日，国防科工委任命任新民为"867"工程（发射外国卫星工程）总设计师，他又开始致力于这一崭新、艰巨而又责任重大的领域。1990年2月4日刚进行完"长征三号"发射"东方红二号甲"的工作，2月5日，发射亚洲一号卫星的长征三号专列又向西昌进发，他只好拂去身上两个多月征战的浮尘，发扬连续作战的作风，开始和外国人打交道，执行“长征三号”发射亚洲一号通信卫星的合同。

工作人员正在西昌卫星发射中心进行紧张的检查、测试工作，新闻媒体相继传来令人震惊的消息。1990年2月22日，阿里安火箭为日本发射超鸟B通信卫星和BS-ZX直播电视卫星失败；2月28日，美国亚特兰蒂斯号航天飞机发射KH-13侦察卫星在空中爆炸；3月14日，美国大力神3火箭发射国际通信卫星VI失败。任新民一方面是为欧洲、美国航天界的同行感到惋惜，也给自己提出了警示。他深知执行这一发射合同的开拓意义。他对同事们说：“欧洲人、美国人发射出了问题，我们没有三头六臂，也不是神仙，只能靠我们精心测试、精心操作，严上加严、细上加细、慎上加慎，要实实在在地不放过任何疑点和隐患，要真正做到不带问题和疑点上天。”

奋斗终于结出了硕果。1990年4月7日，西昌卫星发射中心的天气一直纠缠着任老总。中午12点半又会商了一次天气，预报说18点后云量可减少，中低云，无雷电，只是下午可能有小阵雨。山区的天气变化无常，就在液氢加注完毕后，小雨竟变成了大雨。15点50分，电闪雷鸣，此时，任新民表情虽很镇定，但心里却是七上八下，焦急万分。他脑海里浮现出了美国的前车之鉴，1987年3月26日，宇宙神-半人马座火箭发射海军通信卫星时，发射前遇到了雷电天气，起飞后不到一分钟就遭雷击，浪涌电压破坏了控制制导计算机，导致星箭俱毁。幸运的是，我们的监测站测得的电场强度都在1千伏/米以下，曲线一直平稳，18点后，场强稳定在0.2千伏/米以下，任新民才略松了一口气。

由于种种原因，错过了当天晚上的第一个发射窗口，而此时距第二个窗口只有10多分钟的时间，也来不及了。任新民同有关领导商定，决定使用第三个窗口，即21时30分发射。20时40分，“50分钟准备”的口令准时下达。天公作美，这时发射场上空开始露出了一个小天井，能看到一些星星，这是天将放晴的迹象。任新民和同事们悬着的心开始放了下来，脸上开始“阴转晴”。

1990年4月7日21时30分，“长征三号”在其首次发射成功六周年的前夜，再现英姿，带着广大参研、参试人员的辛勤劳动和汗水，准时、准确地将美国休斯公司制造的亚洲一号通信卫星送入地球同步转移轨道，圆满地完成了我国运载火箭商业发射服务的第一个合同，实现了我国运载火箭国际商业发射服务零的突破。

中国运载火箭成功发射美国制造的卫星，消息传开，神州大地沸腾了，海内外的中华儿女振奋了！昔日在美的华人朋友直接写信给任新民，倾诉他们激动而喜悦的心情：“我们做梦也没想到中国人能发射美国人制造的卫星！”祖国的强大使中华儿女感到由衷的骄傲与自豪。任新民也从内心迸发出少有的激动与感慨：“没想到我们发射了一颗美国制造的卫星会产生这么大的动静和国际影响。”他从心底里又一次深刻领悟了“航天科技产业是战略性产业，是一个国家综合国力和科技实力的重要标志之一”的丰富内涵。

这次亚洲一号卫星发射合同的签订、履约和发射实践，是我国运载火箭的国际商业发射服务的一个良好开端，向国际市场彰显了中国已具备初步的商业发射服务的能力，得到了国际航天界、工商界、保险界、法律界的认可和赞誉，也建立了国家间的空间条约及国际协议的渠道。尔后，他又领导和参加了“长征三号”“长征三号甲”“长征三号乙”等运载火箭多次发射外国卫星的任务，将亚太一号通信卫星、亚太一号A通信卫星、菲律宾马部海通信卫星、亚太二号R通信卫星等，准确地送入了预定的地球同步转移轨道。他凭借对事业的孜孜以求，用诚实执著的劳动，为中国运载火箭进入国际市场倾注了心血和汗水，为中国航天事业的兴旺发达，作出了一份重要的、不可或缺的贡献。他也从中收获了人生难得的成就感和欣慰感。

5. 牢记责任　又“顾”又“问”

试验卫星通信工程（331工程）和实用卫星通信工程研制发射成功并投入运

行使用后，任新民称得上功成名就。有的老熟人半开玩笑地说："任老总，见好就收吧！航天这活儿风险太高，压力太大，难怪您有神经性高血压。再干，掉下来几颗就毁了您'常胜将军'的美名了。"他听后，笑了笑："哪有'常胜将军'呀！干航天更没有'常胜将军'。掉下来并不可怕，只要认真对待，总结经验教训，再干，再实践，一定会成功的。"他略微沉思了一下，自信而坚定地说："至于个人，干不干，干什么，那要听从组织的安排。"1986年5月3日，国防科工委任命任新民为东方红三号卫星通信工程总技术顾问。他可不是顾得上就问，顾不上就不问，而是既"顾"又"问"，是位名副其实的顾问。无论是长征三号甲运载火箭，还是东方红三号卫星，凡是重大的技术会议和重要的试验，他都亲赴现场，和研制人员一起研究问题、讨论问题，详细了解和掌握研制情况。他还先后三次为这一工程亲赴西昌卫星发射中心：第一次是1994年2月8日，为考验长征三号甲运载火箭，发射实践四号科学试验卫星和夸父一号模拟卫星；第二次是1994年11月30日，"长征三号甲"发射第一颗"东方红三号"；第三次是1997年5月12日，"长征三号甲"发射第二颗"东方红三号"。在执行这三次发射任务中，他都像以往担任工程总师一样，自始至终坐镇西昌，虽然责任和压力不同，他都是诚心诚意、全力以赴地协助中国航天工业总公司领导、工程总指挥和工程总设计师，同大家一起讨论问题，解决问题，参加领导和组织了这三次发射任务。

特别是，他利用自己之长协助一线领导解决一些难题，而博得同志们的赞颂。例如，在长征三号甲运载火箭装哪个单位研制的箭上计算机问题上出现了分歧意见。经过反复地协调、讨论，最后领导决定装陕西临潼771所研制的箭上计算机，而不装控制系统研究所（12所）研制的箭上计算机。为此，12所的参试人员抵触情绪很大。任新民深知箭上计算机是控制系统中的一个重要设备，如协作不顺畅会影响到整个控制系统。他一如既往挺身而出，不避嫌，也不遇着矛盾绕着走。他直面矛盾，明确表示个人意见，认为计算机研制单位771所在箭上计算机研制方面有比较丰富的经验，特别在可靠性的保证上更有把握，应该优选771所的箭上计算机。他不仅表明意见，而且主动协助一线领导做工作。他在一个星期天的一大早就赶到控制系统研究所12所参试人员的宿舍，12所的参试人员采取“回避”政策，门反锁着，都装作睡着了，他就硬敲门并自报姓名。这些老相识一听说任老总登门了，不好意思地开了门，可还有人用被子蒙着头装睡觉。他就一个个掀被子，半认真、半开玩笑，边劝解、边批评地同大家讲道理，晓之以理，动之以情，苦口婆心地做工作，使大家的气逐渐顺了过来。最后他郑重地说了一段话：“我们还是要按共产党的规矩办，领导决定了的事情就得下级服从上级。可以保留个人意见，但在行动上不得有任何反对的表示。你们要和771所搞好协调工作，如果出了问题就要拿你们是问。”这些科技人员从“长征三号”研制起，已经和任老总打过十多年的交道了，彼此都很熟悉，他们，包括昔日号称“大炮”“愣头青”的科技人员，都被任老总的一席话所感动，大家都纷纷表示：“任老总您放心，就凭您亲自爬上山来，凭您的一席话，我们也要把工作做好。”任老总笑着说：“我相信你们，意见归意见，干活归干活。”大家都送了他一段路程，目送这位耄耋老人健步地走远了。在发射现场领导发射工作的中国航天工业总公司副总经理白拜尔开玩笑地说：“12所这几个哥们儿可不是省油的灯，你说一句，他有三句等着你呢！”白副总还发自内心地说：“任老总德高望重名不虚传，有任老总坐镇，为我们排忧解难，我们的工作就省事多了。”最后，“长征三号甲”箭上计算机的选用问题得到了圆满解决。“长征三号甲”的发射任务圆满成功。

再如，在1994年9月召开的东方红三号通信卫星的出厂评审会上，各位评审委员和各有关专业的专家各抒己见，发言十分踊跃，意见也很尖锐。1986年立项时，它在国际上尚属大容量通信卫星。它是我国第一代三轴稳定的实用通信卫星，可承载170千克有效载荷，星上配置24台C波段转发器，其中6台为16瓦中功率转发器，用于传输电视；其余18台为8瓦低功率转发器，设计寿命为8年。

任新民作为评审委员出席了会议，东方红三号卫星通信工程总设计师孙家栋主持会议。任新民审慎地观察着会场的态势，与会人员对能否按期出厂存在着较大分歧。孙总也注意到任老总一声未吭，一直处于苦思冥想的状态。孙家栋见机行事，宣布会议休息。休会后，孙总立即与任老总交换了意见，并请任老总在会上系统地讲述自己的观点。

休会后，会议继续进行。任老总一分为二地系统阐述了“东方红三号”的研制工作及取得的成绩，并着重讲了东方红三号卫星目前的质量状况及存在的问题。他充分肯定了研制人员所做的工作，认为总的情况是比较好的；他也十分尖锐而中肯地提出了存在的主要问题和应该继续深入做好的工作。他从实际出发，实事求是地讲：“从理论上讲，应该是把这些要做好的工作做完做透才能出厂，但要做完这些工作恐怕得需要几个月或半年的时间，有的甚至需要一年或更长的时间才能完成。再加上发射窗口的限制，到那时运载火箭和东方红三号卫星的一些元器件等，都会过期，情况会更复杂。这些未做透的工作到发射场后还可以弥补，只要精心组织，精心测试，对各位评委提出的问题，对发现的问题、疑点和隐患逐一去解决，我相信‘东方红三号’是能够成功的。”最后，他语重心长地说：“干航天本身就是一个高风险的行业，我们就是在不断实践和苦苦求索中前进的。权衡利弊，我同意东方红三号卫星按期出厂。”

与会人员听了任老总的一番话深受启发，都感到他讲得实在，有道理，许多原来准备不同意按期出厂的评委态度有了转变。在最后的表决中，评委们一致同意按期出厂，并当场顺利地通过了出厂评审意见。“东方红三号”出厂评审会圆满结束。

散会后，与会人员你一言我一语地议论起来。有的说：“姜还是老的辣。”有人若有所思：“看来任何单位做任何事情，还是需要一个有威望、有权威、有见地的人物。”

任新民

任新民院士传记

Academician Ren Xinmin's Biography

第八章

战略思维 制定规划

“八年四弹”规划、“三抓”规划、“新三星一箭一论证”规划、未来30年的规划……任新民高瞻远瞩地关注并参与制定中国航天的发展战略与规划。

早在我国航天科技工业初创时期，聂荣臻副总理就根据航天系统工程的特点，明确地提出了按“三步棋”安排的原则，即在同一时间内，有三个层次的型号，一种是正在预先研究的，一种是正在设计和试制的，一种是定型后进行小批生产的。或者说，一个型号要经过预先研究、型号研制和小批生产三个阶段。任新民从心底里赞赏聂帅这位战略家的卓见。“凡事预则立，不预则废”，已成为任新民领导和从事航天科技工作的原则，也就是说工作要有长远的目标，在开展当前工作时要预测未来的工作，并为未来的工作奠定坚实的基础。

航天科技及其产业属于高新科技产业的范畴，是一个国家综合国力（包括国防实力、科技实力、经济实力等）的重要标志之一，更需要预测性与前瞻性，即我们通常所说的制定科学可行的发展战略与规划。1955年，时任哈尔滨军事工程学院炮兵工程系教育副主任兼火箭教授会（教研室）主任的任新民，同金家骏、周曼殊一起，撰写了《对我国研制火箭武器和发展火箭技术的建议》，并经军事工程学院上报中央军委。这是我国最早提出发展火箭与导弹技术的书面报告。1956年春，他作为科技专家应邀参加了我国《1956—1967年科学技术发展远景规划纲要（草案）》的研究、讨论与制定工作，并在著名科学家钱学森的主持下，同王弼、沈元等一起完成了规划纲要中第37项《喷气与火箭技术的建立》项目建议书的编制工作。这些都对我国的导弹与航天事业的创建与发展发挥了开拓、奠基和促进作用。

任新民亲历了中国航天创建发展的全过程，在这50多年的历程中，他始终如一地按照顾既往、观现在、瞻未来的模式进行思维的交替与递进，绞尽脑汁关注中国航天事业的发展战略与规划的制定，关注中国航天技术的发展方向与技术途径。他参加或领导了中国航天历次重大规划的制定工作，主要有：液体弹道导弹“八年四弹”规划，20世纪70年代中期制定的我国战略核导弹与航天技术“三项重点工程”规划，20世纪80年代中期制定的“新三星一箭一论证”规划，20世纪90年代前期制定的我国发展载人航天技术的规划等。实践已经证明，这些重大规划对我国航天科技工业的发展发挥了举足轻重的作用，从中也彰显了他战略科学家的风范。

1. 参加规划 “八年四弹”

1963年，国防部五院成立了科学技术委员会。1963年4月2日，国防部五院科学技术委员会举行首届年会，讨论了地地、地空和海防导弹的技术途径与发展步骤。自此开始了液体弹道导弹“八年四弹”规划的论证和制定工作。

任新民当时担任国防部五院一分院副院长兼液体火箭发动机设计部主任，还是国防部五院科技委委员兼液体火箭发动机专业组的组长，他组织液体火箭发动机设计部的有关人员，下力气搜集苏联、美国等国家液体火箭发动机技术发展的动态及情况，搜集国外液体弹道导弹发展现状及发展方向；详尽地了解并分析论证我国液体弹道导弹事业发展步骤及对液体火箭发动机的需求；根据我国工业技术的实际，对可行性做出分析论证。在经过多次讨论后，提出了既振奋人心、有前瞻性，又切实可行的液体火箭发动机的发展规划；确定用可贮存推进剂替代不可贮存推进剂；用多机并联获得大推力；用多级串联增大射程等发展方向与技

任新民出席航天部科技委第二次会议（正面左二为任新民）

术途径。还初步勾画出了液体火箭发动机发展的步骤和型谱系列，尤其是强调了液体弹道导弹的发展要贯彻动力先行的原则。在多次液体弹道导弹发展规划的讨论中，任新民都发表了实事求是、切实可行的意见，并详细地论述了动力装置及液体弹道导弹发展的蓝图。对“八年四弹”规划的确立发挥了举足轻重的作用。至今，当年参加制定“八年四弹”规划的同志都还记忆犹新，赞赏任新民的意见有理有据，既有先进性，又符合中国的国情。

七机部形成了《地地导弹发展规划》，即“八年四弹”规划，在1965至1972年的八年期间，研制成功增程的，用于“两弹结合”（导弹运送原子弹）的中近程导弹、中程导弹、中远程导弹、远程（洲际）导弹。周恩来总理十分注重发扬技术民主，广泛听取方方面面的意见，指派国防工办副主任赵尔陆带队前往七机部，听取了2400多人次科技人员、干部和工人对“八年四弹”规划的意见，进一步完善了这一规划。1965年3月20日，周总理主持召开中央专委第11次会议，原则批准七机部提出的地地导弹发展规划和安排，中程导弹1967年开始飞行试验，1969年定型；中远程导弹1969年开始飞行试验，1971年定型；远程（洲际）导弹1971年开始飞行试验，1973年定型。各导弹的发射场和弹着区由国防科委负责规划和建设。

自1965年起直至1977年中央批准我国战略核导弹与航天技术三项重点工程规划前，中国航天在液体弹道导弹及运载火箭技术领域，主要任务是执行“八年四弹”规划。由于“文革”动乱的干扰，“四弹”的任务在计划进度上有所拖后，导致后来的三项重点工程，仍有一项是“四弹”中的一弹，即远程（洲际）液体弹道导弹。

在“四弹”的研制中，由研制成功的中远程导弹衍生出了长征一号运载火箭，成功地发射了我国第一颗人造地球卫星东方红一号，揭开了我国航天活动的序幕。

实践证明，20世纪60年代制定的我国液体弹道导弹的发展方向、技术途径及“八年四弹”规划是切实可行的。这一规划对我国液体弹道导弹和液体运载火箭技术的发展起到了重要的指导作用，这一规划的研制任务的完成对我国航天科技工业的发展，对我国国防实力的增强，乃至我国运载火箭进入国际市场等，都产生了重大而深远的影响。不仅在航天型号工程和专业技术上取得了丰硕的成果，还在技术基础设施设备与技术手段建设、科技队伍的培养、锻炼等方面，有了突飞猛进的发展。这些成就为后续航天型号工程的发展，包括载人航天工程、探月工程等，奠定了坚实的技术、人力资源和物质基础。

“八年四弹”规划功不可没。任新民在这部集体的成功之作中留下了厚重的一笔。

与此同时，任新民还主持制定了我国液体火箭发动机试车台和重要试验室的建设规划，并亲临第一线参加和指导这些规划的实施，从技术方案的讨论、制订到确定、实施，他都事必躬亲，和有关人员一起研究解决遇到的各种问题，保证了各试车台和各类试验室如期建成与投入使用，为我国液体火箭发动机的研制，为液体弹道导弹、运载火箭的研制，乃至整个航天科技工业的兴旺发达，奠定了重要的设施设备等物质基础。

时至今日，综观任新民领导和组织建成的试车台等一套技术方案，是比较系统、比较完整的，满足了研制工作的需要，而且有独到之处。改革开放以后，外国航天界的一些同行陆续参观考察了我国的试车台等试验设施设备，都赞不绝口，称赞中国同行搞得有特色，走出了适合自己情况的发展道路。任老总对此也颇感自豪:“美国、西欧、日本等搞航天这一行的，他们彼此是相通的，做法上大同小异。我们没有这个条件，只能靠自己去探索。只要下工夫，锲而不舍，从中国的实际出发，规划好，计划好，论证好，一步一个脚印地干，同样可以走通。”

任新民在制定规划过程中表现出的最大特点是既瞄准世界先进水平，充分地分析研究发达国家的现状，又实事求是，尊重科学，从中国和中国航天的实际出发。他在贯彻和执行规划时更是坚定不移、持之以恒。没有充分的理由，他不会轻易改变自己的意见，更不会屈从违背科学、不顾国家利益的意见。“文化大革命”时期，由于特定的历史环境，一度有人提出终止中远程导弹和远程（洲际）导弹的研制工作，而去研制环球导弹，任新民不顾当时的压力，凭着科学家的良知和追逐事业的赤诚之心，坦陈己见，坚持将中远程导弹和远程（洲际）导弹搞到底，研制成功，增强我国的核威慑能力。1974年3月28日，七机部正式发出通知，停止环球导弹的研制工作。中远程导弹和远程（洲际）导弹先后研制成功，并适时定型和装备部队，使我国的国防实力有了实质性增强，对确立我

任新民在某型号火箭发动机试验平台技术方案评审会上发言

国的国防地位和改变国际战略格局，都产生了重大影响。

2. 技术带头　制定“三抓”

1975年，邓小平同志在“文革”中第一次恢复工作后，以其无产阶级革命家的英雄气概和运筹帷幄的韬略，开始进行大刀阔斧的整顿。也在此时复出的张爱萍出任国防科委主任，带领工作组，手擎整顿大旗，深入有关的科研院所和工厂，依靠广大科技人员、干部和工人，边开展整顿，边调查研究和酝酿我国战略核导弹和航天技术新的发展规划。张爱萍主持召开了各种类型不同规模的会议，任新民多次参加会议，他由衷地赞赏当时实施的整顿，并赞同抓战略核导弹和航天技术的发展规划，他对张爱萍抓整顿、抓规划寄予厚望。他在会上多次坦陈自己的意见，他语重心长地说：远程导弹本是“八年四弹”中的最后一弹，进度已一拖再拖，现在应该将它作为重点，集中力量，加快进度，将它搞出来，这是国防建设和国际斗争急需的。发射地球静止轨道试验通信卫星和研制潜艇水下发射的固体弹道导弹，也都是国民经济建设和国防建设所急需的，也应该列为重点。从1970年成功发射我国第一颗卫星后，直到1975年6月，他一直担任部科研生产组副组长，既抓在研的航天型号的研制生产工作，又以大量的精力关注导弹与航天技术的发展，在当时极端困难的工作环境下，同部机关及有关院所的科技人员一起搜集和消化国外的技术资料，为“三抓”规划的形成做了大量的铺垫。

1975年的整顿取得初步成就。1975年6月30日，中央任命汪洋为七机部部长、党的核心小组组长，李光军、强晓初、王星、陆平、程连昌、张怀忠、张凡、张钧、任新民为副部长，党的核心小组成员，谷广善为顾问。任新民分管科研生产工作，鼎力协助张爱萍制定战略核导弹与航天技术的规划。1976年10月，“文革”结束后，科学技术的春天又来临了。我国航天科技工业重新焕发了活力，呈现出一派生机盎然的大好形势。1977年3月，张爱萍第二次复出，恢复国防科委主任和党委第一书记职务，时任分管科技工作的七机部副部长的任新民，更是义不容辞地配合张爱萍抓制定新规划的工作。他积极地出主意，当参谋，组织有关的科技人员和部机关的科技管理人员进行研究讨论，特别是在三项重点工程总体方案的论证与确定中，包括研制进度、研制经费、研保条件和战术技术指标的确定等，任新民更是煞费苦心，同有关方面的人员交换意见，为“三抓”规划的制定和获得中央批准做了大量卓有成效的工作。国防科委的马捷副主任及机关的有关人员都称赞任新民严肃认真、科学求是的精神。

1977年9月18日，中央正式批准了国防科委《关于1980年前战略核导弹和人造卫星及运载工具研制安排的请示》，确定1980~1984年向太平洋预定海域发射远程液体弹道导弹，由核潜艇水下发射固体弹道导弹，并发射地步同步轨道的东方红二号试验通信卫星。1977年10月20日，中央决定宋任穷任七机部部长、党组书记。自此，任新民在部党组和宋部长的领导下，甩开膀子执行这一规划，大干“三抓”。1980年5月18日，向太平洋预定海域发射远程导弹的飞行试验获得圆满成功；1982年10月12日，从常规潜艇水下发射固体弹道导弹的飞行试验又获成功；1984年4月，我国第一颗地球同步轨道的试验通信卫星东方红二号成功发射和定点，并投入运行使用。至此，我国航天战线的“三抓”任务全面完成，实现了一鸣惊人、再鸣震全球、三鸣震寰宇的宏伟目标。张爱萍对于“三抓”规划的制定与完成功不可没，任新民也对其作出了一份突出的重要贡献。正因如此，任新民在1984年荣立航天部一等功；1985年，他作为项目的主要完成人之一，获得了“液体地地战略武器及运载火箭”“长征三号运载火箭”两项国家科技进步奖特等奖。

正在任新民大干“三抓”之时，1977年11月25日，王星副部长代表部党组宣布，七机部的科技规划制定工作由任新民抓总，并成立了由部科研局局长耿青等组成的20多人的工作班子。尽管“三抓”任务很紧张，他还是欣然地担负起了部党组交给的这一工作。组织搜集了国内外有关的航天型号及专业技术发展的现状与动态；调查国内军民两方面用户的需求，征求国家综合部门及有关领导机关的意见与建议；进行分析研究和编制规划；广泛听取广大科技人员和科技管理人员的意见，对编制的规划进行反复的讨论、修改，最后形成了规划（草案）。在规划制定过程中，他提出了四条原则：一是将近期目标与长远目标相结合，使规划具有现实性、超前性和预测性；二是需要与可能相结合，在充分考虑军民两方面用户需求的同时，要紧密结合中国的实际和中国航天的实际，做到必要性和可行性相统一，使规划具有可实现性、可操作性和可检查性；三是航天型号的规划与专业技术的预先研究规划、技术基础设施设备建设和技术手段建设规划、科研生产队伍建设规划相结合，力求做到统筹兼顾、综合平衡，使其成为完整的统一体；四是贯彻有限目标、突出重点的原则，要有所为，有所不为，以利于集中兵力打歼灭战。

经过两年多艰苦的工作，任新民带领工作班子完成了这一规划的制定工作，形成了各类航天型号的发展规划及一系列的支撑报告。这一科技规划纲要明确了今后三年、八年的奋斗目标，以及今后23年的战略目标和设想。这一规划纲要及其附件都为后来的“六五”（1981—1985年）、“七五”（1986—1990年）、“八五”（1991—1995年）等五年计划的制定，特别是为后来的“新三星一箭一论证”规划（《关于加速发展航天技术的报告》）的制定，提供了重要的依据与参考。对航天型号的研制、关键技术的攻关、技术基础设施设备与技术手段建设、科研生产队伍建设等，都发挥了指导作用。难能可贵的是，任新民所倡导和提出的制定规划的指导思想与原则等，对后续的规划制定工作都有重要的参考和借鉴价值。1982年4月9日，中央决定国家机关实行体制改革，七机部改为航天工业部（简称航天部），中央任命任新民为航天部科学技术委员会主任，他得以有更多的时间从事航天科技工业的发展战略与规划的研究制定工作，以履行科技委的职责，在科学技术方面为部党组、部领导当好参谋和助手。

3. 领导制定　新的规划

20世纪80年代中期，根据国防科工委的部署，要开展航天型号的清理整顿工作。这一工作难度是非常大的，尤其是涉及型号工程下马，更是难上加难。时任部科技委主任的任新民，以一位老航天工作者的使命感和责任心投入到这一工作中。例如，关于终止机动发射的两级远程导弹的工作，事后，这一导弹的总设计师曾半开玩笑、半抱怨地说：“任副部长过去一直未管这一导弹，他一管就给下马了。”其实，也不全然。任新民在一次型号清理整顿会议上确实说过，根据目前导弹技术的发展趋势，必须尽快向固体导弹方向转变。从理论上讲，远程机动的两级液体弹道导弹应该下马，但考虑到研制工作已进行近百分之七十，要“掐头去尾”，即简化弹头的机动等突防技术，简化发射方式，把研制和飞行试验工作搞到底，可以进行简易定型。后来，在关于航天型号清理整顿的会议上，张爱萍说：“航天部的科技委主任新民都讲了，从理论上机动发射的两级液体远程导弹应该下马，我是同意下马的。”最终在这次航天型号清理整顿中，终止了这一导弹的研制。现在来看，当年的决策是正确的。

在开展航天型号清理整顿之时，航天部开始谋划“三抓”工程完成后，我国的空间技术（不含导弹武器系统的航天技术，亦称小航天）怎么发展。任新民受部党组和李绪鄂部长的委托，具体领导了这一规划的研究制定工作。

“三抓”任务完成后，第六个五年计划即将结束，开始制定和执行“七五”计划。当时中国航天正面临着由研制试验为主向研制生产应用的转变；由面对国内市场转向面对国内、国际两个市场；航天型号开始逐步换代；技术基础设施设备与技术手段也面临着更新换代；科研生产队伍也在进行新老交替。尤其是当时的技术基础设施设备与技术手段建设实行与型号工程配套的专项计划。中国航天欲保持发展势头，继续跻身世界航天科技先进水平的行列，必须规划出新的重点航天型号工程，并获得国家批准。任新民领导部综合计划司及部科技委办公室的有关人员，进行了广泛而深入的调查研究，认真地听取各方面的意见，集思广益，经过反复的研究讨论，最后形成了“新三星一箭一论证”的规划，即在20世纪90年代前期研制成功东方红三号通信卫星、风云二号地球同步轨道气象卫星、资源一号资源卫星，长征三号甲运载火箭，并开展载人航天技术方案论证和关键技术预先研究。后将这一规划浓缩为航天部《关于加速发展航天技术的报告》，1986年3月31日，国务院批准了航天部的这一报告，指出：航天技术是我国跻身世界先进行列的综合技术之一，已具有比较雄厚的基础，现正处于发展的关键时期。为了加速高技术、尖端技术的发展，更好地为“四化”建设服务，国务院决定在“七五”期间给予必要的支持。自此，中国的东方红三号通信卫星、资源一号卫星、风云二号地球同步轨道气象卫星和长征三号甲运载火箭都正式立项，并批准了相应的研制经费，还专批2亿元，用于开展载人航天技术方案论证和开展有关的关键技术攻关。

与此同时，任新民还组织科技委开展了其他航天型号，包括固体弹道导弹、地（舰）空导弹、飞航导弹等的发展规划制定工作，并陆续获得立项。中国航天在“七五”“八五”“九五”计划期间，有些还延续到了21世纪，主要是执行这些规划。中国航天在20世纪90年代以后，所取得的一系列新成就，正是贯彻执行这些规划和决策的结果。

东方红三号通信卫星于1997年5月12日成功发射，并成功定点和投入运行使用，实现了我国通信卫星事业的新跨越。东方红三号卫星的主要服务区不仅能覆盖我国大陆全境，而且能覆盖海南省、东沙群岛、中沙群岛、南沙群岛、南海诸岛和台湾地区。这颗卫星既可以用于公众卫星通信和广播电视传输，还可以为用户提供电视会议、电话、传真、数据通信等多种服务，仅公众通信一项，每年就可以为国家节省数千万美元，其社会效益和经济效益巨大。

东方红三号通信卫星的研制成功不仅实现了我国通信卫星研制技术的跨越，同时也为中国航天事业提供了一个高可靠的卫星平台。利用这个平台，中国航天已研制发射成功了十几颗通信卫星、北斗导航卫星、嫦娥一号和嫦娥二号月球探测卫星等。这些卫星都是在东方红三号卫星公用平台基础上研制开发的。东方红三号卫星平台已成为中国航天一个性能稳定、可以服务多种用途卫星的平台。

以东方红三号卫星平台技术为基础，21世纪我国又研制开发了东方红四号大型通信卫星公用平台，在这一平台的基础上，先后研制成功了鑫诺二号、尼日利亚通信卫星、委内瑞拉通信卫星等。实现了我国卫星整星出口零的突破，我国通信卫星研制技术与世界先进水平的差距正在逐步缩小。

资源一号卫星是我国第一颗传输型对地遥感卫星，技术难度大，用途广泛，被誉为“智多星”和“百家星”。从1999年10月14日第一颗资源卫星一号成功发射至2011年12月22日资源一号02C星成功发射，中国和巴西联合研制并发射了4颗地球资源卫星，为中国和巴西的经济建设和可持续发展作出了贡献，也为其他国家的广大用户提供了高质量的数据服务。2000年3月2日，被中国国家主席江泽民誉为“南南合作的典范”的资源一号01星正式交付使用，加入了造福人类的行列。中国政府还以资源一号02B星加入了联合国《空间及重大灾害国际宪章》组织，体现了中国航天对世界的贡献。

截至2012年，风云二号地球同步轨道气象卫星已成功发射了6颗，连同已发射的太阳同步轨道的4颗风云一号和1颗风云三号气象卫星，我国已发射了11颗风云气象卫星，成为继美国和苏联/俄罗斯之后，第三个拥有太阳同步轨道和地球同步轨道两个系列气象卫星的国家。这些卫星的运行和投入使用，使我国建立起了气象卫星应用体系，其业务化应用为气象、海洋、农业、林业、水利、交通、环保等领域提供了大量的公益性和专业性服务。这些卫星被世界气象卫星组织列入世界极轨业务气象卫星系列，成为全球天基综合观测系统的重要组成部分，为世界各国用户提供服务，极大地提高了中国航天的国际影响和声誉。

长征三号甲运载火箭更是创造了辉煌。经过八年鏖战，已经形成了包括长征三号甲、长征三号乙、长征三号丙三种型号的系列火箭，这些运载火箭个个身手不凡，屡立赫赫战功。迄今，“长征三号甲”已发射23次，“长征三号乙”发射22次，“长征三号丙”发射9次，除“长征三号乙”第一次（1996年2月15日）发射国际708号通信卫星失败，“长征三号乙”第12次（2009年8月31日）发射PALAPA-D卫星异常外，其余均获成功。“长征三号甲”和“长征三号丙”还成功地发射了嫦娥一号、嫦娥二号月球探测卫星。2007年6月15日，“长征三号甲”被中国航天科技集团公司授予“金牌火箭”荣誉称号。1998年，长征三号甲和长征三号乙运载火箭一起获得国家科技进步奖特等奖。

载人航天技术的论证及其关键技术攻关工作，为后来的载人航天工程立项和研制工作奠定了基础。

20世纪90年代以后，中国航天在空间技术领域所取得的一系列新成就，都是源自“新三星一箭一论证”这一规划的制定和执行。这些成就使中国航天在为国民经济建设、国防建设、社会发展和科学技术进步服务的道路上又前进了一大步。

4. 高瞻远瞩　谋划未来

1984年4月8日，我国的试验通信卫星东方红二号发射成功，并成功定点、投入运行和使用。至此，中国航天20世纪80年代前期的“三抓”任务圆满完成。任新民在兴奋之中，又增加了几分忧虑与不安，没有丝毫大功告成的欢喜。他反复地向有关领导及科技人员讲：“前30年我们走过来了，别的不用讲，我们做到了三个字，那就是‘没偷懒’，其实想偷懒也偷不成，有任务压着我们，这是我们的欣慰之所在。后30年怎么办，干什么，如何干，这是我们这代人应该回答和解决的问题，也是我们义不容辞的责任，需要及早规划。”

任新民除了潜心研究制定“新三星一箭一论证”的规划外，还对有关的专业技术及航天型号工程的组织管理等后30年的发展蓝图，勾画出了初步框架，主要内容是：运载火箭要改进、完善、提高，其动力系统、控制系统等，都要大力提高技术水平，包括研制液氧煤油发动机，最终将液体火箭发动机的有毒推进剂更换成液氧煤油无毒推进剂；要挖掘运载能力的潜力，努力降低发射成本；从中国的实际和中国航天的实际出发，根据需要和可能，建立和完善我国运载火

任新民在调研指导工作

箭的型谱系列，使之满足发射各类不同轨道、不同重量航天器的需要；要努力提高运载火箭的质量与可靠性，努力使发射成功率达到百分之百；中国的运载火箭要坚定不移、千方百计地进入国际商业发射服务市场，要稳步而扎实地推进，建立并不断增强国际信誉。

应用卫星领域要努力提高技术水平，增加卫星品种，提高各种技术性能指标，包括长寿命、高可靠、低能耗、小型化、轻型化和提高有效载荷与卫星总质量之比等；对一些主要的应用卫星要使其成为长期、稳定、协调、持续的运行系统，以满足国民经济建设、国防建设、社会发展和科技进步的急需；根据需要的轻重缓急与可能，进行统筹规划，明确增加的应用卫星品种与种类，并分期分批实施，使之逐步配套；应用卫星、卫星应用方法、地面应用系统要协调发展，并行研制，使上天的卫星及时得到应用，充分发挥应用卫星的效益。

在载人航天技术方面，要尽早进行规划和开展工程立项的技术经济可行性论证，并开展载人航天关键技术的预先研究，包括近地轨道运载能力为20吨的大运载火箭的关键技术预先研究，主要是总体技术方案的研究论证，大氢氧发动机的预先研制以及大液氧煤油发动机的预先研制等。

他还颇有感触地说："稳定和吸引年轻的科技骨干，最重要的还是要规划和实施大的科技工程，使科技人员有用武之地。有了大型的航天系统工程任务，国外学有所成的留学人员、硕士、博士就会源源不断地涌来；反之，英雄无用武之地，来了也留不住。"

在那一段时间里，任新民像着了迷似地到处宣传他的规划框架和设想，包括他给《331工程技术总结》《太空站讨论会文集》等作的序中，以及他的一些报告，都从不同的角度阐述他的这些观点，旨在使中国航天科技工业持续保持发展的势头，继续在世界航天高科技领域占有一席之地，使我国新一代航天科技工作者有发展的平台，在实践中得到锻炼和提高。

1985年7月，时任航天部科学技术委员会主任和中国宇航学会理事长的任新民，亲自发起并经过反复酝酿和充分准备，主持召开了关于太空站问题的讨论会，有关方面的科技专家和科技工作者约50人参加了会议，在会议上宣读了30多篇关于发展载人航天、太空站及其应用的科技报告与论文，并进行了认真的研讨。这次研讨会大造了中国发展载人航天技术的舆论，并对载人航天的有关技术问题进行了探讨和交流，初步论证了载人航天的技术经济可行性。会后，根据任新民的提议，整理出版了《太空站讨论会文集》，他为文集作了序。在序中较系统地阐述了中国发展载人航天技术的必要性和可行性，并对发展步骤与初步方案提出了设想。他还请航天部科技情报所翻译出版了美国人编写的《开拓天疆》一书。他指示部机关将《太空站讨论会文集》连同《开拓天疆》，以航天部的名义送国家有关领导人及国家综合部门的领导。他反复强调："好事多磨。我们先下下毛毛雨，对促进发展载人航天技术也是尽一份力。当然后续的工作还是很艰巨的，这样大的工程项目立项不可能一蹴而就。"

1988年10月，任新民以中国宇航学会的名义，发起并组织召开了"加速发展中国航天事业研讨会"。参加会议的有航天老一辈的领导、科技专家，也有中年科技骨干，还有来自科研生产第一线的青年科技人员。会议邀请了国家计委、国防科工委、财政部、国务院发展研究中心等部门的领导、专家。出席会议的还有中国宇航学会的副理事长、常务理事以及航天系统院、局、基地的主要领导。与会人员共150多人，收到报告与论文68篇。会议期间，领导、专家、学者各抒己见，从不同的侧面共议中国航天事业的发展目标、使命、政策、技术途径、经费筹措等大计。会议还就中国运载火箭技术、应用卫星与卫星应用技术、运载火箭的国际商业发射服务以及载人航天工程等重大问题进行了讨论，充分地交换了意见。会议达到了预期的目的。

1989年8月，任新民按照"交换、反复、比较"的思路，在航空航天部领导和国防科工委领导的支持下，再次以中国宇航学会的名义召开了“应用卫星与卫星应用研讨会”，并亲自担任会议领导小组组长。会议邀请了与应用卫星研制和卫星应用有关的25个部委的69个单位的162名领导、科技专家出席会议，共收到报告和论文77篇。国防科工委和航空航天部领导高度重视并出席了这次会议，丁衡高主任、林宗棠部长、刘纪原副部长都讲了话。与会人员畅所欲言，通过广泛的交流和深入的研讨，对我国应用卫星和卫星应用的广阔前景及迫切的需求，大力发展我国相对短腿的应用卫星技术与卫星应用技术，尽快建立我国自主的、长期稳定运行的卫星应用系统等方面的问题，达成了共识。与会人员一致强烈呼吁我国的应用卫星与运载火箭、应用卫星与卫星应用都要协调发展，以保证航天的社会、经济效益得以释放与发挥。

这次会议对中国航天后来确定“两抓一突破”的发展思路起到了统一思想认识和促进思路形成的作用。“两抓”，一是抓应用卫星和卫星应用，二是抓技术改造；“一突破”就是突破载人航天技术。“两抓一突破”的发展思路起到了重要的承前启后的作用。

1989年8月26日，国家航天领导小组组长李鹏总理同国家航天领导小组其他成员宋健、刘华清、丁衡高、齐怀远、刘仲藜、林宗棠等，在中南海接见了出席“应用卫星与卫星应用研讨会”的会议代表，听取了任新民等八位代表的汇报。李鹏总理等领导对代表们关心国家航天事业的发展、提出许多好的建议与意见，给予了高度赞赏和充分肯定。李鹏总理做了重要讲话，指示国家有关部门要认真研究代表们的意见，同时要求各有关部门要大力协同、齐心协力地发展我国的应用卫星及卫星应用事业和整个航天事业。李鹏总理还高度评价了我国航天事业所取得的举世瞩目的辉煌成就，勉励广大航天职工再接再厉，为发展我国的航天事业继续作出新的更大的贡献，更好地为国民经济建设、国防建设、社会发展和科学技术进步服务，取得更大的社会效益和经济效益。

1990年4月24日，是我国第一颗人造地球卫星成功发射20周年纪念日。为纪念这一具有重大意义的航天活动，谋划我国航天科技工业未来的持续发展，任新民趁热打铁，又以中国宇航学会的名义，主持召开了航天技术与国民经济建设暨纪念我国第一颗人造地球卫星成功发射20周年大会，国家计委、国防科工委、国家教委、国务院发展研究中心、国家气象局、中国科学院、航空航天部和中国科协等部门的14个单位的179位领导、专家、学者出席了会议，会议收到报告、论文共115篇。与会代表聚集一堂，畅叙我国航天事业自1970年4月24日第一颗人造地球卫星东方红一号上天，20年来所取得的突飞猛进的发展和伟大成就；分析了目前世界航天科技及其产业发展的态势，尤其就航天技术与国民经济建设的关系，以及航天科技在我国四个现代化建设中的地位、作用等，进行了交流和研讨。与会者以充分的事例和翔实的数据阐述了航天科技，包括运载火箭、应用卫星、卫星应用、导弹武器等，在国家政治、经济、军事、外交、科学技术、文化教育等领域所产生的巨大的社会效益与经济效益，尤其是航天科技在改变国际战略格局、提升中国的国际地位和国防实力等方面所产生的深远影响。国民经济有关部门的代表还列举了航天科技所带来的经济实惠。与会代表还畅谈了观念上的巨大转变，航天科技正成为国计民生不可或缺的组成部分，航天科技已经进入人们的衣、食、住、行、医、教和文化娱乐的各个领域，打电话、发传真、看电视、听广播、看天气预报等，都已经离不开航天；还有航天育种助力农业，解决民以食为天的问题；卫星导航定位系统解决飞机、舰船、火车、汽车等的导航定位问题；远程教育系统解决师资问题，提升教学质量，提高全民族的素质；远程医疗系统解决看病难的问题，充分发挥医疗专家的作用等。会议开得紧张、热烈，取得了圆满成功。

在1988年至1990年这三次研讨会后，根据航空航天部领导的提议和与会代表的要求，任新民组织编辑出版了这三次研讨会的论文集，李鹏总理题写了《中

2003年，任新民在酒泉卫星发射中心

国航天发展战略探讨》的书名。这套书汇集了这三次会议的主要报告与论文。这三次研讨会及编辑出版的三本论文集对我国航天科技工业制定新时期的发展战略与规划，并促成这些规划中有关的航天型号工程立项、获得国家批准等，都发挥了举足轻重的作用，并被载入中国航天史册。

任新民发起并组织了这三次有关中国航天发展战略与规划的研讨会，并编辑出版了《中国航天发展战略探讨》，也是他注重中国航天发展战略与规划的具体体现。几十年来，任新民一直执著地关注中国航天的发展战略与规划，并竭尽全力组织研究与制定工作，也彰显了他战略科学家的气魄。这来源于他对发展中国航天事业孜孜不倦的追求和他从事科技工程研制的切身体会。制定科学的、切实可行的发展战略与规划可以避免盲目性和短期行为，否则，中国航天很难实现全面、协调、可持续的发展。

可以说任新民在我国航天科技工业创建和发展的各个时期，都为中国航天的规划作出了卓越的贡献。

任新民

任新民院士传记

Academician Ren Xinmin's Biography

第九章

勤奋朴实 追逐事业

任新民亲历了中国航天创建发展的全过程，其清晰而坚实的足迹铸就了他自强自立、淡泊名利、勤奋朴实、甘于奉献的闪光人生。

中国航天的“四大老总”——任新民、屠守锷、黄纬禄、梁守槃，在航天系统尽人皆知。1994年，四人同时荣获求是科技基金会颁发的“杰出科学家奖”；1999年，任新民、屠守锷、黄纬禄同时荣获中共中央、国务院、中央军委颁发的“两弹一星”功勋奖章。他们都是我国航天技术的重要开拓者，也是我国科学技术界的巨匠。

任新民，在他60多年的科技生涯中，曾为抗击日本侵略者设计制造前线急需的枪炮弹药；曾为解放舟山群岛研制我国第一种复合药的火箭；曾为新中国培养新生的国防科技人才而执掌教鞭、教书育人；特别是在他从事航天事业50多年的征程中，带领广大科技人员、工人，在研制大型航天型号工程的崎岖而险要的登攀之路上，殚精竭虑、拼搏攻关，攻克了技术上的一个个明碉暗堡，突破了一道道险关隘口，取得了航天科技工程、学术技术和科技管理等方面的累累硕果。他的业绩和贡献主要是科技工程的丰硕成果。同时，他亲历了中国航天创建发展的全过程，其足迹清晰而坚实，用这些可供后人鉴析和评说的足迹铸就了他无悔无怨、勤奋朴实、甘于奉献、光明磊落的人生。也正是这几十年刚毅而闪光的足迹，使他深受广大航天工作者的崇敬和爱戴，成为孕育、铸就和践行伟大的航天传统精神（自力更生、艰苦奋斗、大力协同、无私奉献、严谨务实、勇于攀登）、“两弹一星”精神（热爱祖国、无私奉献、自力更生、艰苦奋斗、大力协同、勇于登攀）、载人航天精神（特别能吃苦、特别能战斗、特别能攻关、特别能奉献）的杰出代表之一，成为众口皆碑的楷模。

1. 独立自主　自力更生

任新民崇尚“不唯书、不唯洋、不唯上、只唯实”，并以此作为规范自己言行的座右铭。他经常对同事和下属讲：“科技人员判断问题，特别是技术问题的根据就是科学和实际。”他认为只凭外国人讲的或书本上记载的来处理和解决我们所遇到的技术问题，是远远不够的。他更憎恶那些看领导眼色、听领导口气、揣摩领导意图、根据领导好恶来说话和办事的人。他认为这种人最没骨气，最没出息。在讨论规划、计划和其他技术问题时，每当听到有人罗列一串外国人如何如何讲，书本上怎么怎么记载，而没有就我们自己的问题发表见解时，他总要带几分火气地劝解：“外国人讲的，书本上记载的，是要认真地进行学习与研究，从中得到有益的启迪与借鉴。但重要的是，我们必须结合中国和中国航天的实际，提出解决问题的办法。光讲外国人的、讲书本上的，甚至用外国人和书本压人，毫无道理。”他还郑重其事地说：“如果只凭外国人讲的和书本上的东西办事，那只需一些翻译和资料员就行了，还要我们这些科技人员干什么？！”

他还在一些场合宣传他对“不唯上”的理解：“不唯上，不是说领导的话都不听、不管，对于领导决定了的事情就要不打折扣地执行，个人的不同意见可以保留，但在行动上不得有任何反对的行为。问题的关键是，领导让你提出意见或对酝酿中的问题提出意见时，那你就要进行独立的思考、分析、判断，认认真真、实实在在地讲心里话，不能讲空话、套话，更不能跟着领导顺杆爬。只有这样才是对领导的真心尊重和爱护。”他还加重语气强调：“我们不是经常讲，科学家要有科学家的良知和良心嘛！这个良知和良心就是讲真话、讲实话、讲符合科学规律的话，顺杆爬会误人子弟！”

任新民对党中央、毛泽东主席、周恩来总理和聂荣臻副总理给国防部五院制定的“以自力更生为主，力争外援和利用资本主义国家已有的科学成果”的建院方针，打心眼里拥护，认为非常符合当时的客观环境和中国的实际。经过几十年的实践，他对这一方针更有切身体会，他曾多次深有感触地说：“中国的导弹与航天事业之所以能够取得一些成绩，在世界航天科技工业领域取得了一些发言权，原因是多方面的：包括党和国家决定干这件事，这是大的前提和基础；也包括全国各地区、各部门、各单位的大力协同、协作；包括广大航天工作者艰苦奋斗、创新攻关等。其中还有至关重要的一条，就是始终坚持了‘自力更生，艰苦奋斗’的方针。”

在国家实行改革开放的方针后，任新民积极拥护，但同时也坚定地主张仍应坚持独立自主、自力更生的方针，主张要在改革开放环境下赋予这一方针新的内涵。他在国防科工委1989年编写的《回顾与展望》中，撰写了《顾既往，瞻前途——话我国航天事业》的论文，详尽地阐明了在新时期仍应坚持独立自主、自力更生的观点：“我们要充分利用改革开放的有利条件，积极开展航天领域的国际交流与合作，千方百计地引进国外先进且实用的技术、设备和产品。但仍应坚持独立自主、自力更生的方针，把立足点放在依靠自己力量的基点上，时刻也不能忘记要建立中国自己的航天科技工业体系。”他在这篇论文中，高度地赞扬了聂荣臻元帅所论述的“尖端技术靠买是买不来的，买来了也掌握不了”的观点。他在文中还倾诉衷肠：“中国人也要就业、挣钱，要穿衣、吃饭、住房。如果自己能干的，哪怕是暂时还不如外国人干得好的一些产品，都去买，而不去自己干，那我们的工人就要失业，中国也就成了外国人争夺的市场。”他在文中还动情地说：“中国的导弹与航天技术要提高水平，保持发展势头，继续跻身世界先进水平的行列，吸引人、稳定人、培养人、锻炼人是头等重要的。如果没有研制任务，没有事情做，英雄无用武之地，怎么能吸引人才，稳定队伍呢？更谈不上培养人、锻炼人。实践出真知，长才干。不实践，只靠学几本书，看看资料，写写文章，是很难提高技术水平的。”

1985年下半年至1986年上半年，我国拟购买外国通信卫星，并用外国的运载火箭发射。一时间，在国内外搞得沸沸扬扬，大有木已成舟不可逆转之势。任新民当时正在西昌卫星发射中心，主持我国第一颗实用型通信卫星东方红二号甲的发射工作。但他一直关心着国家拟购买外国通信卫星这件事，他表面上不动声色，可内心却充满了焦虑。他在一次参试人员的动员会上道出了自己的心里话：“现在国家要购买外国的通信卫星，并用外国的运载火箭发射，正紧锣密鼓地推进。如果我们这次发射不成功，或卫星发射上去工作不正常，那就是我们自己取消自己的发言权，人家要购买外国卫星，你也没话说。如果我们的东方红二号甲卫星发射成功，且正常投入运行和使用，那我们回北京后还可说说道说道，反映我们的意见。”他把话题拉回到发射现场的测试、检查工作，并提出了具体的部署与要求。最后，他强调指出：“我们肩上的担子有多重，各位自己掂量吧！”

在西昌卫星发射中心，任新民带领广大参试人员全力以赴地进行着长征三号运载火箭和东方红二号甲实用通信卫星的检查、测试工作。这枚火箭和这颗卫星毕竟是在第一批投产的基础上进行改进的，放置的时间也比较长，测试和检查中发现的问题比较多。但广大参试人员都带着为国产通信卫星争口气的干劲，精心测试，精心操作。1986年2月1日，在一定意义上讲，这是关系到我国卫星通信事业发展前途与命运的日子。第一颗“东方红二号甲”被成功地送入地球同步转移轨道，并按计划、按既定的程序定点和投入运行使用。

任新民回到北京后，悉知我国不仅要购买外国的通信卫星，而且要用欧洲的阿里安运载火箭发射，并与阿里安火箭公司签订了订座协议，交了预付金。

他真是又急又气，急令秘书起草向中央写报告，并与部领导商量，准备以部党组名义转报。后来部领导同国家有关综合部门通气时，国家综合部门的领导提出，这件事中央已经批准了，再写报告，特别是以部党组名义写报告，恐怕不妥。当时航天部的领导向任新民转达了国家综合部门领导的意见。他听后真有些火冒三丈，当即表示："这种商业活动，在没签合同前都不算定。这种事事先不征求主管工业部门的意见是欠妥的。"并激动地说："没关系，部党组转报有难处，我以个人名义上报，一切后果由我个人负责。"随即令秘书重新拟写报告首页，并连夜打印装订成册。翌日，他将《关于发展我国通信广播卫星事业的建议》分送有关的国家领导人、有关的国家综合部门领导和有关的国家综合部门。

他直言进谏，坦诚地指出："就通信卫星技术而言，我们与世界上航天技术比较发达的国家是有差距，但我们正通过研制的实践，也只有通过研制的实践才能不断提高技术水平，只要努力登攀，总会赶上的。中国是一个发展中的大国，通信卫星的市场总不能全部、永远地让给外国人。即使是购买外国通信卫星，也得要技贸结合，在购买卫星的同时，引进通信卫星研制技术。就运载火箭技术而言，从总体上讲，中国的'长征三号'不比'阿里安'差，有些技术还超过了'阿里安'。中国研制的运载火箭不仅能够发射中国自己研制的通信卫星，发射中国购买的外国通信卫星，还可以承揽国际商业发射服务。"

在建议中他还就中国通信卫星采用C波段还是Ku波段的问题，明确地表示了个人的意见："目前C波段转发器的通信卫星要坚定不移地研制下去，使已建成的C波段地球站发挥作用，亦能促进C波段地面接收站的建设；Ku波段转发器的通信卫星还有一个技术成熟的过程，即使成熟了，中国在今后相当长时间内也是C波段和Ku波段混合使用的局面。"

中央领导对任新民的建议和意见非常重视，陆续做出批示，指示有关部门重新审议我国购买外国通信卫星及用阿里安火箭发射的事宜。1986年3月7日上午，国务院副总理李鹏主持召开了1986年度首次国家电子振兴领导小组会议，提出了依靠自己的力量，研制新一代通信广播卫星的意见。1986年3月31日，国务院正式下发文件，批准了航天部“新三星一箭一论证”的规划，其中包括当时称得上大容量的东方红三号通信广播卫星和长征三号甲运载火箭。后来又做出了中止购买外国通信卫星及阿里安火箭的订座协议。至此，造星和买星的争论画上了句号。

任新民的这些意见与建议经受住了历史和实践的检验，对我国的运载火箭技术、通信卫星技术、卫星通信技术的发展，以及中国运载火箭投入国际商业发射服务等，都发挥了举足轻重的作用。

在20世纪80年代中后期，在研究、讨论东方红三号卫星的技术方案、引进项目时，争论异常激烈。例如，当时，卫星总体设计部坚持卫星的远地点发动机系统，包括发动机和表面张力贮箱，都买外国的。理由是国外的远地点发动机系统的质量与可靠性高，又省经费。任新民听取了上海航天局远地点发动机研制生产单位的汇报后，坚决支持自己研制，并据理力争：“自己能干的，可以干得出来的，为什么非要到国外去买？！ 如果东方红三号卫星的主要仪器设备都买国外的，那叫什么研制卫星，只能说是装配卫星。买一套外国的远地点发动机系统可能比自己研制一套暂时要少花些钱，可你只是拿到一套远地点发动机系统，你自己还是不会制造，就会陷入无休止的购买。现在自己研制，可能多花些钱，然而我们拿到的不仅仅是一套远地点发动机系统的硬件产品，还能留下研制生产试验的设施设备，更为重要的是我们掌握了远地点发动机系统的技术，增强了我们的技术实力。更何况研制的实践会培养、锻炼我们的科技人员，也会增加我们的国内产值和提供就业机会。”正是由于任新民等坚持和据理力争，终于说服了有关的领导和卫星总体设计部的有关人员，决定由上海航天局的801所负责研制东方红三号卫星的远地点发动机系统。

结果，我们只使用了与购买一套远地点发动机系统所需经费相当的研制经费，就研制成功了卫星的远地点发动机系统。经过1994年11月30日和1997年5月12日两次发射东方红三号通信卫星的考验，自行研制的远地点发动机系统表现优异，圆满地完成了任务，其技术性能、质量与可靠性等，都超过卫星总体设计部提出的设计要求。事后，负责远地点发动机系统研制的上海航天局801所原所长臧家亮半开玩笑地说："只有你任老总才能顶得住，否则是非买不可。何时能填补中国卫星液体远地点发动机技术的空白就不好讲了！"当上海航天局801所提出追加远地点发动机系统的研制经费时，任老总劝解地说："你们也不要太小气了，掌握了这一研制技术就是资本，就是无形资产，迟早会本利全收的。"

任新民恪守独立自主、自力更生的原则，但在改革开放的新形势下，他也坚决反对闭关锁国的做法，主张充分利用改革开放的有利条件，积极地开展国际交流、合作、引进和购买，但要力求平等互惠，为我所用，旨在好、快、省地发展我国的航天事业。他认为交流、合作、引进、购买与坚持独立自主、自力更生的原则并不矛盾，处理得好，恰是坚持独立自主、自力更生方针的补充。

1978年7月和12月，在国家的统一部署与安排下，任新民亲任团长，国防科委马捷副主任任顾问，率中国宇航学会代表团分别访问了日本和美国。任新民深知这是中国航天走向世界的破冰之访，责任重大。他深思：如果只讲一些套话、空话，搪塞人家，人家也不傻，觉得你中国人没诚意，对海外的华人也很难交代，讲什么，不讲什么，还有个保密问题。他苦思冥想，最后拟写了赴日、美的报告稿，正式报请宋任穷部长审批。宋部长很快批准了任新民的报告文稿。他在报告中主要介绍了中国航天技术的发展及取得的成就，粗略地谈了谈未来的发展设想，并表达了中国航天愿与世界各国的同行开展交流、合作，探索研究宇宙奥秘，开发利用太空资源，造福于全人类。他在日本、美国的报告在世界航

1978年，以任新民（前排右一）为团长、马捷（前排左一）为顾问的中国宇航学会代表团赴美访问，受到热烈欢迎

1978年，任新民率团赴美访问

天界引起了极大的轰动和反响，一些报刊、杂志都做了转载。国内有人提出这一报告有无泄密的问题，后来得知这一报告是经宋任穷部长批准的，也就不了了之了。

任新民这两次率团出访，确实是开阔了眼界，收获颇丰，对美国、日本航天技术的发展有了一个较全面、系统的了解，特别是对美国 NASA（国家航空航天局）及其下属单位的情况，更是做了较深入的了解。这两次出访确实为中国航天走出国门，开展国际交流、合作、引进与购买，做了大量奠基性、开拓性的工作。

他从与国外航天界打交道中也悟出了两条重要的规律。

第一条，国际交流、合作、引进和购买，必须以自己的技术实力和水平为基础与前提，自己的实力与水平没达到一定的层次，对方是不会同你交流合作的，引进、购买也会刁难；反之，自己的技术实力与水平上去了，人家会主动找上门来。他清楚地记得，1978年，我国的氢氧发动机研制工作正处于起步阶段，他率代表团访问日本和美国时，很想参观和了解他们的氢氧发动机的研制情况及有关的设施设备情况，人家一句话就给回绝了："这是国家的技术秘密，谢绝参观。"而到了1984年夏天，我国三级为氢氧发动机的长征三号成功地发射了东方红二号试验通信卫星。这时日本人找上门来，由日本人发起，在日本召开有美国、欧洲航天局、中国参加的关于氢氧发动机的技术研讨会，任新民等应邀出席了会议，他在会上做了关于我国氢氧发动机研制情况的报告，博得与会者的高度赞赏。由此可见，自己的技术实力与水平是开展交流与合作的前提和基础。

第二条，世界上没有任何一个国家会将自己有价值、别人还没有掌握的新技术、新成果拱手相让的事。在研究和考虑一些引进和购买项目时，他直言不讳地讲："引进与购买是两个不同的概念，引进包括引进技术，要有具体可操作的消化、吸收、创新和国产化的措施与计划，而且要限期完成。"他还一针见血地指出："某某项目名为引进，实为购买。我们要防止被人家牵着鼻子走，造成连锁引进和购买，买了整机，再买分机，买工艺，买材料，甚至是世世代代无休止地购买，那中国就永远摆脱不了经济殖民地的处境。"

他的这两条规律已经纳入了他坚持独立自主、自力更生原则的思想体系。所以，他在新时期坚决拥护以胡锦涛为总书记的党中央提出的"加强自主创新，建立创新型国家"的战略部署。他认为这是党中央在新时期坚持独立自主、自力更生方针，建设有中国特色社会主义的具体体现。

2. 淡泊名利　执著追求

任新民在20世纪80年代中后期的一段时间里，经常讲一段话：“什么名呀、利呀，一死了之。工人盖的房子老百姓能住，农民种地打的粮食解决大家的吃饭问题，这些都是实实在在的贡献。我们研制的导弹、运载火箭、应用卫星，国家能派上用场，这就心满意足了。”他还倾诉道：“我们所说的、所做的，到底对不对，做得怎么样，只能是任凭后人去评说。再过50年、100年，我们都不在了，人家说什么，功过是非如何，我也不知道了。”这可能在试验卫星通信工程大事告成后，发自内心的感悟；也可能是他从副部长的领导岗位上退下来后，激励自己的肺腑之言；或兼而有之。这确实是他发自内心的朴实人生的哲理，正是以这一哲理为原动力，鞭策他一生执著而勤奋地追逐科学与事业，以此报效祖国和人民。

有人讲：“没有鲜明的个性，没有超常的专注劲，成不了‘大家’。”这句话似乎有些道理，对照任新民也有几分贴切。他的专注劲是出了名的，而且专注的很有方向性。他的夫人说他“一根筋”“一个心眼儿”，恐怕不过分。有时为了一个数据、一份文件、一本资料的查找或核对有关内容，他竟弄到深夜一两点；或者在半夜将秘书及有关人员叫到办公室，非弄个水落石出不可。否则，他会寝食不安。然而，他对生活上的事，包括衣、食、住、行、钱、物，直至儿女的婚事等，他是全权委托给夫人，自己无暇顾及。

有人问过他的老母亲：“任副部长年轻时，孩子们都小，加上任赤兵（任新民弟弟的儿子，他弟弟被打成‘右派’后去北大荒改造，将任赤兵留在了他家中）一共五个孩子，他也不管啊。”他母亲讲：“新民呀，真是家里油瓶子倒了，他都不扶，回家就干他的事，看他的书。好在那时我和他岳母身体都还好，一起帮着料理家务。”

任新民夫妇陪母亲过春节

任新民与夫人在武夷山

还有一次，家里搬家，那时也没有搬家公司，全靠自己家里人和同志们帮忙，家里弄得乱七八糟，他的一本很多年前的英文书不见了，夫人也丢了一个柜子的钥匙。老两口不吃不睡，东翻西翻，闷头找。任新民不管别的东西，只顾找他的书，家里更是乱上添乱。夫人又急又气地埋怨他："你那几十年前的一本旧书，今天找不到就算了，没不了，慢慢遇吧！"可他根本不予理睬，照样一个劲地翻箱倒柜，并振振有词地反驳道："钥匙找不到，把锁砸下来换把新的就是了！这书可是买不到的。"一席话让夫人哭笑不得。老两口谁也说服不了谁，只好各找各的，一直折腾到深夜，两位老人各自都得到了满意的结果，才收场。事情虽小，可见他的方向性和专注性。

任新民的执著、忘我，一心扑在工作上的事例更是不胜枚举。1976年唐山大地震后，北京的防震和抗震也搞得异常紧张，人们都住进了防震棚，规定不许进办公楼，以防发生余震。可时任七机部副部长的任新民却“违反”规定。在晚上十点钟时，巡逻人员发现办公楼三层还有亮灯的房间，敲开门一看，原来是任副部长在照常办公。当巡逻人员劝他离开办公楼时，他抬起头，捏了捏僵硬的脖颈，布满血丝的眼睛露出笑意，连忙答应“好，好，好”，却不动身，还满不在乎地说：“没那么严重。”巡逻人员也无可奈何。至于白天，他按时上班，把门反锁，藏在房间里查阅技术资料，处理文件，外边的人谁也不知道。可没有不透风的墙，“天机”也会泄漏。任新民的办公室对面是内勤班办公室，内勤班的班长一次去办公室取东西，听到对面任副部长的办公室有动静。她想探个究竟，就打了壶开水，用内勤班的钥匙从外面打开了任新民办公室的门，只见任新民正在聚精会神地查阅资料。门冷不防地开了，倒把任新民吓了一跳。他见是熟悉的面孔给他放了一暖瓶开水，下意识地说了声“谢谢！”接着又旁若无人地看起书来。内勤班班长望着这位慈祥的老人，由衷地敬佩。这位班长退休后还经常谈及地震时的往事，她感慨地说：“任副部长那可是个好老头儿，话语不多，还没架子，是位干工作不要命的主儿。”

还有一次，那是1983年5月25日，“长征三号”三级进行第一次全系统试车，仪器舱部位着火，实施了紧急关机。随之消防设施自动接通，喷水灭火。当时警报还未解除，消防设施也没有停止喷水。但任新民全然不顾，立刻跑到试车台上查看现场，试图找起火点的确切位置，查明故障原因。现场的保卫人员劝阻他：“任老总，发动机还未完全冷却下来，还有爆炸的危险！”任新民知道发动机已工作1048秒，所剩液氢液氧很少了，不可能发生爆炸。他急于找到着火点，所以，全然不顾浓烟和淋水，第一时间爬上了试车台，全身都被淋湿了。经过现场观察和分析讨论，断定是由于氢氧隔离腔积存固态氧而引起爆燃，导致氢排气管三通断裂，引起仪器舱部位着火。采取有针对性的改进措施后，1983年8月14日，进行了“长征三号”三级第二次全系统试车，参数稳定，试车取得成功。

几十年来，在多种航天型号飞行试验和发动机试车等大型试验现场，任新民置个人安危于不顾的例子还很多。一次为解决“长征三号”纵向耦合振动问题（POGO），在上海航天局7013厂所进行的发动机试车中，他冒着偏二甲肼、四氧化二氮的团团浓烟和令人作呕的鱼腥味，跑到试车台前察看，旨在亲眼看到试验的情况。一位与他非常熟悉又很崇敬他的老操作手劝他：“任总，现在不能上去，偏二甲肼对肝的伤害太大，还是等红烟消散再上去吧！”他却不以为然地笑笑，风趣地说：“试验前不是吃了一片解毒药嘛！不吸点偏二甲肼中和中和，解毒药还有副作用呢！”他仍是“我行我素”地走了上去，看个究竟。

3. 实事求是　深入实践

熟悉任新民或与其共过事的人，都会发现他有一个非常突出的特点，那就是求“实”。他以朴实的态度长期扎根于科研生产试验中，从中悟出了“实”的真谛，那就是务实、求实、实干，并尝到了“实”的甜头。2012年，他已97岁高龄，当来访者问他：“您对航天传统精神、‘两弹一星’精神、载人航天精神，体会最深的、您认为精髓是什么？”他脱口而出：“实践！”当时他的大女儿半开玩笑地说："人家北京精神还八个字呢！ 航天传统精神和'两弹一星'精神都是24个字，你怎么就来两个字呀！"他笑着说："那好，我来七个字，实践、实践、再实践。"他又接着解释说："无论是热爱祖国、无私奉献，还是自力更生、艰苦奋斗，也包括大力协同、严谨务实、勇于登攀等，要用这些精神来指导实践，就必须在实践中体现，这些精神是在实践中不断孕育、形成、培养和总结出来的。"他也曾颇有体会地说："我们是搞工程的，属于应用技术的范畴，必须深入实际，深入科研生产第一线，在实践中掌握第一手的资料，去现场分析问题，解决问题，才能不断增加知识，积累经验。"他还多次强调："从事工程研制的科技人员，包括我自己在内，即使是再有造诣的专家，不深入实际就会退化，就会'耳聋眼花'。三年不接触实际，在型号工程研制方面，就会基本上无发言权。"正因如此，他年逾九旬时，仍乐此不疲地奔波在科研生产第一线，身体情况实在不允许时，他就将航天型号工程的总指挥和总设计师请到家里来，听取情况介绍，和他们一起讨论研究问题。

任新民题词

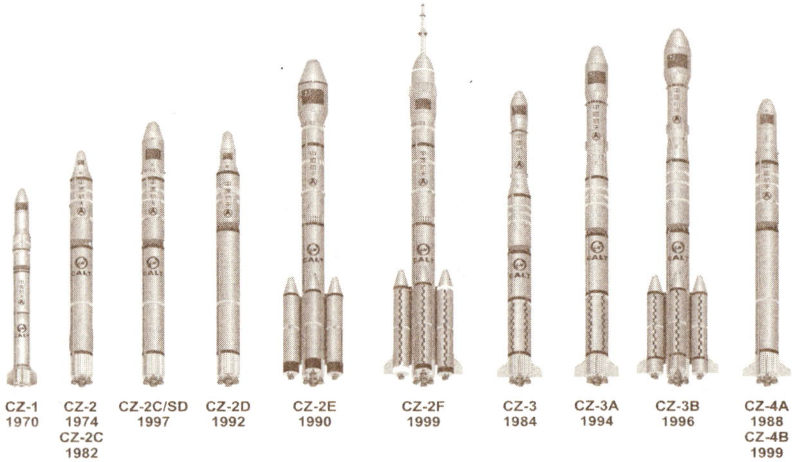

长征系列运载火箭型谱图

从中国运载火箭技术的发展来看，已经形成了长征二号系列、长征三号与长征三号甲系列、长征四号系列的运载火箭，并将形成长征五号系列运载火箭。任新民在这四大系列运载火箭的研制和形成过程中，可以说是贡献卓著、功不可没。这主要是靠他实事求是，一切从实际出发的科学态度铸就的。例如，他认定三级为氢氧发动机的“长征三号”符合运载火箭的技术发展方向，坚定不移地将“长征三号”作为发射地球同步轨道通信卫星的第一方案，才适时地研制成功了长征三号运载火箭；他又同有关领导同志坚持在“长征三号”基础上“上改下捆”的发展思路，才诞生了长征三号甲系列运载火箭。他不遗余力地坚持“长征四号甲”研制到底，可以说他是保住“长征四号甲”不下马的关键，因此才有了后来发射中轨道、中高轨道的长征四号甲系列运载火箭。他力主及早开展大推力液氧煤油发动机和大推力氢氧发动机的研制，在耄耋之年还亲自向有关领导和国家综合部门汇报，促成了大运载火箭的立项。

在航天型号工程研制过程中，有时为了一个问题，包括一个现象、一个数据、一个部件能不能加工和如何加工等，持不同意见的人争来吵去，有的还吵得面红耳赤，领导也实在难以定夺。任新民历来都是老办法，到现场察看，和第一线的科技人员、工人一起研究与商量，五分钟就可以解决吵两个小时都无法解决的问题。他也常半开玩笑、半认真地提醒说：“有些事情不能只听下边讲，他想干的可以说出七八条理由，不想干的也可以找出七八条道理。当然，也不是欺骗你，都是存在决定意识嘛！各自都有各自看问题的角度和立场。可你一到现场，实地看一看，和基层的科技人员、工人谈一谈，便会恍然大悟，一目了然，问题迎刃而解。”所以，他至今还反复宣传：“设计人员、工艺人员、工人三结合是个好办法，即使是科学技术和技术手段再发展，这一条也是行之有效和应该坚持的，以求设计、工艺、生产统筹考虑。”

1982年7月30日，“长征三号”三级氢氧发动机进行第三次简易试车时，第一次启动后，出现了三次缩火现象，5秒钟后火焰稳定；12月13日，“长征三号”三级进行第四次简易试车，二次启动后又出现严重缩火现象。在讨论产生缩火原因及采取措施的会上，大家的意见大相径庭，分歧很大，而且各种意见都没有提出令人信服的理由。任新民断然决定休会，并向同志们布置：“请大家带着试车数据，一起去察看设计图纸，看发动机的实物，然后再讨论。”察看完以后，他根据第一次讨论会的意见，有针对性地布置了一些专题，请有关单位研究讨论，提出意见。在第二次开会讨论时，由于大家准备得比较充分，各单位也互相交流了意见，所以，大家很长一段时间紧锁的眉头和板着的面孔都舒展开了。经过讨论，很快找出了造成缩火的症结，并统一了所采取的有针对性的措施和改进完善的综合治理性措施。采取改进措施的氢氧发动机在以后的简易试车和全系统试车中，启动缩火的现象完全消失，问题得到了彻底解决。对照设计图纸、实物来分析试车数据，问题的原因自然就清楚了。

任新民通过几十年的实践和磨炼总结出了两条经验。

第一条，一个型号工程的总设计师应建立起自己的技术联络网络。这就是俗话说的“一个篱笆三个桩，一个好汉三个帮”。他经常讲：“再强的总师，他也不可能精通一个型号工程所有分系统的各类专业技术，必须建立总师的各专业技术骨干的网络，在‘331’工程研制中，从整个工程的五大系统到各大系统的主要分系统，都要有技术骨干的网络，这个网络以设计师系统的领导为主，但一定要有科研生产试验第一线的技术骨干，这些骨干在技术上不一定是最强的，但必须是一流的，更重要的是必须忠诚、厚道，敢于讲实话、真话。这样，每当发生什么问题，或遇到什么技术难题时，认真地听取这些人的意见，再加上你自己的知识和经验进行综合分析和判断，所做出的结论就会符合实际。”

第二条，作为一名技术领导，分析、判断、处理和决策技术问题，一是靠自己的基础知识和专业技术知识，那就要不断地再学习和更新知识，要勤奋努力；二是靠真正地深入实际，在实践中发现、积累、总结经验教训；三是要确实做到实事求是，一切从实际出发。

这些年来，他始终严格要求自己，按这些原则履行技术指挥员的职责。因此，广大的科技人员、工人和党政领导都信任他、亲近他，愿意跟他讲实情和心里话。当然，有的院、局、基地和设计部、所、厂的领导，对他一竿子插到底，深入到他们所属的单位，直接找一些人听取意见，给他们造成被动而有意见。但时间长了，大家接触多了，知道任新民绝无“夺权”和“架空”之意，而是为了工作，也就理解了他的做法。

任新民在长期担任技术领导工作中，在主持型号研制工作中，都是按照他

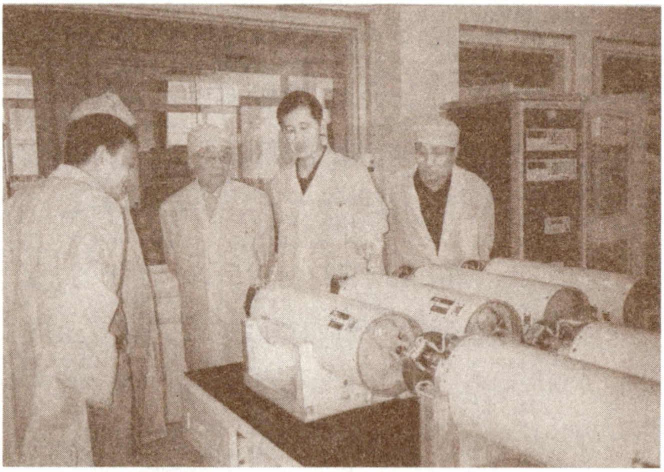

任新民在中国航天科技集团公司四院考察神舟飞船逃逸系统固体火箭发动机的研制

的两条经验进行的，因此，做到了情况明、决心大，解决、处理和决策的问题就准确或接近准确，效率和效果自然好。

要真正做到务实、求实，就必须以朴实、勤奋、刻苦的作风深入实际，扎根基层，融于群众之中，实干苦干。任老总的朴实、勤奋、刻苦在航天系统是出了名的。凡是他担任总设计师或技术负责人的型号工程，在进行大型外场试验时，他都要坐镇现场，和参研、参试人员一起检查、测试，发现问题，解决问题，决策问题。他去现场都是从头坚持到底，从不做参观团式的检查、指导。他的足迹遍布于航天所有的发射、试验基地，包括冰天雪地的东北发射场、太原发射场，夏日酷热、冬日干冷的酒泉发射场和风沙弥漫的新疆落区，初春阴冷潮湿的闽西测控站等。他担任试验队队长或技术负责人，到发射基地参加发射飞行试验已逾百次，最长一次是在西昌卫星发射中心，发射第一、二颗试验通信卫星东方红二号，连续作战七个多月。这在航天系统是绝无仅有的，这也从一个侧面看出他深入第一线、深入科研试验现场的工作作风。

有一位常与航天打交道并多次赴发射场采访的记者讲：“任老总有两个不像，一是走起路来快步如风和爬起发射塔架来扶摇直上，不像年近八旬的老人；二是他的衣着和待人，不像个副部级的领导和留美的博士。”是啊！他在20世纪80年代初，平时就穿着普通的中山服，领子破了还让夫人翻过来缝上再穿；脚上常穿着一双布鞋，有时还穿胶鞋或老家手工做的布鞋；眼镜架也是褪了色的老式近视镜架；再加上东奔西跑而晒黑了的肤色，这使他看起来真像一位地道的老工人。一位跟他家很熟的女同志对他夫人说：“任副部长常出入高级宾馆，还经常到人民大会堂开会，你也不帮他打扮打扮。”他夫人抱怨说：“哎，他不在意穿着，逮着一件就死穿这一件。”还有一次，他的小儿子任之幸要去看演出，要找衣服，他夫人没在家，任老总找出20世纪60年代初，聂帅为老专家定做的黄羊皮皮衣，这显然已经过时，任之幸不要，任老总却说：“这不蛮好的嘛！”还为此发了脾气，弄得父子俩不欢而散。

他还是有其独特之处。平时在外边不论遇到什么人，包括他的领导和部下，没事从不搭腔；别人跟他打招呼，他也是一笑了之，似乎彼此不认识，从不说家常客套话。以此完全可以判定他是一位“冰冷”而又难以接近的怪老头儿。然而，当你找他谈事情或工作时，尤其是谈技术问题时，他却是侃侃而谈，使找他的人感到毫无拘束。他很少与人谈及家庭、生活和个人情趣之事，但谈起《二十四史》的有关内容，他却滔滔不绝，而且以古论今，绘声绘色。从中可看出他是一位记忆超凡、知识渊博、思维敏捷、和善可亲的专家和学者。

任新民的个人爱好很有限，除了看书、看资料，就是散步了。在发射场漫长的七八个月里，文化生活是非常匮乏的，试验队的参试人员也只是看看电视，周末放放录像，或打打扑克，下下棋。任新民却不以为然，认为看书、散步（快走）就够充实了。有一个周末，他的秘书去隔壁单元的试验队宿舍了，任老总回来就问：“干什么去了？”秘书回答道：“看他们打扑克、下象棋了。”他半严肃地说：“看那些有什么意思。”秘书心领神会，以后再也没涉足打扑克、下象棋的现场。

任新民在朴实、务实方面还有很多轶闻趣事，亦可印证其实事求是、一切从实际出发的思想已深入到他工作、生活的方方面面。20世纪80年代初，他在上海出差，工作任务完成得比较顺利，他难得有兴致同秘书去了趟商店。以往在上海出差，从不去商店，有空闲时间就去福州路的上海外文书店，而且一看就是一两个小时。这次，他是破天荒地逛了次商店，也不说买什么。当来到一家商店的儿童玩具柜台前时，他请售货员拿了件200多元的高档玩具，原来是想给外孙子买一件生日礼物。他摘掉近视眼镜，仔细端详着放在柜台上的玩具，一会儿看看实物，一会儿看看说明书。售货员看了他一眼，显然有些以貌取人，看他琢磨来琢磨去，好像是一个工匠在修理玩具似的。她暗暗自语：“一位老工人舍不得花这么多钱买这么一件高级玩具，别耽误时间了。”她随手把玩具放回货架上了。任新民一下子给弄得发愣，但也没吱声。秘书看到这一尴尬的场面，只好救驾了，上前解围说：“售货员同志，他肯定是要买的，请拿个新的选一选。”秘书很清楚，他定了的事是不会变的，买是肯定的。但任新民有个习惯，见到他未见过的东西总爱琢磨、推敲，从结构到外形，从电路原理图到使用方法。他慢吞吞的态度惹得售货员不耐烦了。最后，买了这件玩具。恐怕时至今日，那位售货员还不清楚这位“老工人”用一般人三四个月的工资买下这么高档玩具的缘故，更不清楚他每月的工资会有三百五十元。

还有一次，按照上海市政府接待处的安排，他很不情愿地住进了上海和平饭店的高级套间。他回饭店时，低着头似乎在想什么，没有出示钥匙牌，其实他也没有，钥匙牌都在秘书手里。他径直向电梯走去。饭店门卫机警地边喊边追：“老师傅，您找谁？请登记！”但凡遇到这种情况，他都是漫不经心，似听见似未听见地看人家一眼，从不吭声。在后边的秘书连忙三步并做两步地赶了上去，秘书也从不讲他们的身份，只是说了住的房间号，并出示了两个人的钥匙牌。

任新民在青海塔尔寺

门卫一看房间号，知道这是高级套间，更是犯疑了。查对了登记簿，又看了秘书的工作证，才恍然大悟，连声说："对不起！"任老总虽有些不悦，但始终没吭声。事后，饭店的经理还带着水果来到房间表示歉意和检讨，任老总却连连赞扬门卫的认真负责精神。

在西昌卫星发射中心也有一次这样的故事。卫星临近发射了，场区指挥部为了加强现场管理，让每位参试人员的胸前都佩戴上不同工作区的出入证，整个发射中心只发了三个在场区四通八达的出入证。一个是国防科工委的参谋长张敏，另一个是发射中心的司令员王世诚，还一个就是任老总。任新民像往常一样来到发射场区的大门口，进门前是一段上坡路，同行人员在海拔1800米的发射场上有些赶不上他快步如飞的速度，也唯恐有催老人快走之嫌，都拖后一段距离。警卫人员看到他胸前戴着特殊通行证，头上戴着普通的蓝布帽，脚上穿着绿色防静电的胶鞋，顿生疑团，便上前盘问。紧跟其后的秘书赶紧上前解释。警卫战士听后愕然，脸都涨红了，马上回以军礼，暗暗自责:真是有眼不识泰山，万万没有想到这就是闻名遐迩的工程总设计师呀！任老总对年轻的战士笑了笑，点点头，意即你们做得对，可始终没说一句话。

尴尬局面还有许多，当当事者得知这位"老师傅"就是七机部副部长、全国人大常委会委员、中国科学院院士、国际宇航科学院院士、"331"工程总设计师、一级教授时，无不大吃一惊，肃然起敬，并感慨道:"真是人不可貌相，海水不可斗量。"有的还说:"这样的人大代表，能代表人民。"

任新民对权势、地位、身价、交际、世故淡漠得让人难以置信。1983年10月，时任中央军委副秘书长、国务委员兼国防部长的张爱萍一行来到成都，主要是检查、指导试验卫星通信工程（"331"工程）发射准备工作。10月24日，张爱萍请四川省委书记谭启龙、省长蒋民宽、成都军区司令员王诚汉等领导，一起听取国防科工委、航天部关于发射准备情况的汇报，并请四川省委、省政府和成都军区给予大力协助和支持。任新民奉命从西昌发射现场赶赴成都，将发射通信卫星现场的检查、测试情况做了汇报。次日，张爱萍一行，同四川省委、省政府、成都军区的领导及机关工作人员，一同乘专机去西昌卫星发射中心视察。按一般人的思维，同领导会面是千载难逢的良机。他完全可以同张爱萍一行同乘专机返回西昌，既可表示问候，也可以更详细地汇报试验卫星通信工程现场测试、检查的情况。但是，他却认为，专机上方方面面的领导多，就不凑热闹了，现场的工作还多着呢！于是，他请秘书去买两张10月24日晚上返回西昌的火车票。当时成昆线的火车票非常紧张，秘书通过成都军区作战部搞到了两张软卧票。不知张爱萍怎么知道了这件事，很快，张爱萍的秘书打来了电话："张副秘书长意请任新民同志明早同我们一起乘专机去西昌，张副秘书长还要找他在飞机上商量事情。"万般无奈，他只好请秘书退了两张来之不易的火车票。

在专机上，任新民面色沉重地坐在一旁，此时的他除了压力就是担心，他朝思暮想的就是如何成功地将试验通信卫星东方红二号送入地球同步轨道，并能正常运行和投入使用，现在夸夸其谈没用，搞不好可能成为笑料，所以他尽量不吱声，非开口不可时，他言语非常谨慎，留有余地。后来由于张爱萍的询问，任新民很快就成了专机上谈话的中心。

他汇报了长征三号运载火箭、东方红二号卫星在现场的检查、测试情况及转场的计划安排等；还就航天系统开展的“三抓”任务及航天技术与导弹武器装备未来的发展等话题，与张爱萍交换了意见。

任新民归心似箭，一直惦记着现场的检查测试情况。专机到达西昌机场后，他又直奔前来接机的汽车，准备返回试验队驻地。张爱萍看到后连声喊道：“老任！ 跟我们走，还有事，不要回试验队。”他只好坐上前来迎接张爱萍一行的车队，去了西昌邛海宾馆。

任新民也有一反常态、寸权必争的情况。有一次，为了外测安控系统一台箭上设备选优装箭的事，各方争执得不可开交，任老总在现场综合考虑了方方面面的意见，最后拍了板。西昌卫星发射中心的一位副参谋长有异议，在下边讲了句：“任老总定的也不一定一成不变。”有关人员把这位副参谋长的意思报告给了任老总，他一听就火了：“打电话找他，问他我定的不算数，谁定的算数？如果我定的不算数，除非国防科工委免掉我工程总设计师的职务。”秘书佯装拨电话，谎称电话没人接。秘书迂回着把任老总的意见转告给了这位副参谋长。当晚，这位副参谋长带着水果和保健品来到任老总的宿舍“负荆请罪”，做了自我批评：“我是话赶话，一时说走了嘴。”并一再表示：“任老总定的，我们坚决执行。”谈着谈着，就说到了师生、学长的话题，副参谋长再三谈到：“任老总永远是我的老师。”原来，这位副参谋长是哈军工二期炮兵工程系毕业的，1953年入哈军工预科，1954年入炮兵工程系，当时，任新民正担任炮兵工程系的教育副主任，还给副参谋长所在的班级讲过课呢。任老总的火气逐渐小了下来，也不再提把水果等拿回去了。最后，任老总以宽慰并带几分规劝的口气告诫说：“我不会是情况不明决心大，更不会脑袋一热就定问题，我定问题也是听取各方面的意见后，经过综合比较和深思熟虑才定的。这么大的工程，总得有人定问题。我定的问题都可以记录在案，错了我负责。有意见可以找我谈，但我没更改决定前就得按照决定执行。否则，还要我这个工程总师干什么？！”

还有一次是在太原卫星发射中心执行发射风云一号试验气象卫星的任务。卫星入轨后，有一架执行任务的飞机，要马上将有关的设计人员从太原卫星发射中心送往西安卫星测控中心，继续执行卫星的测控任务。当时，航空航天部的领导执意要用这架飞机送请来参观的客人，包括国家综合部门的领导。任新民获悉后，直言不讳地说："这架飞机是用来执行任务的，接送客人固然重要，但你应提早妥善安排。我不是吓唬人，如果因为技术人员未按时赶到西安，卫星测控中出现的问题不能及时处理和解决，这个责任谁来负？”最后，经协商，还是先送试验队有关人员去了西安。

4. 敢于负责　果断决策

几十年来，任新民在技术领导的岗位上，遇到问题总是迎着困难上，从不瞻前顾后、畏首畏尾、推诿扯皮，即使在"文革"特定的历史环境下，虽然更谨慎一些，但也从不发表模棱两可的意见。他用自己的实际行动铸就了他敢于负责、善于负责，敢于决策、善于决策的伟大品格和风度。

1982年12月，当时对解决氢氧发动机启动缩火的问题已经制定了有针对性的措施。但这些措施是否有效还必须通过发动机试车进行检验。为此安排一次试车顺理成章，也比较稳妥。但需要耗费一笔经费，更主要的是研制进度将拖后，而由于西昌卫星发射中心的气象因素对发射窗口有时间限制，如赶不上1983年年底至1984年年初的发射窗口，会使发射时间拖后一年。这样不仅造成人力、财力的耗费，还会带来箭上、星上电子元器件等超过有效期等复杂问题。任新民心急如焚。按已定的研制计划，12月13日将有一次"长征三号"三级简易试车，如果能在简易试车后，氢氧发动机不下台进行分解、清洗和重装，直接进行检验解决缩火措施的试车，不仅节省人力、物力、财力，还能争取近一个月的研制时间。这成了当时任老总集中考虑和亟待决定的问题。他反复查阅了氢氧发动机历次试车总结和试车数据，并同有关的设计人员、试验站技术人员进行了研究、讨论，初步形成了在简易试车后连续进行检验解决缩火措施试车的设想。但要真正统一思想认识，形成决策，并非易事。大多数技术领导和科技人员都不大同意连续试车，认为风险太大；赞成连续试车的是少数，而且也不能理直气壮地发表意见。任新民长期领导和从事液体火箭发动机的研制试验工作，十分理解同志们的心情和意见。他又何尝不了解氢氧发动机连续试车可能出现的严重后果，不仅氢氧发动机有可能爆炸，还会毁及试车台。他思绪万千，绞尽脑汁地想："成功的把握是有的，但绝对成功的把握哪有啊？！ 况且试验本身就意味着成功与失败两种可能。"他暗自思忖："单独组织一次试车，也同样存在着失败的可能。但这种失败无可指责，只要分析故障原因、采取改进措施就是了。"他也想到："连续试车万一出了问题，对于决策者来说，那就如同医生在给病人做手术时，病人死在了手术台上，到时是好说不好听，甚至会声名狼藉。"转瞬间他郑重地告诫自己："应该相信自己和有关人员的分析、判断，相信以往的试车结果分析，如果一点儿风险都不敢冒，那是私心杂念在作怪，是患得患失，是懦夫。"思前想后，他进一步坚定了连续试车的决心。

几次会议研究讨论都是无果而终。在最后一次会上，他开门见山地阐述了自己的观点和论据，毅然决定采用连续试车的方案。与会者一听，知道任老总已做决定了，没有再讨论的余地了，只能研究如何落实连续试车方案。所以，大家也都不吭声了。接着讨论试车任务书，有人提出："任务书应写明经任老总决定……"在场的人十分清楚，这样表述的意思，暗含着责任问题，也是发言者保留不同意连续试车意见的一种表达。有人打圆场说："还是要写经工程总设计师任新民主持的总师扩大会研究决定为好。"这实际上还是两种意见辩论的继续。这时，任新民像触电似的，腾地站了起来，一反平日的沉默寡言，态度十分严肃地讲："就写任新民决定，出了问题完全由我负责，坐牢、杀头都是我一个人的事，与其他人无关！”语气中显露了自信、坚定、果断，也带有几分火气。在场的“长征三号”总设计师谢光选为了缓和气氛，也说：“坐牢、杀头也有我一个。”

连续试车的问题总算确定了，试车任务书也已下达。紧接着任新民组织设计单位、生产单位和试验单位有关的科技人员、管理人员和工人，一起研究制定了氢氧发动机简易试车和检验解决缩火措施试车的方案，并研究制定了安全措施保障办法和应急措施方案，进行了详细的分工，由各单位分头实施。

为确保试验卫星通信工程能在1983年年底至1984年年初这个发射窗口实施发射，整个工程的五大系统都处于最后冲刺的关键时期，承担“长征三号”一、二级及全箭控制系统设备研制任务的上海航天局，已三番五次地请求任老总前去处理和协调有关问题。当连续试车的方案确定后，他就匆忙赶赴上海。在上海期间，他每天都要通过专线电话了解北京试车准备工作的进展情况。原计划提前一天从上海赶回北京，参加氢氧发动机的连续试车，可在上海航天局的工作实在是排不开，只好在试车当天的上午乘飞机赶回北京。由于计算了任老总返京的时间，试车定于中午12点点火，按计划，从机场直接去云岗地区的试车现场，时间还绰绰有余。但事不凑巧，航班在上海起飞晚了半个小时，这可急坏了任老总。下飞机后，年近古稀的任新民一路小跑地上了车，一上汽车，他就催促司机抄近道，直奔试车现场。汽车里鸦雀无声，大家似乎都屏住了呼吸。司机田师傅曾做过宋任穷同志的专车司机，技术熟练，全神贯注地把着方向盘，汽车飞速地赶到了试车现场。此时，试验站戒严的警报已经拉响，警卫人员看见有汽车进入场区，都火速地围拢过来，一看是他们早已熟悉的任老总，立刻带领他跑向指挥控制室。广播喇叭里已传来了倒计时的声音，10、9、8、…… 任老总还没来得及坐下，发动机已经点火了。他目不转睛地盯着试车的显示屏幕，看着氢氧发动机第一次点火均匀、平稳而明亮的火焰，心中暗暗欢喜；过了一会儿，发动机二次点火，仍然干净利落，没有出现缩火现象，他心里的一块石头总算落了地。在此之前，他曾讲："这些措施如还解决不了缩火问题，那事情就复杂了，只好打报告推迟发射。"这个担心总算没有变成现实。

试车成功了，解决缩火的措施完全有效。欢呼声、祝贺声响彻在试车台所在的山沟，同事们争相同他握手祝贺，赞扬他"无私无畏，敢于决策""艺高人胆大"。他只是不停地点头微笑，充分彰显了他"有功己不语，亦不为人语"的高尚品格。舒展开的眉头露出了倦意。他也忘记自己还没吃午饭，老伴儿托司机带来的饭菜也凉了。同事们一再劝留他参加晚上的庆功宴，他还是用"谢谢"二字谢绝了。

还有一件事也可以充分地看出他遇事沉稳、敢于决策、善于决策的风范。1983年12月，在西昌卫星发射中心，"长征三号""东方红二号"在技术厂房的测试检查即将结束，参试人员几个月来的紧张与忙碌将告一段落。有关人员正在进行技术厂房的现场清理，准备将火箭、卫星转往发射阵地。这时，一件突如其来的事情发生了，有人在清理现场时惊愕地发现，一级液体火箭发动机在铁路、公路运输中未装保护拉杆。这个消息一下子轰动了整个场区，参试人员又陷入新的紧张氛围中。任新民赶到技术厂房，到现场进行了察看，又向有关人员询问了情况。他感到很棘手，自言自语地说："以往的弹道导弹和运载火箭在运输过程中发动机都要装保护拉杆，而且在技术文件中也规定必须装，现在没装，有什么高招？只好换发动机。"到底换不换发动机、如何换、发动机怎么从上海运来、何时能转场（由技术厂房转到发射阵地）等一系列难题又摆在任新民的面前。

他当即召开总师扩大会，听取了有关情况的汇报，并请"长征三号"的总设计师、副总设计师及有关分系统的主任设计师、主管设计师发表意见。当然也有人抱怨。任新民一直默默不语，静静地听着。大家都说完后，他开腔了："谁也不要抱怨了，因为抱怨解决不了任何问题。大家不愿意发生，也不该发生的问题冒出来了，我们只好面对，把问题解决好。"他停了一会儿接着说："技术文件规定发动机在运输过程中必须装保护拉杆，过去从没有这种没装的先例，更没有测过不装保护拉杆时，运输过程对发动机及其管路所产生的振动与位移等数据。怎么办？只能换发动机。即使运输过程中没有发生大的冲击和溜车等情况，对发动机影响不大，那也不敢用。"他当即决定：从上海的一级液体火箭发动机研制单位空运一台新发动机，装好保护拉杆，运到西昌后，在技术厂房更换发动机，新换的发动机经测试检查合格后再转往发射阵地。其他各分系统除配合好更换发动机和检查测试工作外，应开展"双想"，回想以往工作中的难点和疑点，预想在发射阵地的测试工作，不懈怠、不抱怨。

本来在上海新中华厂总装厂房装保护拉杆是举手之劳，可这次的问题恰恰出在一位一直负责结构与总装的老设计员身上。当总装车间的工人问这位设计员装不装保护拉杆时，他回答得很干脆："不用装了。"一句草率的回答带来的麻烦实在是够大的。刚好上海航天局还有备用的发动机，任新民组织有关人员联系空军，从湖北当阳空军机场调运输机赴上海去运发动机，并缜密地布置装卸和测试检查等工作。

任老总也确实有些火气："真是淹死会水的，他1959年从北航毕业后，原来在七机部一院总体设计部就搞总装，这么老的设计员，怎么不懂得按技术文件要求办呢？乱弹琴！"这位设计员也在发射现场，听说自己捅了娄子，一下子就懵了，感到压力很大，也回忆不清当时在总装车间的情景。任新民与这位设计员很早就熟悉，他从侧面了解到，这位设计员在处理发动机装保护拉杆问题时，他母亲刚去世，精神上有些恍惚。任老总更担心他压力太大出问题，当即将这位设计员找到自己的宿舍，首先严厉地批评这位设计员不按技术文件办事，是设计工作中的无政府主义和自由主义。这位设计员性格比较内向，除了不断地承认错误，做检讨外，还流下了悔恨的眼泪。任老总知道他20多年来的工作还是勤勤恳恳、兢兢业业的，气氛逐渐地缓和了下来，宽慰他说："要记住这次教训。犯了错误要正视错误，变压力为动力，在实际行动中改正错误，特别是在这次更换发动机和后续的工作中做出成绩来。"这位设计员听了任老总的一席话，悔恨和激动一齐涌上心头，泣不成声。但他也如释重负，知道不会发生他最担心的"停职检查"。接着任老总又和他讨论了更换发动机中应该注意的有关问题。这位设计员在后来的工作中，任劳任怨，表现得很出色。

任老总在更换发动机过程中一直坐镇现场，他要求技术人员和工人必须慎之又慎，精心操作，既保护好新换上去的发动机，又要确保换下来的发动机完好无损。其实，他在这段时间里一直思索着这台换下来的发动机如何处置。打入“冷宫”不就成了废品吗？这可是价值上百万元的产品哪！他在更换发动机的现场转来转去，脑海里一直盘旋着这个问题。突然，有主意了，他亲自打电话给身在上海航天局的“长征三号”副总设计师孙敬良，请他亲自组织第二枚运载火箭一、二级的进场工作，负责组织发动机运输中装保护拉杆和不装保护拉杆的试验与测量工作。在专列上同时携带了装保护拉杆和不装保护拉杆的两台发动机，测量在运输过程中的振动、刹车、启动、过桥、爬坡、下坡、钻山洞等产生的振动、位移及其他数据。最后对各种测量数据进行了比对分析和综合研究，认为运输中的各种动作对不装保护拉杆的发动机及管路不会产生质变的影响。后来，那台换下来的发动机经过检修、测试，用于发射卫星的运载火箭上，减少了经济损失。同时也积累了试验数据，对运输振动有了进一步的深入认识。

真是好事多磨。在这次“长征三号”发射“东方红二号”的测试检查中，还发生了在准备加注液氢液氧时，出现了运载火箭控制系统平台倒台的故障。这又一次考验了任新民实事求是的作风和敢于决策的能力。

1984年1月26日，“长征三号”发射“东方红二号”的测试检查工作正按预定程序紧张地进行着。任老总忙前忙后，在发射塔架上爬上爬下，唯恐哪个部位出现纰漏。他昨晚又是一夜未合眼，因为加注一、二级的偏二甲肼和四氧化二氮是重要环节。就在即将加注完毕之时，他回到宿舍，准备迷糊一会儿。可他刚躺下，就来了电话：在即将进入发射前四小时准备，决定是否开始加注液氢液氧前，对控制系统进行功能检查时，突然发现陀螺惯性平台偏航通道的放大系数出现异常，即发生了罕见的平台倒台现象。真是“天有不测风云”！他一下子困倦全无，立即赶赴现场，首先来到测试间，察看了有关的数据和曲线，又火速爬到发射塔架上陀螺平台所在的那层平台，只见眼前一片慌乱的场面，有关的研制人员紧张得满头冒汗。任新民到达后，所有的目光都盯在了他身上。他擦了擦额头上的汗珠，把陀螺平台研制的技术负责人、上海仪表厂的孙显桐、余福良等召集在一起。他很清醒地知道，在此关键而危难的时刻需要保持清醒的头脑，经简短商议后，他开口了："平台倒台是肯定的了，得更换平台，想在短时间内排除故障是不可能的，也不可能在今天晚上这个发射窗口实施发射了。"他坚定而遗憾地说："通知控制指挥室，停止射前四小时准备，停止液氢液氧加注。各岗位清理现场，先回去吃饭。"他还叮嘱大家："现在需要的是镇定，不要急，不要慌，急和慌不但解决不了问题，还可能带来次生问题。晚饭后立即召开主任设计师以上的技术领导会议，研究下一步更换平台的实施方案。"

参试人员心情都很沉重，默默不语地返回驻地后，三口并做两口地吃完了晚饭。各路人员不约而同地提前来到试验大队队部食堂，参加总师扩大会议，各有关部、所、厂的带队领导也都出席了会议。任新民环视了一下到会的人员，语调低沉地讲："一、二级的推进剂加注完了，这个时候更换平台是我们最不希望发生的事，可偏偏发生了。好在液氢液氧还没有加注，处理起来相对好办一些，看来，我们在液氢液氧加注前安排一次控制系统功能检查是非常必要的。即使是加注了液氢液氧，平台出了问题也得应对，办法总会有的。"他停了停，提高嗓门说："过去没有遇到过这样的问题，现在遇到了，我们只能面对现实，工作还得往前做。越是在这样困难的时刻，越要讲大局、讲团结、讲风格，不能有埋怨情绪，更不能有畏难情绪。"此话打破了会场的沉寂。

会议开始讨论更换陀螺平台的方案，很快取得了共识，决定吊卸卫星整流罩和卫星，并运回技术厂房。对于备份平台的选优问题，决定由上海仪表厂负责，并明确了负责人，提出了注意事项。最重要的问题是在更换平台时，贮箱内的偏二甲肼、四氧化二氮卸出不卸出，与会人员基本上是一个声音，卸出推进剂。

任新民做了总结性发言：“对于更换陀螺平台的问题，作为运载火箭与卫星的研制单位，我们在大的方面已经形成了一个初步意见，还要同西昌卫星发射中心的同志们一起研究具体的实施方案，最后还要报指挥部批准。各责任单位和责任人都要过细地做工作，组织好、协调好、实施好。”他略停了一会儿，接着说：“更换平台也可能坏事变好事，一方面是总结工作中的教训，另一方面可以经受考验和锻炼，积累这方面的经验。”他的话中虽然带有无可奈何、不得已而为之的语气，但也充满了坚定和自信。

他的老搭档、行政总指挥张镰斧讲了话：“我完全赞成任老总的决定和意见。我相信大家一定按任老总的要求，沉着冷静、团结一致地解决这一难题，确保更换平台的任务圆满完成。”

散会后，任新民还在反思所确定的一些问题，拆卸卫星整流罩、卫星和备份平台选优的事，是具体实施和执行的问题，需精心组织、精心操作。但他对从贮箱中泄出偏二甲肼和四氧化二氮的问题还感到很棘手。这些都是剧毒、易燃、易爆的物质，犹如两颗巨型炸弹停在发射场上。总师扩大会上，提出泄出的理由主要是发动机工作对推进剂的温度有严格的要求。尽管在西昌，但毕竟是一月下旬，在海拔1800米的夜晚，裸露的贮箱里的推进剂温度会下降，不仅会影响发动机的正常工作，即使是能工作，也会使推力偏差增大，卫星入轨的精度会大大下降。为此，会议取得了基本一致的意见，决定泄出推进剂，再次加注时进行加温。任新民深知泄出推进剂非等闲之举，心里一直犯嘀咕，可一时又想不出不泄出推进剂的理由和解决推进剂温度下降的好办法。他只好无奈地说：泄出推进剂的问题，等明天指挥部开会时再最后决定。

回到宿舍后，秘书看到任新民无可奈何的样子，知道他对是否泄出推进剂的问题还没有下决心，正需要听取意见。秘书听说上海航天局801所进行过比规定温度还低的推进剂的热试车，有余量。于是秘书就将自己在总师扩大会上不便讲的意见说了出来："推进剂不泄出带来的问题和困难是显而易见的；可泄出推进剂带来的问题就更复杂了，有些可能是潜在性的问题，四氧化二氮一遇到水气就会变成硝酸哪！会给贮箱、加泄连接器、活门、管道等带来什么问题，很难预测。"任老总没吭声，正在思考。过了一会，秘书补充说："带着两大贮箱推进剂的运载火箭放在发射塔架上，有安全保卫问题，但增哨加岗、严防死守是可以解决的；装满推进剂的大贮箱是大的热容体，升温或降温都是很慢的，北方冬天储存大白菜，只要盖上一床旧棉被，甚至是盖一层塑料布，就能保证大白菜不冻。对贮箱也可以采取保温措施，塑料泡沫、棉被一起上。"任新民边听边查阅有关的技术资料和图纸，随口说了句："这倒可以考虑。"南方潮湿，又没暖气，冬天的夜晚阴冷得很。秘书给他披上了大衣，一起查资料、看图纸，不知"折腾"了多长时间，才稀里糊涂地睡了一觉。

翌日早上一起床，任新民第一句话就对秘书讲："给我请个假，先去上海航天局和067基地试验队的宿舍，过一会儿再去参加指挥部的会议。"还不到8点钟，他们就赶到了这两个发动机研制单位试验队的宿舍，不到五分钟，他的几位老部下、搞发动机的主力队员都不约而同地聚拢在一间小会议室里。任老总说明了来意，请大家对推进剂泄出与不泄出的问题发表意见。上海航天局801所所长臧家亮一上来就亮底了："为了掌握余量，我们在湖州7013试验站用比规定的最低温度低三度的推进剂进行了热试车，试车结果正常，发动机工作及各种参数均正常。"并当场展示了发动机试车的测量数据。任老总追问了一句："我们现在贮箱里推进剂的温度比规定的最低温度高，那就是贮箱里推进剂的温度再降三度，也能保证发动机正常工作。"801所的科技人员作了肯定的回答。有人讲："装满推进剂的贮箱是个大的热容体，升温与降温都是很缓慢的。"这时会场的气氛开始热烈起来，与会人员争先恐后地发表意见，出主意，想办法。有的提出："我们可以采用一些土办法，白天打开塔架平台，让阳光直接照射在贮箱上，使贮箱内的推进剂升温；晚上用棉被和塑料泡沫将贮箱包起来，再把塔架平台合拢，进行保温。"还有人建议："定期开通遥测系统，监测贮箱里推进剂的温度。"至于安全保卫问题，大家一致认为这是不成问题的问题，请西昌卫星发射中心增加警卫人员，24小时连续值守。越议越深入，任新民心里也越亮堂，推进剂不泄出的底气也就越足了。

他同几位有关人员气喘吁吁地赶到指挥部会议室，简要地报告了推进剂不泄出的理由、根据和拟采取的措施。会议室里鸦雀无声，好像整个会场空气都凝固了，大家屏住呼吸听任老总的报告。由于任新民分析得透辟、清晰，指挥部对泄不泄出推进剂的问题很快取得了一致的意见，最后决定："一、二级贮箱中的推进剂（偏二甲肼、四氧化二氮）不泄出，采取白天用日照、夜间防降温的保暖措施；遥测系统定时开机监测贮箱内推进剂的温度；现场的安全保卫工作要做到万无一失。"张镰斧这两天紧皱着的眉头一下子就舒展开了，他握住任新民的手激动地说："老任啊！你做了一件大好事，推进剂不泄出，整个工作就好办了。"

更换陀螺平台的工作进行得井井有条，方方面面大力协同，整个工作都按计划如期完成。第一枚长征三号运载火箭在推迟三天后的1月29日晚8时24分点火起飞，一级、二级、三级第一次点火和滑行段的工作都很正常，但三级二次启动出现了故障，未能将东方红二号试验通信卫星送入预定的地球同步转移轨道。但通过发射飞行的检验，证明换一级发动机、更换平台，包括不泄出一、二级推进剂等决策都是正确的。更难得的是，对在发射阵地加注完一、二级推进剂的情况下，更换陀螺平台的工作积累了经验。通过这次更换陀螺平台的实践，任新民又一次深刻领悟了“三个臭皮匠顶个诸葛亮”的道理；也彰显了这位工程总设计师善于听取各方面的意见，足智善断、敢于决策、善于决策的气魄。

5. 严肃认真　精益求精

任新民十分清楚，航天型号工程，都是复杂的大系统工程，涉及诸多学科和专业技术，是现代科学技术各领域最新成就的高度综合与运用，是一个国家综合国力，包括经济、国防、科技等实力的重要标志之一。研制过程中的任何一个环节；参加研制、生产、试验的任何一个人员；型号工程的任何一个组成部分，包括型号工程的系统、分系统、各仪器设备、部组件、零配件和元器件，直至每个螺钉、螺帽，每根导线和每个焊点及使用的所有材料，如果出现问题，都会导致整个航天型号工程飞行试验或发射任务的失败，甚至有可能出现重大的伤亡事故。因此，他在领导和主持航天型号工程研制过程中，始终牢记周恩来总理生前为中国航天和核事业制定的质量工作指导原则，即“严肃认真，周到细致，稳妥可靠，万无一失”的16字指导原则，并着力抓好落实。他经常告诫自己和参研、参试的人员：“航天型号工程本身就有很多新、难、尖、精、高的技术难题，研制试验工作带有很大的探索性和风险性，绝不能因为我们工作的质量问题而增加这种风险和探索的难度，搞得不好会将认识不到的技术难题与质量问题搅在一起，增加攻关与探索的难度，这无论如何也是不应该的！”他在组织和领导航天型号研制工作中，始终如一地坚持质量第一、进度服从质量的原则：在地面能做的工作、能进行的试验，一定要千方百计地想办法做，并要做深、做透、做充分；发现的问题和疑点，一定要找准部位，弄清原因，搞个水落石出，并采取切实有效的改进措施，包括有针对性的改进措施和综合治理性的措施，对这些措施要进行充分的分析论证和必要的试验验证；发现问题和疑点后，要举一反三，杜绝顾此失彼和同类故障现象的重复发生；绝不能带着问题、疑点和隐患上天。正因如此，工作做到了严、慎、细、实、深，情况掌握得透，问题抓得准，技术关键把得严，质量工作抓得好，才避免或减少了故障的发生，有些工作起到了一发千钧、化险为夷的作用，保证了一项项航天型号工程研制和发射的成功。有人说：“任老总是福将，是常胜将军。”他却不以为然，淡淡一笑：“哪有常胜将军哪！我们也只能做一个‘苦将’，苦苦地求索，艰苦细致、一步一个脚印地苦干。”

1985年11月，第三枚长征三号运载火箭和第一颗东方红二号甲实用通信卫星运抵西昌卫星发射中心，“331甲”工程开始进行发射前的检查测试工作。任新民仍和“311”工程第一、二次发射一样，坐镇现场，同参试人员一起参加检查测试工作。他了解到，参试人员中有一种情绪和苗头，觉得这是第三次了，轻车熟路，程度不同地出现了一些懈怠的苗头。他看在眼里，急在心上，知道这不是一个好兆头。在一次听取技术厂房检查测试阶段情况的汇报会上，大家围绕着遥测系统一个设备的故障问题进行讨论，任老总板着面孔，不时地进行追根刨底的提问。遥测系统的一位副主任设计师辩解道："在北京做过试验。"任新民冷不防地站了起来，气不打一处来地指着那位副主任设计师吼道："你撒谎！"与会者一下子全愣了，会场上的气氛变得紧张起来。任新民严厉地说："我们天天讲质量问题生死攸关，实际行动怎么样呢？我们的通信卫星才发射两颗，也只有一颗发射成功了呀！这第三颗就认为是轻车熟路，老手旧胳膊了！我看就是99颗全成了，第100颗的工作还得像第一颗的工作一样，来不得半点马虎，否则第100颗也不一定成功。"停了一会儿，他严肃地提出："这样的扯皮会不要继续开了，你们有关的单位、有关的人员回去自己查，自己讨论，查清了再来找我们。"与会者十分清楚，任老总用心良苦，这一借题发挥就是要杀一儆百，杀一杀大家都看在眼里而未讲出口的麻痹松解情绪。

第二天晚上，汇报会继续召开。一上来，遥测系统的这位副主任设计师就检讨说："装箭的和备份的两台设备，备份的这台在北京做了试验，测试中出了问题的这台装箭设备确实没做过试验。任老总批评得对，我们工作有漏洞，应该吸取教训。"接着，这位副主任设计师详细地分析了产生故障的原因及解决办法。这时，任老总严肃的面孔露出了笑意："我知道你不会故意撒谎，是记错了，记错了也不应该。"经过讨论，会议很快对遥测系统故障的分析与处理意见达成了共识，并对后续的检查测试工作做了布置和安排。最后任老总再次严肃地做了简要的叮嘱，他列举了前段检查测试中出现的一些松懈现象，指出了一些不该出现的问题。他郑重而尖锐地阐述了"骄兵必败""淹死会水的"等一些道理，要求大家扎扎实实、一丝不苟地做好技术厂房和发射阵地的检查测试工作，确保第一颗实用通信卫星发射、定点成功，并投入使用，为中国的卫星通信事业增光添彩。会后，大家都异口同声地赞扬任老总这个苗头抓得准、抓得及时，警钟敲得是时候。事实证明，在后来的检查测试工作中，差错明显减少，质量大大提高，进度也有了保障。

还有一次，在执行第二颗东方红二号甲卫星发射的任务中，“长征三号甲”和“东方红二号甲”已矗立在发射塔架上，还有三天就要发射了。在发射前的总检查中，遥测电源由外电转内电（由地面市电供电转到箭上蓄电池供电）时，出现了“过压报警”。研制人员知道在此时出现这类问题是很棘手的，他们连饭都顾不上吃就进行查找，费了九牛二虎之力，可仍无头绪，转电时仍出现同样的“过压报警”信号。有些人认为箭上有抗过压保护措施，对过压能抗得住，不影响箭上遥测系统的正常工作，不想再查找了。任老总接到情况报告后，立即赶赴现场，召集有关人员开会研究这个问题。他听过汇报并听到他们不想再查找的意见后，脸色立刻变了，严肃而尖锐地指出：“‘过压报警’算不算一个疑点和问题？我们成天讲不带任何疑点和问题上天，就是为了说在嘴上，写在墙上，真正遇到疑点和问题就放过去？！”这时，他站起来质问道：“你们设‘过压报警’的目的是什么，是干什么用的，这是第一道防线；箭上的过压保护是第二道防线，是对没有认识到或未发现的问题导致过压时进行保护。现在明知道第一道防线出了问题，问题的原因也不清楚，就想退守到第二道防线，那第一道防线等于没设，或者说第一道防线不攻自破嘛！”他指了指墙上的标语，提高了嗓门，并坚定地说：“这叫不带疑点、问题和隐患上天吗？！‘过压报警’的事一定得查清并彻底排除，否则，我宁可让全线都等着你们。不排除，所有的工作都不能往下走。”大家一听都愣了，这全线都等着，可非同小可呀！全线不仅包括发射场区成千上万的参试人员，还包括遍布于全国各地的测控台站，也包括远在南太平洋的测控船队，那影响可就大了！承担研制任务的科技人员知道没有退路了，只有横下一条心，彻底地查。

事情往往就是这样，一认真就解决了。还不到半天，产生“过压报警”的原因就查清了：有一根导线按老图纸接的。设计图纸更改后，其他部分都改了，而这根导线的接法没有按新图纸更改，出现了图物不符的错误。这根导线按新的图纸进行改接后，再进行转电，就没有出现“过压报警”了。大家都欣喜若狂，一直在现场督战的任老总也露出了满意的笑容。主管的研制人员上前与任老总开起了玩笑：“多亏您的高压政策呀！”任老总也回敬道：“属牙膏的，不挤不压不出来。”任老总还坦开襟怀地讲：“我担心的是查不清原因，怕‘过压报警’后面潜伏着更大的隐患。”

任新民举一反三，担心其他系统和设备还有类似的问题。他分别召集“长征三号”和“东方红二号”各分系统主任设计师以上的技术负责人会议，通报了遥测电源“过压报警”的问题，动员大家再冷静地开展回忆，查找有无漏洞和疑点，特别是要认真回顾和查找有无图物不符的问题。他恳切地对大家说：“周总理叮嘱我们的‘严肃认真，周到细致，稳妥可靠，万无一失’，可不是说说就行了，得要真正落到实处，切实做到不带问题、不带疑点、不带隐患上天。”

任新民不仅对航天型号工程研制中的问题严肃认真，精益求精，凡是他经手的工作，都是要反复推敲，力求准确。例如，20世纪80年代初，全国上下开展了整党活动，每位党员都要自觉向组织提交一份对照检查。对此，任新民像对待所有的过手文件一样，同秘书一起反复讨论、修改，大的补充修改起码有三次以上。成稿交到了张钧部长那里征求意见，任新民也松了口气。他为“331”工程的事赴外地出差，就在北京机场的候机室里，他突然对秘书讲：“赶快给张部长的秘书打个电话，我那份对照检查中说到我在‘文革’中也加入了一派革命群众组织，这话不对，我只是在‘文革’中支持了一派革命群众组织的一些观点，应该改成后面这句话。”秘书知道他这又是在脑子里“过电影”，经深思熟虑后提出的。秘书照其意请张部长的秘书对文稿进行了修改。事后张钧部长在任新民

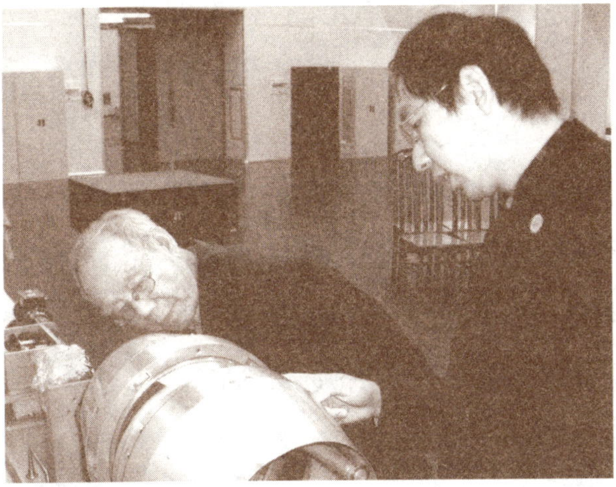

任新民深入基层调研

的对照检查上写了一段话："朴实忠厚的老专家，要保重身体，继续为航天事业作更大的贡献。"

任新民在处理工作时，往往采用逆向思维，并运用比较的方法。1982年年初，国家机关实行体制改革，七机部改为航天工业部，同时，开始实行干部离退休制，要选拔一批年青的干部担任部领导。时任国防科委政委、七机部第一副部长的刘有光，是研究确定航天部新领导班子的负责人之一，刘有光与任新民是老相识了。一天下午，刘有光将任新民请到航天招待所的一房间内，专门听取任新民关于航天部领导班子的一些意见，他们谈得很深、很细。最后谈到拟作为航天部接班人的一位同志的情况时，刘政委严肃地说："老任啊，你说说某某同志到底有什么长处，有什么短处？"任新民还是慢吞吞地、若有所思地回答："你要说他不行吧，可与他年龄、资历相仿，50年代初毕业的院、厂、所领导中，还找不出谁比他强。"任新民就是这样用逆向思维和比较方法表达他的意见的。最后，刘政委站起来说："就是他吧！"

还有一次是在他担任国家科学技术进步奖航天行业评审组组长期间，这一次评审部级科技进步奖时，上午进行了评审打分，打分结果是部级一、二、三等奖均未达到国家给的数额。他思绪万千，从鼓励和保护科技人员的积极性出发，应该充分使用国家给的指标。他请工作人员调来了一等奖的后三项、二等奖前后各三项、三等奖前后各三项、没评上的前三项的申报材料。他顾不上中午休息，用比较的办法查阅了这些材料，他发现二等奖的第一名与一等奖最后一名、三等奖的第一名与二等奖的最后一名、未评上的第一名与三等奖的最后一名，确实是都有一个明显的、质的差别。最后，他向评审组全体人员做了说明，认定打分评审有效，不再调整和重新打分。评审组及工作人员都深受感动，都对任老总的认真、严肃、一丝不苟的负责精神赞赏不绝。

6. 严于律己　宽以待人

"至高者非官位而在无欲，至善者非雄才而在贤达。"在任新民朴实无华的伟大品格中，令人敬佩的还有他贤达、无欲、严于律己、宽以待人、待人以诚的高风亮节。他的敬业精神、工作作风，是有目共睹、有口皆碑的。然而，当谈到他的业绩和贡献时，他发自肺腑地说："如果没有国家的强盛和民族的兴旺，没有中央决策要发展导弹、运载火箭和卫星，靠我们个人能干个啥？！"他还深有感触地说："在旧中国，即使是学有所长的人，从国外回来，国内没有开展相应的专业项目，也没有开展工作的条件，当然是英雄无用武之地，报效祖国无门。那时开展的一些科研项目也只能是零敲碎打，拾外国人的牙慧。国家决策发展'两弹一星'这些大科技工程，就给科技人员提供了一个大舞台，我们干上了这一行，亲自参加一些大工程的研制、试验，算是三生有幸。"他还颇为感慨并反复地说明："我说的可不是一般意义的客套话，而是实实在在的情况。假如，我还在学校里教书，在'文革'中说不定被打成反动教授、反动学术权威，甚至连性命都难保。我们搞'两弹一星'，受到了周总理的保护，在'文革'中没有间断科研生产工作。换了别人，同样可以取得不俗的业绩。作为个人我做了一些工作，也取得了一些成绩，这虽然离不开个人的努力和能力，但也有一个机遇问题。"

正因如此，在1985年长征三号运载火箭和东方红二号试验通信卫星及微波测控系统等项目，申报国家科技进步奖特等奖时，他明确而坚定地表示自己只上一项，即长征三号运载火箭，且提出只列第二名。在后来的长征四号甲运载火箭和风云一号试验气象卫星等项目申报国家科技进步奖时，申报单位根据工程总师任新民的业绩和贡献，提出并执意坚持他应该作为项目的主要完成人，且按程序已进行了初审，当这些项目提交到航天行业评审组评审时，作为评审组组长的任新民不容商量地将自己的名字通通去掉，让给下面从事具体技术工作的科技人员。为此，广大科技人员都非常敬佩任老总的义举。

任新民还有很多刚正不阿、朴实厚道的事迹。“文化大革命”中披露的一条鲜为人知的“要闻”，着实使他倒吸一口冷气，冒了冷汗。那是1961年至1962年间，当时中近程弹道导弹的液体火箭发动机的技术难关久攻不下，试车屡遭失败，他感到焦头烂额、狼狈不堪。就在此时，有九位年轻人“阶级斗争”这根弦绷得很紧，就写信给中央，怀疑有人在液体火箭发动机研制中搞破坏，怀疑任新民这位液体火箭发动机设计部主任有政治问题，有特嫌问题。发动机试车时，院政治部派来的政治工作人员，特别是保卫人员明显增加，还派了一位保卫干事长驻发动机试验站。当时，他认为是为了加强思想政治工作，根本没往别处想。后来他明白了事情的真相后，才如梦初醒。原来那些人是来监视自己的。但他却很坦然：假的真不了，真的也假不了。同时也使他想起了聂荣臻元帅转达给他的一句话：“在最困难的时候，就是快成功了。”这很有可能就是聂帅了解当时这件事，而用心良苦地安慰他吧！

任新民对当时写信的人毫无憎恨之意，只是淡淡地一笑：“那是特定历史条件下发生的特殊事，能怪谁呢？”可事情往往巧得很，真是山不转来水在转，水不转来人在转。20世纪80年代，当年在这封信上签名的科技人员，因赴美做访问学者，而未赶上航天部正常组织的第一批高级工程师的评审。由航天部组织评委会，对几位回国的留美访问学者进行补评。任新民担任评委会主任，他仗义执言，为这位科技人员讲了许多公道而实事求是的意见，他说：“我也不是说这位同志好得不得了，我是将他的技术水平、工作业绩同其他已经评上高工的人员相比较，他并不差，应该给人家评上。”他还对这位科技人员的才华和精通俄语、英语等长处大加褒奖，认为他完全符合高级工程师的条件。但当时要求三分之二以上的票同意才行。有几位老专家对这位科技人员持有异议，结果他没有评上。

第一次评审后，这位同志向当时的中央军委副秘书长、国务委员兼国防部部长张爱萍写了申辩信，张副秘书长做了批示，应予复议。任新民又主持召开了第二次评委会，还是没达到三分之二的同意票。事后，任新民有些不快。有人劝解他：“某某可能是恃才自傲，得罪了一些人。今年评不上，以后还可以按正常渠道报评，就不必到部里评了。没必要为这件事弄得老专家们面红耳赤的。”此时，任老总才推心置腹地讲了20世纪60年代的这段往事，并动情地说：“人总得讲个公平，公道嘛！不要把个人的恩怨、成见凌驾于公平、公道之上，要讲个人的恩怨、成见，我应首先投反对票。人不能小肚鸡肠，那件事发生时，他们还年轻，不了解情况，为工作着急，写了封告状信。写了就写了吧！没必要记恨，今天不能公报私仇，还得要秉公办事呀！”这一席话足见他宽广的胸怀、朴实的品格和厚道的为人。

“无欲品自高”，这也是任老总的一个信条。他除了工作、看书，几乎无任何嗜好，以前他吸烟，烟瘾还不小，到经济困难时要发烟票才能买到烟，他一发狠，就戒了烟，把烟票给了别人。他从不为取得的成绩沾沾自喜，更不炫耀自己。他对吃、穿、住、用不大讲究，也不会因为这些事去麻烦别人。不管是吃住在宾馆、发射场的试验队，还是住在偏远单位的小招待所里，别人向这位老人问寒问暖时，他总是公式化地回答“蛮好，蛮好”。其实，早春时节，在闽西测控站和浙江湖州山区的7013试验站这些地方，又潮又冷，令人难熬。这些单位也考虑他的高龄，都想让他住在离单位比较近的市里宾馆。开始劝他，他婉言谢绝；说多了，他就发脾气，坚决不搞特殊。

作为七机部副部长、全国人大常委，又是老专家，他去外地下属单位出差时，下属单位的领导总是去机场或车站迎送。他一再叮嘱，大家工作都很忙，不要接，来一位工作人员领领路就行了。等到离开时，他执意不让下属单位的领导送行，并诚恳地说：“我们又不带什么东西，用不着送，如果需要，我会找你们的。”对另派车送站的事更是绝对禁止。

从1980年起，按国务院机关事务管理局的规定，给年满65岁的副部长配专车。他不仅不让家属子女用他的专车，就连自己办近程的公事和私事，也骑自行车或徒步前往，不动用专车。1983年的一个星期日，上级机关临时通知他去参加一个会，他考虑司机平时跟他东奔西跑，已经够忙的了，好不容易有一个星期天，就别麻烦司机了。他瞒着家人和秘书独自骑自行车去了。可人不服老不行，下车时脚踩在一块不大不小的石头上，大脚趾扭了一下，顿时就肿了起来，他只好忍着疼痛回到了家。夫人见他一瘸一拐的，问他怎么搞的，他支支吾吾不肯说实情，唯恐惹来麻烦和夫人的埋怨。可他骑自行车又何止这一次，保卫部的同志多次见到他骑自行车外出，保卫部领导和秘书多次提醒他：“毕竟年纪大了，得注意安全，尤其是现在车多，交通秩序又不太好，还是不要骑自行车外出了。”并叮嘱说：“之所以配专车就是为了保证您的用车，尤其是您属于‘国宝’级的专家，更要保护好。”可他却不以为然：“没

任新民在沈阳怪坡骑车

那么严重，我也没有老到连自行车都不能骑的程度。”20世纪90年代后期，他为了锻炼身体，坚持每个星期天去游泳，带上外孙和孙女一起骑一段自行车，再坐一段公共汽车去游泳池，仍然不动用专车和劳驾他的专车司机。他认为这是业余的休闲活动，不能动用专车。

任新民对自己克勤克俭，可对同事、下属，甚至是素不相识的普通群众，他都以诚相待，亲和关心，善解人意。由于航天型号工程上某些技术上的需要和一些阴差阳错的原因，往往是在春节前后执行航天型号工程的飞行试验或发射任务，尤其是通信卫星受发射窗口的限制，都是赶在春节前后发射。他春节回不了家是家常便饭，家中的老母亲、夫人、子女及孙辈们也都早习以为常了。每逢遇到这种情况，他总是春节前给夫人打个电话，表示歉意，言明上有老下有小的一大家子就拜托夫人操劳了。他还叮嘱夫人跟秘书的爱人及子女们说，他们春节都回不去了。尤其是忘不了历年来都要办的事，利用春节假日去南苑，看看原来研究所的一些老人。他委托夫人：“你一定安排个时间去南苑，看看原来的老邻居，特别是一定要去看看刘九皋同志。”老刘原是液体火箭发动机研究所的一名技术人员，后来调到部里的科研生产局工作，与任老总共事的时间比较长。1975年突发中风偏瘫卧床，情绪也不好。任新民每年都要去探望，表达友谊与问候。

还有一个鲜为人知又非常感人的故事。那时任新民还在一院工作，有一次，他去云岗地区的试验站参加发动机试车返回南苑驻地，一位农民因年高耳聋未听见汽车的喇叭声，而被汽车刮倒了，他们一行将这位老人送到附近的诊所，医生诊断骨头没问题，并做了处置，这位农民也认可了这种处置。同行的人都准备上车返回，可任新民见这位农民站立行走疼痛难忍的样子，他坚持要将这位农民送到医院进行 X 光拍片检查。司机等人最后按他的意见把这位农民送到医院。伤者被确诊为骨裂，得到了及时的治疗。他还吩咐司机和有关人员："通知家属，你们定期前往医院探望，解决医疗费。"这位农民非常感激，含着热泪连声说："我真是遇到好心人了！谢谢你们，谢谢解放军。"事情很简单，但从中不仅看出任老总对任何事情都一丝不苟、认真负责，而且也看出他对任何人都是一视同仁，他有一颗纯洁、平常而善良的心。

当然任新民一生中也有憾事，并因此终生自责。1994年10月下旬，他百岁高龄的老母亲生病住院，恰巧赶上这一段时间他工作比较忙，会议也比较多。因此，他难得抽空儿去医院看望，更谈不上多陪陪老母亲。只好托付老伴儿和他的妹妹。一天上

1994年5月28日，任新民在家中为母亲过百岁寿日

午，医院打来电话："老太太的病情不轻，年纪太大，身体已无任何抵抗能力，请您无论如何抽空儿来一趟。"刚巧那天下午安排了一个由他主持的会议，难以脱身，他只好请老伴儿和妹妹先在医院照料。她们听到老太太在半昏迷中不时地喊"新民"，又听了医生和护士关于老太太的病情介绍，焦急万分，手足无措，盼任新民及早到来拿主意。她俩不停地轮流到医院的楼梯口，看了五六次都没有见到任新民的身影。直到下午3点多钟，这位年近八旬的儿子才一路小跑地上了楼。他来到母亲的病床前，摸了摸母亲布满皱纹的额头，又攥了攥老母亲枯瘦如柴的双手，亲耳听到了老母亲呼唤"新民"的微弱喊声，当他回答时，老母亲还会意地点点头。此时，他不由一阵心酸，往事一齐涌上心头……

母亲终生辛劳，操持家务。从1950年他在南京华东军区军事科学研究室起，母亲就协助妻子料理家务，像一台不知疲倦的发动机照顾他的四个子女和侄子。"文化大革命"中母亲无端地被赶回安徽宁国县老家，自己住在一间柴房里，冬冷夏热，蚊虫叮咬，她顽强地活了下来。

他正沉思静想，医生来请他了，在办公室听了医生关于母亲病情的介绍后，他坦诚地说："完全听你们医生的，花费的事你们不要考虑，该用的药就用，完全由我负担，请放心。"医生又对他老母亲进行了治疗，开始输白蛋白和血浆，老太太又昏睡了。任新民根据老母亲的身体状况和以往生病恢复的情况，判断老母亲会熬过这一关，至少一二内天不会发生问题。因为部里的会议还没有结束，他又匆匆返回机关开会去了。可万万没有想到，这竟成了他与母亲的永别。次日凌晨5点多钟，他的老母亲与世长辞了。临时请的护工是位年轻人，她看不出也不懂老太太就要走了，没有通知家里。任老总到后，护工告诉他："老太太临终前还呼喊'新民'。"他伤心地低下了头，眼里噙着泪，默不作声。

在老太太的遗体火化前，家里人举行了简单的遗体告别仪式，当他看到子女和孙辈们哭喊着奶奶、太太时，他再也抑制不住内心的痛苦、遗憾与思念，跪地失声痛哭，哭声中哀述着老母亲辛劳的一生，也含着做儿子的永远的歉疚。是啊，忠孝不能两全。他的老母亲慈祥地闭着双眼，似乎已经体谅了儿子，知道新民是一位以公事为重的孝子啊！

任新民

任新民院士传记

Academician Ren Xinmin's Biography

第十章

老当益壮 霜重心红

“老牛自知夕阳晚，不用扬鞭自奋蹄。”进入耄耋之年的任新民，反而更加忙碌。他的人生称得上是夕阳更红，晚霞更绚丽。

1984年4月8日，我国的试验通信卫星发射、定点成功，并投入运行使用后，任新民这位德高望重的科学家，继1980年11月当选为中国科学院学部委员（后改称院士）后，又先后当选为国际宇航科学院院士和国际宇航科学院理事会理事；1985年，作为项目的主要完成人之一，荣获液体地地战略导弹及运载火箭、长征三号运载火箭两项国家科技进步奖特等奖，并相继担任航天工业部科学技术委员会主任，航空航天部、航天工业总公司、中国航天科技集团公司、中国航天科工集团公司高级技术顾问。可以说是功成名就，完全可以安享晚年了。可这位以事业为己任的老专家仍是竭尽全力，为中国航天的持续发展奔波、奋斗。

他进入古稀、耄耋之年后，直至今日年近百岁，非但没有清闲，反而更加繁忙，因此成就更加辉煌。1990年，经国务院批准，享受政府特殊津贴；1994年，荣获求是科技基金会授予的杰出科学家奖；1995年，经国务院批准，被授予“全国先进工作者”称号；1999年，荣获中共中央、国务院、中央军委授予的“两弹一星”功勋奖章；2001年，荣立国防科工委一等功；2004年，荣获国家人事部、总装备部、国防科工委授予的中国载人航天工程突出贡献者奖章。他的人生称得上夕阳更红，晚霞更绚丽。

任新民与钱学森（左三）、屠守锷（左二）、黄纬禄（左一）、梁守槃（右二）在人民大会堂

1. 老骥伏枥　志在千里

20世纪80年代至今，任新民大干航天型号工程，领导、主持或参加了多种航天型号工程的研制和发射，用实际行动践行了“老牛自知夕阳晚，不用扬鞭自奋蹄”的奋斗不息精神。

首先，作为风云一号气象卫星工程总设计师，他执掌着帅旗，于1988年9月7日、1990年9月3日成功发射了风云一号01星和02星。尔后任新民绞尽脑汁、冥思苦想，并奔走呼号、四处游说，别具匠心地使风云一号02批这个新的航天型号获得立项，虽延续了风云一号的冠名，但实际上是一个新的型号工程。在他的领导与组织下，广大的研制人员披荆斩棘、攻坚克难，于1999年5月10日、2002年5月15日，分别用长征四号乙运载火箭成功发射了风云一号03星、实践五号科学试验卫星和风云一号04星、海洋一号海洋探测卫星。风云一号01、02、03、04星和实践五号科学试验卫星、海洋一号海洋探测卫星等，都带来了巨大的社会效益和经济效益。

其次是作为工程总设计师，领导、组织了改进型返回式遥感卫星（又称返回式遥感卫星二号）、新型返回式遥感卫星（又称返回式遥感卫星三号）及其运载火箭长征二号丙、长征二号丁的研制，领导和参加了五颗返回式遥感卫星二号和三颗返回式遥感卫星三号的检查、测试和发射工作。他以一个老航天科技工作者特有的责任心和使命感，不知疲倦地耕耘和拼搏，收获了累累的航天型号工程硕果，服务于国民经济建筑和国防建设。

再次是他作为工程的技术总顾问，以高度负责的精神，指导和参加了东方红三号通信卫星和新型的长征三号甲运载火箭的研制，最终形成了长征三号甲系列运载火箭。在国际商业发射服务和嫦娥一号、嫦娥二号月球探测卫星中任新民屡立战功，功不可没。

还有，他被任命为发射外国卫星工程（867工程）总设计师后，不辱使命、勇于担当，1990年4月7日，他坐镇现场，领导和组织了我国首次用“长征三号”发射外国卫星的任务，实现了我国运载火箭国际商业发射服务零的突破。之后，他还多次亲赴现场，领导和参加了长征三号、长征三号甲等运载火箭的国际商业发射服务。

任新民这一时期的业绩和贡献充分彰显了他活到老、学到老、干到老，生命不息、奋斗不止的精神。

2. 风口浪尖　勇挑重担

20世纪90年代，航天型号工程在进行发射和飞行试验中，屡遭挫折或失败。作为中国航天元老之一的任新民看在眼里，急在心上，但他却很镇定地说：“中国航天正处于由必然王国向自由王国挺进的征程中，只要肯于实践，肯于探索，这道坎儿一定能迈得过去。”

他既没有被挫折和困难所吓倒，也没有坐视旁观，而是勇敢地站了出来，他是分析故障原因和制定改进措施的主要领导者和参加者。众所周知，故障分析及评审工作在当时已成为中国航天异常重要、急迫而又棘手的工作。特别是组长，更是处于各种矛盾和意见的漩涡之中。因为一旦出现故障，残骸或滞留太空，或由于爆炸而面目全非，物证难以找到。出现故障时的遥测数据和外弹道测量数据又不全，靠仅有的数据来分析发生故障的原因及部位，是一件综合性强、技术要求高、难度非常大的工作。然而任老总对此却很坦然，并有独到见解："我干了几十年航天，遇到的故障分析事例几十次，但各分系统基本上是'御敌于国门之外'，没有说自己的，只有一院13所的赵凌星（后来曾任13所所长）眼睛向内，从自身研制的设备找原因。说到底是研制者害怕承担责任，不愿说清各自分管工作的薄弱环节，这就需要领导者了解和掌握全面情况；另一方面是分析者和评审者怕说出的意见与事实有出入，怕得罪人。关键是研制者、当事人、分析者、评审者都要实事求是，抛弃个人的私心杂念和患得患失，我相信故障的原因是会弄清楚的。"

他是这样想的，这样说的，也是这样做的。例如，1994年4月2日，风云二号卫星第一颗星在西昌卫星发射中心技术厂房爆炸，当时任新民应工程行政总指挥和工程总设计师之邀，参加了"长征三号"和"风云二号"的检查测试工作，4月2日上午，任新民一直在技术厂房参加"风云二号"模拟射前8小时准备的测试工作。快到11点钟了，他觉得主要测试工作已经做完，后边的工作不多了，于是和其他同志一起，返回了试验队的宿舍。他倒了一杯水，正准备喝时，突然一声令人心惊的响声从技术厂房方向传来，他下意识地喊了一声："坏了，出事了。"旋即赶赴现场，参加灭火和抢救伤员的工作。现场的有关领导经商议，并请示在北京的航天工业总公司的领导，立即成立了故障分析组和故障分析评审组，任新民被任命为故障分析评审组组长。当时，技术厂房一片狼藉，人心惶惶。他会同有关领导开始了爆炸事故的全面调查工作。首先认真地察看了事故的现场，包括厂房地面和墙壁被撞击后的痕迹，察看了卫星爆炸后星上设备的残骸；搜集、整理、分析了现场目击者看到、听到的关于事故的材料；察看分析了当时记录的每一个遥测数据和发出的每一条指令；还请来了材料分析、消防、固体推进剂技术等方面的专家，进行了各种试验，以分析起火和远地点发动机被点燃的原因。经过四个多月艰苦的工作，终于查清了事故的原因，并通过了故障分析评审组的评审。

这次事故的教训是深刻而沉痛的，发现了一些还没认识到的问题。如对卫星加注了60千克的无水肼，固体远地点发动机内装有653千克固体推进剂，就已经成为一个大的火工品，对此认识不足；加注无水肼后，测试现场没有肼监测装置；对无水肼的性能和危险性缺乏深入的了解，对防静电的环境湿度无明确要求；对钛管材及焊接点的质量检验标准不规范……这次事故给每一个航天人都敲响了警钟，这些都成了我国航天事业的极为宝贵的财富。

1997年6月10日晚19点55分，长征三号运载火箭成功地发射了风云二号02星，6天后卫星成功定点，投入在轨测试和运行使用。证明风云二号01星的故障分析组及故障分析评审组的工作是有成效的。

任新民参加了故障分析及评审工作的全过程，他始终坚持以事实和数据为依据，广开言路，充分发扬技术民主，认真听取各方面的意见。他反对技术上护短，也不主张无休止的争论，认为必须适时地做出判断和进行决策。在他主持的多次故障分析及评审工作中，尽管争吵得十分激烈，但都按期完成了故障分析及评审工作，并提出了改进措施的建议。经实践检验，这些故障分析都做到了定位准确、机理清楚，所提出的改进措施建议都符合实际，也是有效的。经过改进后的航天型号工程后续的发射或飞行试验都取得了圆满成功。

通过这些故障分析及评审工作实践，耄耋之年的任新民老当益壮，用自己扎实的理论知识和丰富的实践经验，为中国航天排忧解难，扭转了颓势。他用实际行动为中国航天作出了自己的一份别人很难替代的重要贡献。因此，赢得了各级领导和广大航天工作者的一致称赞："任老总真是无私无畏，无欲品高呀！"

3. 关键时刻　挺身而出

任新民在50多年的航天科技生涯中，在一些技术决策性问题的讨论中，总是认真听取各方面的意见，显得有些"慢条斯理"，不急于也不轻易发表自己的意见，但他总会适时地表明自己的观点和意见，从不含混其词、模棱两可。特别是对他分管工作范围内的问题，有争议且有一定风险的决策问题，他都会勇敢地站出来，表明自己的意见，或果断地做出决策。即使是在环境险恶而复杂的条件下，他也不违心地随声附和。近些年来，政治环境宽松和谐，他更是坦诚而直爽地表明个人的观点和意见。

1996年4月，执行发射亚太一号A通信卫星的长征三号运载火箭即将出厂。这枚运载火箭的编号为Y10，原是1994年年初用来发射第一颗风云二号卫星的，后由于风云二号卫星在技术厂房爆炸，这枚运载火箭剩了下来。就在长征三号Y10出厂评审时，有人提出疑问，Y10的一级液体火箭发动机是由上海航天局研制生产的，存放时间已超过五年，总装完又过了三年，有无失效的问题，质量能否有保证。当时正值航天型号发射和飞行试验接连失利，特别是运载火箭的国际商业发射服务已面临着"再也失败不起，没有退路，只能成功"的严峻形势。虽不能说是草木皆兵，但也确有"一朝被蛇咬，十年怕井绳"之感，此时此刻，谁也不敢站出来拍胸脯保证。任新民得知后，找来了长征三号Y10出厂评审组的组长和几位液体火箭发动机专家，一针见血地指出："你们都是搞液体火箭发动机的，在目前的形势下，大家都很谨慎是可以理解的，你们把这个难题踢给谁呀？到航天总公司的总经理、副总经理那里，他们也很难下决心，还得听你们的意见，更不能把责任全推给上海801所。"接着，他直言不讳地阐述了自己的观点："稳妥可靠，万无一失，是我们必须遵循的工作原则和奋斗目标，但在航天型号工程的研制试验中，如果一点儿风险都没有，那干脆什么都别干。”他停了停，以略带批评的口气说：“作为技术人员，发现问题，向领导实事求是地反映问题是对的，但同时也应该提出自己的分析、判断意见，供领导决策，那才叫尽职尽责。如果只提问题，不提处理意见，那只是尽了一半责任。”在谈到长征三号Y10液体火箭发动机的具体问题时，他以肯定的口气说：“发动机这类机械类产品在厂房里存放五年是不应该有问题的。对密封情况应进行检查和必要的试验，对非金属密封件进行必要的更换。对于经过这样处理的发动机我同意出厂，我首先签字。”后经了解，上海航天局801所对长征三号Y10火箭一级发动机已进行了检查、试验和更换处理，并有相应的技术文件在案。最后通过了长征三号Y10火箭及其一级发动机按时出厂的评审。

任新民参加领导了这次长征三号Y10火箭发射亚太一号A通信卫星的任务，在西昌卫星发射中心的检查、测试中，尤其关注火箭一级发动机的情况。在广大参试人员的共同努力下，1996年7月3日，长征三号Y10运载火箭成功地将亚太一号A通信卫星准确地送入了预定的地球同步转移轨道，又一次圆满地执行了发射外星的合同，也在一定程度上缓和了中国航天当时的严峻形势。

事后，有关的科技人员，特别是长征三号Y10火箭一级发动机研制单位的科技人员，谈起此事时还心有余悸，并对他这种无私无畏的勇气和关键时刻挺身而出、敢于负责的精神深感敬佩。长征三号Y10火箭出厂时，由于大液体火箭发动机研制生产定点单位的调整，上海航天局801所已不再承担大液体火箭发动机研制生产任务，这台发动机是最后一台了。如果当时都不表态，没有勇敢者站出来“拍胸脯”，这台发动机就可能被判不能上天。果真如此，这枚“长征三号”何时出厂，什么时候发射亚太一号A通信卫星，就要另当别论了。反之，如果这次发射因为这台一级发动机的问题而受挫，那任新民即使不是千古罪人，也是声誉大损。这正是任老总难能可贵之处，他追逐的是事业，看重的是科学和实际，而不是从一己小利出发，患得患失。所以，了解任新民的航天工作者都异口同声地称赞任老总："艺高人胆大""危难之处显身手"。

更为可贵的是，当他的意见、建议未被领导采纳，而做出与他的意见、建议相悖的决定时，他仍以大局为重，保留自己的意见，准备接受时间和实践的检验。同时，他仍积极而认真地按新的决定做好工作，保证任务的圆满完成。例如，1996年10月，长征二号丁运载火箭发射返回式遥感卫星三号，在发射阵地测试时，控制系统的变换放大器出现了故障，他作为整个工程的总设计师提出的决策意见未被领导采纳。他仍按当时航天工业总公司的决定，积极地做好组织工作，最后在10月20日发射成功，并按预定计划成功回收。

任新民对不同意见的争论历来都是非常大度的，无论是对领导、对同级，还是对下级，争论一过，他就全忘了，既不会影响工作，更不会耿耿于怀、记恨在心。正是由于他宽厚朴实、宽大为怀，所以他几十年来同党政干部的关系都很融洽，互相尊重，取长补短。"文化大革命"前和他做过搭档的，如周吉一、吴之真、马云涛，他到七机部机关后，和他共事的，如席一、张镰斧、军管会的杨国宇、国防科委的马捷等，他们都一致反映任新民朴实憨厚，工作上埋头苦干，敢于担当，从不推诿和文过饰非，是一位可以交心的老专家。从另一个角度讲，这也是他几十年来在航天型号工作中能取得突出业绩、作出卓著贡献的一个重要原因。

4.举贤荐才　提携后辈

20世纪90年代，有人说："航天系统当选中科院和工程院院士的发动机专业的人多，国防部五院一分院第三设计部的人多，从事试验卫星通信工程的人多。"还有人做了粗略的统计，从事发动机专业的有：孙敬良、张贵田、朱森元、刘兴洲、邢球痕、崔国良等。原在国防部五院一分院第三设计部工作的有：孙敬良、张贵田、朱森元、邢球痕等。以从事试验卫星通信工程（"331"工程）所建

1994年8月22日，任新民（右二）与屠守锷（左一）、黄纬禄（右一）、梁守槃（左二）接受求是科技基金会颁发的杰出科学家奖

立的业绩与贡献为主或作为其中一个因素而当选为院士的有：谢光选、龙乐豪、余梦伦、曾广商、朱森元、孙敬良、屠善澄、戚发轫、范本尧、陈芳允、张履谦、童铠等。言外之意，任新民对部下荐举、提携得过多。

其实，任新民在作为中科院技术科学部学部委员评选工作召集人时，他对航天系统参选人员基本上是采取回避的态度，他曾感慨地说："都说好话也不行，大家从你讲的好话中也能分析出参选人水平的差距，大家都不了解情况，本系统人的意见起的作用太大，我是反复地强调请大家认真研究申报的材料。"老学部委员都是各专业的高手，都有自己的分析判断，任何人都左右不了每位学部委员的意见。

要说任新民在评选院士的功劳倒有两个方面。一是在他领导或主持的航天工程研制试验中，始终把发现人才、使用人才、培养人才放在重要位置，仅331工程，研制试验的时间前后长达十多年，就有十多名科技骨干当选为中科院或工程院院士，还有一些科技骨干虽没有当选为院士，但他们的业绩、贡献与技术水平与当选的院士相媲美，如沈辛荪、刘传儒、王之任、王桁、徐盛华、曹正邦、潘绍珍、王瑞铨、朴龙奎、邹广瑞、刘良栋、陈道明、但森等。二是在荐举方面，凡是欲申报院士找到他的，他都二话不说，予以推荐，并根据他多年来参加评选工作的体会，对申报材料的填写及答辩准备等方面，给予具体而细致的指导。

还有一些院士，他也是给予推荐指导的，如王永志、陈德仁、钟山、孟执中、

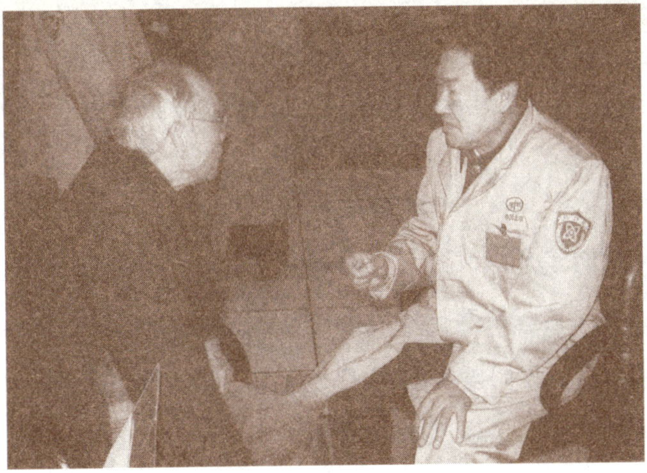

2003年，神舟五号飞船首次载人飞行成功后，任新民与王永志在一起交谈

闵桂荣等。另外还有一些航天系统以外的，只要是他熟悉和了解的，或者经过阅读、分析材料，他都会鼎力相助，予以推荐。如国防科学技术大学的庄逢辰院士，南京理工大学的李洪志院士，他都给予了推荐。李洪志是他在哈尔滨军事工程学院炮兵工程系任副主任时的学员，后来这个系发展成了南京理工大学，当李洪志找到他时，他研读了有关材料，一口答应下来，并表示自己也应该为哈军工炮兵工程系的发展尽己之微薄之力。后来李洪志当选为院士，并成了学校的学术带头人。

在科技界，了解或与任新民有过接触的人，都称赞他毫无嫉妒贤能之意，而是荐举贤能、提携后辈的楷模。

5. 载人航天　呕心沥血

发展载人航天技术，在任新民的脑海里早已形成了坚定的信念，如同当年他坚决主张发展氢氧发动机技术一样，不管是来自高层领导还是专家的反对意见，他都执著地据理力争，可以说是棒打不回、矢志不移。1985年，他在为《太空站讨论会文集》撰写的序中写道："搞太空站和航天飞机是一个大的国策，搞这一事业是需要一笔较大的投资的，也需要一定的人力、物力。但其技术意义、政治意义、经济意义和军事意义都是非常巨大的。所取得的科技成果是可以转化为生产力的。从一定意义上讲，到一定的时候，我们的投资会本利全收的。"他在序中还恳切地呼吁："太空站迟早是要搞的，但等到人家都成了常规的东西，我们才开始设想，那时候就晚了。所以从现在起就应有一个长远规划，对其中的某些关键技术应立项着手研究。一旦国家决定发展载人航天，就能及时起步。我们要争取在21世纪初，在地球的近地空域翱翔着中国的永久型太空站，在太空站和地球之间有中国的天地往返运输工具，装载着人员、物资、设备穿梭往来，我国的航天员、科学家和工程师在太空站上紧张地进行各种各样的科学技术活动。”任新民在这个序中初步阐述了他关于我国发展载人航天技术的初步设想，即发展航天飞机，起码是带翼的天地往返运输工具，永久性的太空站。

他在20世纪80年代后期开始考虑我国载人航天技术发展的技术途径时，不大想走苏联载人飞船的路子。他主要考虑了三条：其一，不带翼的垂直起飞、垂直降落的航天器即飞船，毕竟是苏联、美国30多年前的技术，这30多年来，科学技术已取得了突飞猛进的发展，航天科技的发展日新月异，更是惊人。美国在1981年就已研制成功航天飞机并进行了飞行，现在已进行多次成功飞行；苏联也已研制了暴风雪号航天飞机，并已成功地进行了无人飞行。中国可以也应该研制出比载人飞船更先进的航天器。其二，发展载人航天的目的之一就是实现太空工业化，垂直起飞、水平着陆的航天器容易使科学技术人员进入太空，不像载人飞船那样需要专门培养、训练航天员，身体条件的要求也没有那么苛刻。其三，水平着陆可实现载人航天器部分重复使用，降低成本，有利于工业化。

1986年初春，中国科学院院士杨嘉墀、陈芳允、王大珩、王淦昌四位科学家提出了《关于跟踪研究外国战略性高技术发展的建议》，其中包括开展载人航天技术的研究。3月3日直送邓小平同志处，邓小平同志3月5日做了批示：“这个建议十分重要，请找专家和负责同志，提出意见，以凭决策。此事宜速作决断，不可拖延。”之后，民用科技主管部门国家科委和国防科技主管部门国防科工委，分别组织了200多位科技专家参加了论证，选择了对中国经济、国防、科技和社会发展有重大影响的生物技术、航天技术、信息技术、先进防御技术、自动化技术、能源技术和新材料技术一些领域作为重点，编制了国家《高技术研究发展计划（863计划）纲要》，1986年11月，中共中央、国务院批准了“863”计划，并以中发[1986]24号文件下发，对实施的目的、指导思想、领域和主题项目、政策、措施等方面都作出了具体阐述。随后，在国防科工委的领导与组织下，军口组建了“863航天科技领域专家委员会”和“大型运载火箭和天地往返运输系统”“载人空间站系统及其应用”两个主题项目，任新民受当时航天部领导的委托，亲自遴选荐举屠善澄为863航天领域专家委员会首席专家，并遴选荐举了专家委员会其他成员和两个主题项目专家组成员。

1991年1月30日，由中国宇航学会理事长任新民和中国社会科学院副院长刘国光主持，以中国宇航学会、中国社会科学院、国务院发展研究中心的名义，联合举办了“中国航天高技术报告会”。出席会议的有：中国科学院院长周光召、国务院发展研究中心顾问马宾、外交部副部长余湛、航空航天部副部长刘纪原、第二炮兵副司令员杨桓和副参谋长栗前明、国家气象局副局长马鹤年、中国科学技术协会副主席庄逢甘、中国自动化学会理事长杨嘉墀、国务院发展研究中心副局长邓寿鹏等有关部门的领导、专家和学者共100余人。会议重点讨论的内容是：航天科技在国家的战略地位与作用；建立以航天科技为龙头的高新技术开发区的设想建议；尽快起步，发展中国的载人航天技术问题；采取政策措施落实“科学技术是第一生产力”原则等。任新民在会议上做了发言，阐述了及早发展中国载人航天技术的建议，他斩钉截铁地呼吁：“载人与不载人是中国航天技术质的飞跃，其政治、经济、社会效益与影响是现在难以预测的。”

从1990年起，载人航天技术方案论证工作逐步深入，仅天地往返运输系统就提出了五种方案：多用途飞船方案，不带主动力的小型航天飞机方案，带主动

1990年2月，任新民出席航天型号总指挥总设计师工作会议

力的小型航天飞机方案，垂直起飞、火箭助推、水平着陆的两级航天飞机方案，垂直起飞、水平着陆两级入轨的空天飞机方案等。为了加强对载人航天技术方案论证工作的领导，1990年12月14日，航空航天部成立了载人航天工程论证领导小组，任新民担任首席顾问。还从中国运载火箭技术研究院、中国空间技术研究院、上海航天局、航空航天部710所抽调19名科技人员，组成了联合论证组，开展载人航天技术方案的论证工作。任新民亲自指导并参加了联合论证组的论证工作。

自己否定自己，这对于一位科技专家来讲又谈何容易，这也正是任新民贵有自知之明之处。他曾设想，我们搞一个人家三四十年前搞的东西，未免太寒酸了，他反复查阅了美国航天飞机的有关资料，还分析了德国、英国设想的空天飞机方案，认定中国要搞一个带翼的载人航天器。随着方案论证工作的深入，他反复地思考、分析、研究了各种方案的利弊，进行了实事求是的分析，我国大飞机技术相对于航天技术还比较落后，如果搞小航天飞机是扬短避长。他了解到，当时我国连大飞机起落架都生产不了，航天飞机的起落架比飞机的起落架要求高得多，技术难度就更大了。他综合分析了我国经济技术的现状，分析了技术可行性和研制经费、研制进度等各方面的情况，他同意我国的载人航天技术从载人飞船起步。

1991年春节前夕，航空航天部向邓小平同志呈送了《关于开展载人飞船工程研制的请示》，其中特别强调："上不上载人航天，是政治决策，不是纯科学问题，不是科技工作者能定的。要等统一认识，这是不可能的。"春节期间，请示送到了邓小平同志手里，小平同志阅研了这一请示，并同有关的中央领导交换了意见。自此，载人航天工程的立项工作加速推进。

任新民还为我国载人飞船工程立项两次去中南海，亲自向国务院总理、中央专委主任李鹏等领导汇报。1991年3月4日，任新民得知国务院办公厅秘书局的电话通知：李鹏总理拟于3月15日下午3时至5时，邀见任新民等了解载人飞船论证工作情况的科技人员，听取关于载人飞船工程方面的汇报。任新民深知这一汇报关系到我国载人飞船工程立项的大局，责任重大，不敢有丝毫懈怠。他当即向有关的部领导作了汇报，并商议了汇报的有关工作，决定由任老总亲自出马，向李总理汇报。前后不到10天的时间，准备好汇报稿还是很紧张的。他数次修改汇报提纲。3月15日，任新民等如期来到了中南海向李鹏总理等领导汇报。他开门见山，首先概要地汇报了中国为什么要发展载人航天技术，必要性是什么。接着较详细地介绍了多用途载人飞船的方案设想，论述了中国发展载人航天技术为什么要从研制多用途载人飞船起步，有哪些用途，并阐述了技术经济的可行性。他语气坚定并充满信心地说："我国已基本具备研制多用途载人飞船及其运载火箭的技术基础和研制条件。从运载火箭讲，我们已研制成功长征二号捆绑火箭，在这一运载火箭的基础上，可采取实时监测技术、冗余技术、容错技术等措施，提高质量与可靠性，使其满足发射载人飞船的要求。就载人飞船本身而言，飞船的控制系统有各类导弹和卫星控制技术的基础；返回技术有返回式遥感卫星返回技术的基础；防热材料已有研究成果和产品；航天员的培训及环保生命保障技术等，有20世纪70年代研制曙光号飞船时的基础和预研成果。"他指了指汇报挂图上的飞船逃逸系统，加重语气说："新研制的项目主要是飞船在上升段的应急救生技术，称为飞船逃逸技术，我们在固体火箭发动机技术和空气动力学技术方面是有基础的，完全可以攻克飞船逃逸系统的技术难关。”他还实事求是地讲：“载人与不载人是航天技术发展中一个质的跨越。在工程研制实践中必须付出艰苦的努力，也会出现新的技术难题。但据目前的分析，还没有不可逾越的重大技术关键，我们会成功的。”李鹏总理聚精会神地听着任新民的汇报，时而进行询问，时而点头，时而露出微笑。汇报在和谐热烈的气氛中按时结束。

根据这次汇报会，航空航天部在1991年《航空航天重大情况（五）》整理了这次汇报会的主要情况，上报党和国家领导人。五天之后，中共中央办公厅秘书局给航空航天部转来了中央领导在《航空航天重大情况（五）》上的重要批示。中共中央政治局常委、中央军委副主席刘华清3月1日批示：“最近几年，许多专家都希望中央尽快下决心搞我国的载人航天技术，建议中央下决心干起来，而不要再拖延。经济是个大问题，但20多年的时间，每年分担些也是可行的，实在当前财政困难，动用国库存的金子每年出点儿也得干。”3月7日，李鹏总理批示：“此事由专委讨论后报中央。”3月9日，江泽民总书记圈阅。自此，我国载人飞船工程的论证与立项工作进入了快车道。

1991年4月，任新民在思考，中国载人航天工程的立项还不是一蹴而就的事，还有很多工作要做，还有相当长的路要走。其一，对于中国要不要进行载人航天工程研制，发展载人航天工程到底有什么意义、作用，这些都还有不同声音，尤其是有关的国家综合部门的领导、专家，有的已公开发表研究报告，持反对意见；其二，中国载人航天工程从载人飞船起步，也有待统一思想，统一认识；其三，就载人飞船本身也有不同的方案，到底采取三舱方案，还是两舱方案等。鉴于此情，年近耄耋、时任航空航天部高级技术顾问、载人航天工程论证领导小组首席顾问的任新民，不辱使命，勇敢地站了出来，迎对这三个方面的问题。他同时任航空航天部科技委副主任的庄逢甘商议，由庄逢甘主持召开载人飞船工程实施方案讨论会。这次会议决定，航空航天部运载火箭技术研究院、空间技术研究院、上海航天局根据会议确定的技术指标及要求，分别开展深入的论证工作，完善各自技术方案，以便招标择优，任新民自始至终参加了这一讨论会。

1991年11月，运载火箭技术研究院、空间技术研究院、上海航天局都分别提交了一整套《载人飞船工程可行性论证报告》，任新民等科技专家组成评审组，认真听取三个论证单位的论证报告，并进行了质疑和讨论，各位评审组成员进行背靠背打分，并写出评审意见。任新民仔细研读了三个单位的论证报告和各位评审组成员的评审意见，指导并参加了《并于我国载人飞船工程立项的建议》的撰写及成稿工作。

1992年1月8日，李鹏总理主持召开中央专委第五次会议，专门研究发展我国载人航天技术的问题。任新民代表航空航天部向中央专委汇报了《关于开展我国载人飞船工程的建议》，并结合1：10的载人飞船模型做了我国载人飞船技术方案的讲解和演示。中央专委诸领导认真听取了任新民的汇报，经过热烈的讨论，做出了明确的结论：“从政治、经济、科技、军事等方面考虑，发展我国载人航天技术是必要的，也是适时的。我国发展载人航天技术从载人飞船起步是可行的。”会议纪要中记述：“载人航天工程是一项跨世纪的大型工程，其意义十分重大，影响十分深远。为表示对党、对国家、对人民的高度负责，请每位中央专委委员和航天领导小组成员，都要对本次会议纪要表示意见并郑重签字。”从一定意义上讲，这次中央专委会议对我国载人航天技术的发展具有决定性的意义。

会议决定，在863航天领域专家委员会和航空航天部已进行的论证工作的基础上，由当时的国防科工委（现为总装备部）负责，组织各方面的科技专家成立论证组，继续进行更为深入的论证，提出载人飞船工程技术经济可行性论证报告。与此同时，还要成立由有关专业的科技专家组成的评审组，在全面指导参加和了解论证工作的基础上，对载人飞船工程技术经济可行性论证报告提出评审报告。届时将论证报告和评审报告一并提交中央专委审批。中央专委再向中共中央政治局常委会议汇报，由中央最后决定。

中央专委第五次会议后，国防科工委和航空航天部很快组织并健全了论证队伍和评审队伍，成立了论证组和评审组，王永志任论证组组长，任新民任评审组组长，副组长为王大珩、屠善澄，评审组成员有庄逢甘、王希季、闵桂荣、杨嘉墀、张履谦、谢光选、童铠等。

评审组组长这个担子很重，既有技术上的难度，又有组织协调上的困难。中央专委明确，同时提交论证报告和评审报告是批准载人飞船工程立项的必要条件。可要在评审中形成统一的意见又谈何容易，评审组及下属的各系统评审组的成员都是各专业的技术带头人，都称得上“武林高手”，对各类技术问题都有自己独到的见解和意见，有的又很难改变。在1992年夏季召开的载人飞船技术方案评审会上，评审组的专家对方案中某些分系统方案有不同意见，争论异常激烈。有的评审专家竟然提出：在评审意见中写明我个人的意见，我自己签名，一起上报中央专委。任新民十分清楚，国家拿那么多钱搞这样大的工程，连研制单位都拿不出统一的意见，叫中央怎么批呀！这时，任新民宣布休会，次日再开会讨论。

任新民立即找几位专家商议，并做了分工，对几位意见比较大的专家分头去做工作，并征求他们的意见。他利用晚上的时间到意见比较多且比较强烈的专家宿舍进行走访，促膝谈心，做耐心细致的工作。次日，评审会继续开会。任新民首先做了30分钟的发言，他简要地历数了党中央、国务院、中央军委对中国航天所做出的一系列重大规划、决策和所取得的来之不易的伟大成就；回顾了中国航天在历次重大规划和技术方案讨论中识大体、顾大局、求同存异的优良传统，并现身说法，讲了他个人的经历："有些问题我也是有不同意见的，完全一致是不可能的，有不同意见是正常现象，但为了大局也只好舍弃一些个人的意见。"他还语重心长地说："我国载人航天工程的立项取得今天的进展，中央初步同意干这件事，确实是来之不易，是我们大家团结奋斗、共同努力的结果，应该珍惜。最终能否正式立项就取决于我们的技术经济可行性论证报告和评审报告做得如何。"他停了一会儿接着讲："我们大多数同志都是七八十岁的人了，目的就是为后来者搭建个施展才华的平台。如果载人航天工程能立项，这对中国航天今后的发展和前景，将产生重大而深远的影响，今后30年或更长的时间，我们航天工作者都会英雄有用武之地。如果因为我们的论证工作和评审工作没做好，没做透，而影响工程的立项或拖延工作的进程，那我们就愧对中国航天，愧对中华民族，是误人子弟，说得严重些是千古罪人。同志们啊，责任重大，使命光荣。"他列举了一些实例，作为一名科技人员，有自己的技术见解并敢于发表和坚持，是难能可贵的。但是，大家都坚持按个人意见办，那什么事也办不成。他打个形象的比喻："从我们航天部驻地阜成路8号出发去天安门，经过公主坟，或木樨地，或西四，都可以到达目的地。最怕的就是坐在阜成路8号争来吵去，而不动身，那永远也到不了天安门，或者按一条路线走一段，又争吵，改变主意，回到原地再争论，又另选路线，时间都耽误了，推迟到达目的地的时间。只要大家经过分析比较，确定一条路线，齐心协力，步调一致地走下去，总可以到达目的地。”他话锋一转说到了我们的工作：“我们搞技术工作，搞航天型号工程研制，也是一个道理。没有十全十美的方案，但总得选定一个。”任老总一席推心置腹、苦口婆心的讲话，使大家深受感动，有的专家还流出了激动的热泪。

任老总讲话后，会议开始讨论对载人飞船工程技术经济可行性论证报告及所包括的七大系统（载人飞船、运载火箭、航天员、发射场、测控通信、着陆场、飞船应用系统）论证报告的评审意见，由于心齐了，气顺了，很快统一了意见。会后经过修改、补充、完善，按时、保质地向中央专委提交了论证报告和评审报告，为我国载人飞船工程适时批准立项和开展研制工作奠定了重要基础。

参加我国载人飞船工程方案论证和评审的科技专家和科技人员，都发自内心地佩服任老总识大体，顾大局，实事求是，襟怀坦白，严格要求自己的宽广胸怀和高尚品格。各级领导，包括国防科工委和航空航天部的领导，更是由衷地感激任老总所付出的艰辛劳动和心血。有的领导深有感触地讲：“如果没有任老总的主持和坐镇，没有他的威望和睿智，评审报告就很难统一。”

1992年8月25日，中央专委根据国防科工委、航空航天部提出的关于载人飞船工程的论证报告和评审报告，向党中央、国务院、中央军委呈报了《关于开展我国载人飞船工程研制的请示》。1992年9月21日，这是决定中国载人航天技术发展的关键日子，应该载入中国航天史册。中共中央政治局第十三届常委会在中南海勤政殿召开第195次扩大会议，讨论发展我国载人航天技术的问题。会议听取了国防科工委和航空航天部关于发展我国载人航天技术及从载人飞船起步等问题的汇报。常委们讨论得十分热烈。第一个发言的李瑞环说：如果钱不够，奥运不申办了也要办此事。杨尚昆说：老一辈搞了“两弹一星”，如果没有新的任务，我们的科技队伍无法完成新老交替，就会断档。党和国家领导人从国家和全局的高度，着眼于我国的国际地位，凝聚民心和中华民族的长远利益，一致同意中央专委提出的《关于开展我国载人飞船工程研制的请示》，并决定，要像当年抓“两弹一星”工程一样，抓载人航天工程，有事可直接报中央。至此，中国的载人飞船工程正式立项。整个载人航天工程分三步走：第一步，研制可作为天地往返运输系统的多用途载人飞船；第二步，实现航天员出舱，研制空间实验室，实现载人飞船与空间实验室交会对接，实现对空间实验室进行短期有人照料；第三步，研制并建立永久性空间站，解决较大规模、长期有人照料的空间站应用问题。

统观我国载人航天工程论证、评审，直至工程立项的全过程，任新民贡献突出，劳苦功高。尤其是他自始至终地倡导和坚持两项重大建议。其一，载人飞船由三舱组成，包括轨道舱、返回舱、推进舱。由于轨道舱留轨，这样在发射一艘飞船时，就相当于同时发射一颗传输型的对地观测卫星，又可作为交会对接中的目标飞行器，将大大提高经济效益，中国的载人飞船要有自己的特色，走自己的路，不再走人家40年前的老路。在讨论载人飞船方案时，有人提出：苏联人也没有搞轨道舱留轨，留轨带来的技术问题比较多，首先要解决轨道舱留轨时的电源和控制问题，飞船的太阳帆板就得变成两对，这样会带来一系列的复杂问题。任新民的留轨思想正是他反复推敲苏联载人飞船方案后才形成的。一次，他在研究苏联联盟号载人飞船的结构示意图时不经意中意识到，轨道舱作为垃圾留在太空，太可惜了，只要解决供电和控制问题，不就能把轨道舱用起来了吗？正是由于他对留轨问题早有考虑，所以，他胸有成竹地反驳道：“为什么苏联人没有留轨，我们就不能留轨呢？！那时对地观测传输技术还没有呢，现在对地观测传输技术也已成热。困难是有的，无非是要解决轨道舱的电源和控制问题，这类问题只要做工作是能够解决的。”他还动情地说：“我不甘心走人家40年前的老路，这未免太窝囊了。我们的东西总得要搞出自

2002年12月，任新民与“神舟四号”发射相关人员在一起

己的特色。”

其二，他反复而恳切地讲：“只搞载人飞船，其应用是有限的，必须着眼于未来的发展，那就是空间实验室和永久性的空间站。”他同有关的科技专家和科技人员反复研究、讨论，形成了我国载人航天工程分三步走的设想。

任新民所倡导并坚持的这两条，在我国载人航天工程立项时都已被采纳。自1992年9月21日，中央正式批准我国载人飞船工程立项起，迄今已走过了20多年艰苦卓绝的历程。1999年11月20日，我国成功发射了第一艘无人试验飞船神舟一号，考核了飞船的舱段连接和分离、调姿和制动、升力控制、防热、回收着陆等五项关键技术。2001年1月10日，我国成功发射第一艘正样无人飞船，这艘飞船其技术状态和载人飞船基本一致，发射完全是按载人飞船的环境和条件进行的。2002年3月25日，我国首次装载模拟人的神舟三号无人飞船发射成功，这套拟人载荷系统模拟了航天员在太空生活时的多种重要生理参数，还通过发射完善了回收过程和安全着陆技术。2002年12月30日，我国成功发射了神舟四号无人飞船，这是无人状态下最全面的一次飞行试验，发射还经受了摄氏零下29度低温的考验。2003年10月15日，我国成功发射第一艘载人飞船神舟五号，中国首位航天员杨利伟乘坐神舟五号飞船进入太空，使中国成为继苏联、美国之后，世界上第三个能够独立开展载人航天活动的国家。2005年10月12日，我国成功发射第二艘载人飞船神舟六号，将航天员费俊龙、聂海胜送入

任新民与航天员杨利伟在一起

太空，首次实现了多人多天飞行。至此，中国载人航天工程成功地完成了第一步任务，圆了中华民族的飞天梦。2008年9月25日，发射了第三艘载人飞船神舟七号，航天员翟志刚、刘伯明、景海鹏乘坐神舟七号飞船进入太空，翟志刚进行了出舱活动，使中国成为继苏联、美国之后第三个掌握空间出舱活动技术的国家。2011年9月29日，我国成功发射了带有对接口的空间实验室天宫一号，进入太空后等待神舟飞船对接。2011年11月1日，我国成功发射神舟八号无人飞船，并实现了与天宫一号空间实验室的自动交会对接。2012年6月16日，我国成功发射神舟九号飞船，将航天员景海鹏、刘旺和女航天员刘洋送入太空，与天宫一号空间实验室进行了手动交会对接。2013年6月11日，神舟十号飞船搭载着航天员聂海胜、张晓光和女航天员王亚平飞向太空，再次与天宫一号空间实验室进行载人交会对接。三位航天员还进行了首次太空授课。目前，中国载人航天工程"三步走"战略的第二步正在实施中，这将为第三步的实施奠定坚实的基础。

任新民倡导并坚持的轨道舱留轨已完全实现，轨道舱留轨半年以上，完成了留轨任务，并成为我国载人飞船具有中国特色的主要标志。时任全国人大常委会委员长的李鹏在参观神舟四号无人飞船发射时，对任新民讲："看来你坚持轨道舱留轨是正确的。"

在载人飞船的研制与发射中，任新民仍保持着当初论证、评审和立项时的

2003年，任新民和当年参加我国载人航天技术方案论证与评审的部分专家在酒泉卫星发射中心合影（左起：崔国良、梁思礼、张履谦、孙家栋、王希季、丁衡高、任新民、谢光选、庄逢甘、屠善澄、王德臣、王大珩、闵桂荣）

2003年10月，任新民（右二）与张庆伟（左二）、袁家军（左一）、戚发轫（右一）在神舟五号发射现场

那股劲头，以载人飞船的研制与发射为己任，无论是为解决重大技术难题而召开的攻关会、讨论会，还是各类评审会，直至神舟飞船在酒泉卫星发射中心的检查、测试、发射，他不顾年迈，一如既往地亲临现场，而且，直言不讳地发表个人意见与建议，坦诚地同有关科技人员进行讨论，他用自己的实际行动表达了对中国载人航天工程的赤诚之心。“神舟五号”发射成功时，他正在发射现场，我国首次实现载人飞行，圆了中华民族的飞天梦。他喜悦而镇静地说：“中国航天实现了载人飞行，是一个质的飞跃，值得高兴和庆贺，但载人航天工程后续的任务还很艰巨，困难还很多，奋斗无穷期，攀登无止境，现在还不是说更多话的时候。”记者再三要求采访他时，他只匆匆地说了七个字：“好啊，好啊，非常好！”

任新民深入基层调研

6. 献计献策　谋求发展

正在他潜心致力地谋划中国载人航天工程的论证、评审、立项和研制工作之时，他的思维已经瞄准了未来，那就是推力为50吨级的大氢氧发动机，推力为120吨级的液氧煤油发动机和直径为5米、低轨道运载能力为20吨级的大运载火箭。他全然不顾年事已高，奔走呐喊，竭力促进这三大项目的立项。他多次登门拜访国防科工委的领导和“863”航天领域专家委员会的首席专家，反复而恳切地讲：“发展航天，动力先行。大氢氧发动机和大液氧煤油发动机要赶快立项，只要这两个大的发动机研制成功了，大运载火箭的研制就有基础了。”他运用“千里之行，始于足下”和“凡事预则立，不预则废”的哲理，阐述我国的火箭发动机技术应该向世界前沿水平挺进，以缩小同世界先进水平的差距，并赶上或超过世界先进水平。他还半开玩笑、半激将地讲：“这么大一个国家，一年非正常的吃喝就有多少个亿，各方面挤一挤，少吃几顿，就把这两个发动机搞出来了。不仅发动机大有用场，而且还能提高我们的设计技术水平，带动基础设施设备建设，培养和锻炼科研生产试验队伍。”

他一方面向上级机关积极汇报，争取立项。另一方面鼓励他的老部下，包括中国航天科技集团公司六院北京11所、西安11所等单位的领导，以及张贵田院士、朱森元院士等，要下定决心，攻坚克难，总会成功的。这位年近九旬的老人，仍深入研制试验第一线，同有关人员一起讨论系统方案和技术难题，亲临试车现场参加试车，同年轻的后辈一起向我国液体火箭发动机的两个新目标进发。

功夫不负有心人。2000年，液氧煤油发动机正式立项。十多年来，广大科技人员、工人心往一处想，劲往一处使，攻克了一系列的技术难题，经过了挫折与失败的考验，赢得了一次次成功，实现了研制目标。2006年7月3日，液氧煤油发动机首次长程试车获得成功；2007年，发动机试车突破万秒大关；2008年，首次飞行状态的液氧煤油发动机试车成功；2009年，液氧煤油发动机第100次试车圆满成功；2010年，双机并联试车实现三战三捷；2012年，120吨级液氧煤油发动机专项研制正式通过国防科工局验收。

2002年，50吨级氢氧发动机立项。这一发动机具有高能、零污染等优点，集超低温、超高温、高压、高转速、高功率于一体，代表着运载火箭先进动力的发展方向。历经十年的刻苦攻关，2012年8月17日，大推力氢氧发动机500秒长程热试车取得圆满成功。迄今，大氢氧发动机累计试车2万2千秒，其关键技术已全部突破，为后续投产交付奠定了坚实基础。

在两个大发动机正式获准国家立项，研制工作进入快车道后，他又把精力集中到大运载火箭的立项上。2005年、2006年，他获悉大运载火箭迟迟未获得国家正式立项，心急如焚。九旬高龄的任老总又亲自出马，或登门拜访，或致函，向有关领导陈言："中国的大运载火箭一定要及早立项，并开展研制，这是关系中国航天发展全局的工作。用大火箭不仅可以发射大卫星或一箭发射多颗卫星，更重要的是关系到载人航天工程的可持续发展，发射和建造空间站必须有大运载火箭。"2006年10月，国家正式批准大运载火箭立项，并将其命名为"长征五号"。这时他已年过九旬，且几次生病住院，但他仍念念不忘大运载火箭和空间站，他曾将"长征五号"行政总指挥王珏、总设计师李东和载人空间站工程载人飞船系统总设计师张柏楠等，请到家里，听取情况介绍，并同他们研究、讨论有关技术问题，并切中要害地进行指点，期盼他关注的大运载火箭和空间站能

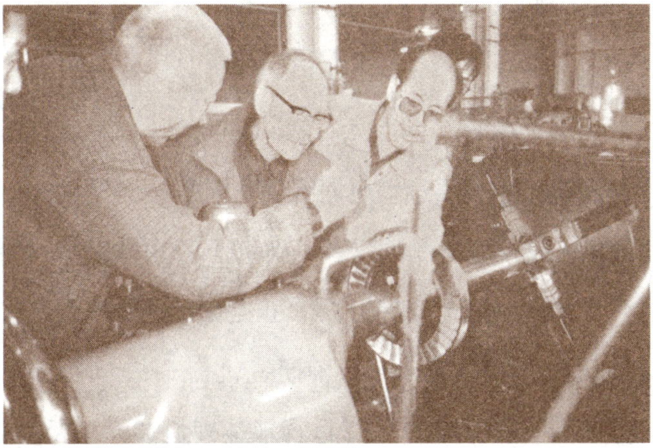

1998年12月，任新民在调研考察

取得新的、更大的进展。

1999年，我国的国防科技工业体制进行了较大的调整，航天系统也分为两个集团公司，即中国航天科技集团公司和中国航天机电集团公司（后改为中国航天科工集团公司）。对此，有些领导和科技人员有一些各自的见解和意见，众说纷纭。任新民对我国航天科技工业的体制乃至整个国防科技工业的体制，也有自己的想法，但他认为现在木已成舟、生米做成熟饭了，已经不是研究讨论问题和征求意见的时候了。对此，再费口舌已是多余的了。

然而，任新民有一个观点：组织机构上，上层怎么变没有关系，只要设计部、所、厂保持不变，而且有一个明确的规划，并适时地进行决策，航天型号研制工作就可以正常进行，就能出成果、出产品、出人才。所以，不管什么样的体制，都有一个发展战略、规划的制定问题，都有一个决策、决策程序和决策管理的问题。于是，他召集几位对我国航天科技工业历史情况比较熟悉的同志，就发展战略、规划和决策这个主题进行了回顾、研究和讨论，准备就制定发展战略、规划及做好决策等问题，进言新组建的国防科工委和总装备部，企盼搞好我国航天科技工业乃至整个国防科技工业的发展战略与规划的研究与制定工作，并适时地做好相应的决策工作。

任新民组织有关人员回顾了中国航天40多年所走过的历程：20世纪50年代中期，由周恩来总理亲自领导，组织全国各领域的数百名科技专家、学者，研究、讨论、制定了《1956—1967年科学技术发展远景规划纲要（草案）》，明确提出了“重点发展，迎头赶上”和“以任务带学科”的方针，确定了57项国家重点科学技术任务，其中第37项为《喷气与火箭技术的建立》。正是由于执行和实施这一规划纲要，1956年10月8日诞生了我国第一个导弹研究机构——国防部第五研究院，随即先后仿制成功了从苏联引进的P-2近程液体弹道导弹、“543”地空导弹、“544”海防（舰舰、岸舰）导弹，还相继研制成功了改型设计的中近程液体弹道导弹东风二号、中高空地空导弹红旗二号、岸舰和舰舰导弹等。中国航天迈出了坚实的创建步伐。

20世纪60年代中期，国防部第五研究院组织科技专家和科技管理人员开展导弹技术发展规划与技术途径的讨论、论证工作，形成了《关于火箭技术发展途径的意见》和《地地导弹发展规划》（“八年四弹”规划）。1965年3月20日，周总理主持召开会议，原则批准《地地导弹发展规划》。实践证明，“八年四弹”规划是切实可行的，既考虑了我国国防建设的急需，也考虑了我国航天技术的长远发展；既考虑了技术上的可行性，又考虑了我国经济上的承受能力。这个规划在执行过程中虽受到“文化大革命”的干扰和破坏，进度上有所拖延，但“四弹”的目标都得以实现。

20世纪70年代中期，在当时的国防科委主任张爱萍的主持下，经过充分调查研究和反复讨论，制定了我国20世纪80年代前期战略核导弹与航天技术主要发展目标（“三抓”任务）的规划，即向太平洋预定海域发射远程液体弹道导弹，从水下发射固体弹道导弹，发射地球静止轨道的试验通信卫星。1977年9月，党中央正式批准了这一规划。在那一段历史时期内，“三抓”任务是七机部从上到下、压倒一切的重中之重、急中之急的任务。在党中央、国务院、中央军委的领导、关怀与支持下，“三抓”任务得到了全国各有关地区、部门和单位的大力协同，广大的航天工作者齐心协力、艰苦奋斗，终获圆满成功，在中国航天史上谱写了波澜壮阔、可歌可泣的篇章，使我国的战略核导弹技术和航天技术有了质的飞跃，跨上了新的台阶，并使中国航天在一些专业技术上进入了世界先进水平的行列。

20世纪80年代中期，当时的航天工业部组织有关的科技专家和科技管理工作者，研究和制定了中国航天新的规划，即“新三星一箭一论证”的规划，在20世纪90年代前期研制并发射东方红三号中容量通信卫星、风云二号地球同步轨道气象卫星、资源一号资源卫星，研制长征三号甲运载火箭，开展载人航天技术方案论证和关键技术预先研究。该规划于1986年3月获国务院批准。与此同时，还制定了其他航天型号的发展规划。20世纪90年代以后，中国航天所取得的一系列新成就正是执行这些规划的结果。这些新成就使我国航天技术在为国民经济建设、国防建设、社会发展和科学技术进步服务的道路上又前进了一大步。尤其是开展载人航天技术方案论证和关键技术预先研究工作，为后来的载人飞船工程（921工程）立项和研制工作奠定了基础。

1992年9月21日，党中央决策载人航天工程从载人飞船起步。时至今日，我国的载人航天工程已经取得了骄人的成就。成功发射了神舟一号至神舟四号无人飞船；成功发射了神舟五号、神舟六号、神舟七号载人飞船，“神舟七号”航天员进行了出舱活动；成功发射了天宫一号空间实验室和神舟八号飞船，成功地进行了自动交会对接；成功地发射了神舟九号、神舟十号载人飞船，成功地进行了手动交会对接。这些成就极大地壮了国威，振了军威，振奋了民心，在世界上引起了巨大反响。

任新民和他的同事们在回顾了截至1998年的重大的航天规划后，进一步认定：从一定意义上讲，中国航天创建、发展、壮大的历史，就是不断制定、完善、执行一系列重大规划，并适时进行相应决策的过程。制定具有科学性、前瞻性和可实现性的发展战略与规划，并适时决策和坚定不移地贯彻、执行是至关重要

任新民与科技人员亲切交谈

的。在此基础上，任新民和同事们经过反复的研究讨论，几易其稿，于1999年2月完成了《关于抓好决策与规划问题的建议》，报送新组建的国防科工委、总装备部的主要领导及其机关的有关部门。同时抄送给了中国航天工业总公司的有关领导和筹备两个集团公司的主要领导。

在建议中，回顾归纳和总结了制定规划和实施决策的成功做法：近期与远期相结合，科学与民主的结合，现实性与先进性要合理兼顾，制定、决策、贯彻、执行与实现一抓到底。并对搞好规划与决策工作提出了建议：策源、策据、策库要丰富，交换、反复、比较要充分，分析、研究、论证要深透，目标、重点、措施要明确。还建议要突出振动性大、带动性强、显示度高，对国民经济建设、国防建设、社会发展、科技进步影响大的重大科技工程，要集中兵力打歼灭战。

在建议中，还就科技队伍的吸引、稳定与调动其积极性的问题进行了论述，指出：目前采取的事业留人、政策留人、感情留人、制度留人等，都是对的，也取得了一定的效果。但最重要和最根本的是规划和实施一些重大科技工程，为科技人员搭建英雄有用武之地的平台，再提供必要的工作与生活条件，国外的留学人员和国内毕业的本科生、硕士和博士就会源源不断地投入到我们的宏伟事业之中，建功立业。

在建议中，还特别论述了自力更生，建立我国独立自主的航天科技工业体系与开展国际合作与交流、引进、购买的关系，认为两个方面是辩证统一的。一

2007年5月9日，任新民与夫人在一起

方面，我们应充分利用改革开放的有利条件，千方百计地引进或购买我们急需的、先进而适用的技术、设备和产品，为提高我国航天科技工业的技术水平，发展中国航天服务。但立足点必须放在自力更生、独立自主的基点上，因为，先进技术靠买是买不来的，买来了也掌握不了。另一方面是引进、购买和开展国际交流与合作也需要我们自身的技术水平提高到一定程度。建议大力加强自主创新。

在建议中，任老总还具体述及了一些大型航天型号工程及重大关键技术项目的立项问题，主要是直径为5米的大运载火箭、推力为120吨级的大液氧煤油发动机、推力为50吨级的大氢氧发动机等。

从任老总这份近万字的建议和语重心长的诚挚话语中，足可见他心系航天，关注航天，企盼中国航天兴旺发达，获得持续、健康发展的赤子之心。

近年来，这位向百岁进发的老人，一次次战胜病魔，重获健康。一方面靠医生的救治，另一方面靠他的心态，靠其坚韧不拔的意志。例如，在其97岁生病时，医生嘱他每天走100步，他数着数，在家人的搀扶下艰难地走着，家人说："你数得快，走得慢，还不到100步。"他说："那好，再来100步。"他吃东西时，容易噎着，有时脸部憋得通红，家人让他吐出来，他硬是不吐，最终还是咽了下去。再噎、再困难，他也坚持吃。这种超人的毅力使他一次次转危为安。他近98周岁时，当天气还没完全转暖，他每天坚持到户外两次，一会儿坐轮椅，一会儿慢走。一次，家人说："外边风大，今天就别出去了。"他回答说："大风大浪我都经过了，还怕这点小风？！”这“大风大浪”有两个含义：一是他近年经过的几场大病，二是他一生经过的坎坷奋斗之历程。

在与病魔作斗争的同时，他仍一如既往地关注航天，谋求中国航天获得全面、协调、可持续发展。尽管身体虚弱，但头脑十分清醒，他曾与原国家航天局局长孙来燕长谈探月工程的有关看法，畅叙他对中国航天未来发展的建议……

近两年他的记忆力和思维的敏捷度虽然都有些下降，但他对中国航天的可持续发展问题却铭记在心。2004年3月1日，他书写了“持续发展中国的航天事业是全世界中华子孙的愿望”的题词；2012年4月28日，他应“两弹一星”历史研究会之邀题写了“弘扬‘两弹一星’精神，持续发展中国的航天事业”。2013年2月27日，应全国政协人员之邀，他书写了“持续发展我国的航天事业”的题词。可见他已把中国航天的可持续发展融入了他的灵魂和生命。

任新民用业绩、贡献和实际行动展现了他刚毅顽强、奋斗拼搏、追逐航天的伟大品格，时至年迈仍始终如一，这正如一位书法家在赠给他的一个条幅中所称——“霜重色红”。

任新民大事年表

1915 年

12月5日，出生于安徽省宁国县(现为宁国市)。

1922 年　7 岁

2月，就读于安徽省宁国县宁阳小学。

1928 年　13 岁

2月，就读于安徽省第四中学(安徽宣城)初中部。

1929 年　14 岁

10月，加入中国共产主义青年团。

1931 年　16 岁

9月，考入南京钟英中学高中部。

1934 年　19 岁

9月，考入南京中央大学化学工程系。

1937 年　22 岁

9月，考入重庆中央兵工学校大学部造兵系。

1940 年　25 岁

7月，在重庆兵工署21厂任技术员，后在重庆中央工业学校任教员，在重庆兵工学校大学部任助教、讲师。

1944 年　29 岁

与虞霜琴女士结婚。

1945 年　30 岁

5月24日，赴美国辛辛那提磨床铣床厂实习，后考入密歇根大学研究院机械工程专业硕士研究生。

1948年　33岁

获密歇根大学研究院机械工程硕士和工程力学博士学位，被美国布法罗大学机械工程系聘为讲师。

1949年　34岁

8月，返回祖国，任南京华东军区军事科学研究室研究员。

1952年　37岁

9月，任哈尔滨军事工程学院筹备委员会委员。

1953年　38岁

9月，任哈尔滨军事工程学院科学教育部教务处副处长。

1955年　40岁

任哈尔滨军事工程学院炮兵工程系教育副主任兼火箭武器教授会主任、教授，被授予技术上校军衔。

1956年　41岁

8月，参与筹建国防部第五研究院。

11月23日，任国防部第五研究院总设计师室（总体室）主任。

1958年　43岁

4月，任国防部第五研究院一分院液体火箭发动机设计部主任。

1959年　44岁

3月31日，任“1059”（后来的“东风一号”）发动机总设计师。

1960年　45岁

3月3日，任“东风一号”（后来的“东风三号”）副总设计师兼发动机总设计师。

9月，任“东风一号”（后来的“东风三号”）和“东风二号”两个型号设计委员会副主任委员。

11月，加入中国共产党。

1961年　46岁

1月，任东风型号委员会（由“东风一号”和“东风二号”两个型号设计委员会合并而成）副主任委员。

9月15日，任国防部第五研究院一分院副院长。

1964年　49岁

4月22日，任“东风三号”（原来的“东风一号”）副总设计师。

12月，当选为第三届全国人民代表大会代表。

1965年　50岁

4月，任第七机械工业部第一研究院副院长兼液体火箭发动机研究所所长。

1968年　53岁

任东风四号导弹、长征一号运载火箭技术总负责人。

1970年　55岁

4月24日，参加长征一号运载火箭发射东方红一号卫星任务。

5月1日，参加“五一”观礼活动，受到毛泽东等党和国家领导人的接见。

1975年　60岁

1月，当选为第四届全国人民代表大会代表。

6月30日，任第七机械工业部副部长、党的核心小组成员。

1977年　62岁

8月，当选为中国共产党第十一次全国代表大会代表。

1978年　63岁

1月，任试验卫星通信工程总设计师。

2月，当选为第五届全国人民代表大会代表、常务委员会委员。

1979年　64岁

主持《中国大百科全书》“航空航天卷”的编辑工作。

10月，当选为中国宇航学会第一届理事会理事长。

1980 年　65 岁

5月，任 580 任务（“东风五号”全程飞行试验）发射场区副总指挥。

11月8日，当选为中国科学院学部委员（后改称院士）。

1982 年　67 岁

4月9日，任航天工业部科学技术委员会主任。

9月，当选为中国共产党第十二次全国代表大会代表。

1983 年　68 岁

6月，当选为第六届全国人民代表大会代表、常务委员会委员。

1984 年　69 岁

当选为中国宇航学会第二届理事会理事长。

8月，任返回式遥感卫星二号工程总设计师、返回式遥感卫星三号工程总设计师、风云一号试验气象卫星工程总设计师、实用通信卫星工程总设计师。

1985 年　70 岁

当选为国际宇航科学院院士。

“液体弹道导弹与运载火箭”获国家科技进步奖特等奖，“长征三号运载火箭”获国家科技进步奖特等奖。

1986 年　71 岁

5月3日，任东方红三号卫星通信工程总技术顾问。

11月21日，任发射外国卫星工程总设计师。

1987 年　72 岁

9月，任航天工业部高级技术顾问。

1988 年　73 岁

当选为第七届全国人民代表大会代表、常务委员会委员。

当选为国际宇航科学院理事。

任航空航天工业部高级技术顾问。

1989年　74岁

当选为中国宇航学会第三届理事会名誉理事长。

1990年　75岁

享受国务院颁发的政府特殊津贴。

1993年　78岁

任载人飞船工程技术方案评审组组长。

任中国航天工业总公司高级技术顾问。

1994年　79岁

8月22日，荣获求是科技基金会授予的“杰出科学家奖”。

1995年　80岁

荣获“全国先进工作者”称号。

1999年　84岁

7月，任中国航天科技集团公司高级技术顾问、中国航天机电集团公司高级技术顾问。

9月18日，荣获中共中央、国务院、中央军委颁发的“两弹一星”功勋奖章。

2001年　86岁

荣立国防科工委一等功。

2004年　89岁

荣获国家人事部、总装备部、国防科工委授予的“中国载人航天工程突出贡献者”奖章。

2006年　91岁

10月，荣获“中国航天事业五十年最高荣誉奖”。

任新民部分论著目录

[1] 《中国大百科全书·航空航天卷》编辑委员会（任新民为副主任）. 中国大百科全书·航空航天 . 北京：中国大百科全书出版社，1985 .

[2] 《当代中国的航天事业》编辑委员会（任新民为副主编）. 当代中国的航天事业 . 北京：中国社会科学出版社，1986 .

[3] 任新民 . 顾既往，瞻前途—— 话我国航天事业·回顾与展望（1949—1989）. 北京：国防工业出版社，1989 .

[4] Ren Xinmin.China's Space Development Policy . Space Utilization and Applications in the Pacific, Volume 73 AAS, 1990 .

[5] 任新民 . 中国航天发展战略探讨 . 应用卫星与卫星应用研讨会文集（二）. 北京：中国宇航出版社，1991 .

[6] 任新民，钮寅生 . 忆“风云一号”气象卫星 . 中国航天50年回顾 . 北京：北京航空航天大学出版社，2007 .

[7] 任新民，侯深渊，吴连伟 . 英汉导弹与航天词典 . 北京：中国宇航出版社，2011 .

参考文献

[1]《当代中国的航天事业》编辑委员会.当代中国的航天事业[M].北京：中国社会科学出版社，1986.

[2]《当代中国的国防科技事业》编辑委员会.当代中国的国防科技事业：上册[M].北京：当代中国出版社，1992.

[3]《当代中国的国防科技事业》编辑委员会.当代中国的国防科技事业：下册[M].北京：当代中国出版社，1992.

[4] 国防科学技术工业委员会.走进新世纪的中国航天——纪念中国航天事业创建50周年[M].北京：中国宇航出版社，2006.

[5] 中国航天科技集团公司.前进中的航天科技——纪念中国航天事业创建50周年[M].北京：中国宇航出版社，2006.

[6] 国防科学技术工业委员会.中国航天50年回顾[M].北京：北京航空航天大学出版社，2007.

[7] 中共中央党室研究室.中国共产党历史第二卷（1949—1978）：下册[M].北京：中共党史出版社，2011.

后 记

航天院士是伴随着我国航天事业创建、发展、壮大，通过航天型号工程研制和预先研究以及技术基础设施设备、技术手段建设等科研生产活动实践，陶冶出来的科技精英。撰写航天院士传记要记述传主的生平、业绩、贡献和品格，也必然涉及航天科技工业的发展历史，涉及航天型号工程研制等科研生产活动，涉及航天传统精神、“两弹一星”精神和载人航天精神的孕育与传承。所以航天院士传记是集史实、科技、思想于一体的正传。

任新民院士从1956年8月参加筹建国防部第五研究院起，经历了中国导弹与航天事业由小到大、由弱到强的创建发展全过程。他无怨无悔，专心专注，诚实务实，以其辉煌的业绩、卓著的贡献、高尚的品格，荣获中共中央、国务院、中央军委授予的“两弹一星”功勋奖章，成为广大航天工作者的楷模。

笔者虽在任老总直接或间接领导下工作多年，与其保持近距离接触、交流长达30余年，但在成书过程中仍感史实和具体情节的欠缺。由于任老总年事已高，很多往事已经记不清楚，靠任老总回忆、讲述自己的奋斗历程已不现实。笔者只好查阅、研究有关史料，重温有关航天型号工程与专业技术资料，求助于不同时期与任老总共事的老同志……经过一年多的紧张工作，《任新民院士传记》终于付梓出版了。欣慰之余，也感到任老总60多年的科学精神、学术成就和思想品格仍有挖掘和提升的空间。就书稿而言，也难免有谬误和挂一漏万之处，敬请熟知者指正。

谭邦治

2013年4月8日